中共四川省委党史研究室 编

四川党史 人物传 第三卷

四川人民出版社

图书在版编目（CIP）数据

四川党史人物传·第三卷/中共四川省委党史研究室编.
—成都：四川人民出版社，2017.12（2021.3重印）
ISBN 978-7-220-10640-8-01

Ⅰ.①四… Ⅱ.①中… Ⅲ.①中国共产党-历史人物-列传-四川 Ⅳ.①K820.871

中国版本图书馆CIP数据核字（2017）第311868号

SICHUAN DANGSHI RENWUZHUAN DISANJUAN
四川党史人物传·第三卷
中共四川省委党史研究室 编

责任编辑	董 玲 周晓琴
封面设计	经典记忆
版式设计	戴雨虹
责任校对	韩 华
责任印制	李 剑
出版发行	四川人民出版社（成都槐树街2号）
网 址	http://www.scpph.com
E-mail	scrmcbs@sina.com
新浪微博	@四川人民出版社
微信公众号	四川人民出版社
发行部业务电话	（028）86259624 86259453
防盗版举报电话	（028）86259624
照 排	四川胜翔数码印务设计有限公司
印 刷	自贡市华华广告印务有限公司
成品尺寸	148mm×210mm
印 张	13.75
字 数	290千
版 次	2017年12月第1版
印 次	2021年3月第4次印刷
书 号	ISBN 978-7-220-10640-8-01
定 价	52.00元

■版权所有·侵权必究

本书若出现印装质量问题，请与我社发行部联系调换
电话：（028）86259453

以怀先烈
以育后代

邓隆奉题

发扬先驱者的革命精神

为四川省党史人物传题

一九八二年五月 杨超

满卷是热烈的火，智慧的光永远照耀、鼓舞、指导着我们向共产主义道路前进。

张秀熟学习 一九八三年六月六日

编委会名单

编审委员会

  杨　超　任白戈　张秀熟　安法孝

  周　颐　陈　文　彭　塞　郝　谦

编辑组

  组　长：乔毅民

  副组长：张迪明

  成　员：毕　兴　阚孔壁　邓寿明

目 录

序 …………………………………… 任白戈（001）

萧楚女 ………………………………… 邓寿明（001）
李硕勋 ………………………… 何锦州 李 荣 杨 娜（031）
周贡植 ………………………………… 罗人庆 王 斌（055）
胡陈杰 ………………………………… 朱文显（069）
邓 萍 ………………………………… 代文星（101）
旷继勋 ………………………… 永向前 黄季康 温贤美（116）
赵一曼 ………………………………… 杨自田（138）
牛正声 ………………………………… 王 斌 向绍义（164）
蔡 奎 ………………………………… 廖提双 王永清（179）
万 涛 ………………………………… 冉光海 李代宣（198）
李仙舟 ………………………………… 蒲国树（218）
徐彦刚 ………………………………… 唐敦教（230）
杨伯恺 ………………………………… 郭 全 刘邦成（253）
唐伯壮 ………………………………… 唐敦教（288）

张思德 …………………………………… 李传元（304）

范长江 …………………………………… 黄剑庆（341）

彭咏梧 ………………… 史红军　陈汉书　杜之祥（369）

江竹筠 …………………………………… 史一处（383）

丁佑君 …………………………………… 曹祚沅（406）

后　记 ……………………………………………（423）

序

任白戈

中共四川省委党史工作委员会《四川党史人物传》编辑组编辑出版的《四川党史人物传》,无论就党史的研究及就革命先烈和先辈的表彰来说,都对后辈起着长远的教育作用。我们有今天这样没有人剥削人、人压迫人的社会主义社会,过着人间幸福的生活,是与许多革命先烈的流血牺牲和革命先辈的艰苦奋斗分不开的。他们一生斗争的历史,不但给我们指明革命实践的道路,而且给我们鼓舞奋发的力量。现在许多青年人不懂得革命的历史,不懂得新中国是怎样由旧中国变来的,对革命的一些根本问题就难以理解或理解不深,所以对青年人来说,这种形象的、历史的、生动的传记读物特别需要。

人物传记,必须实事求是,力求做到真实无误。因为这是历史而不是小说。小说可以夸张虚构,历史必须存真。比如画一个人物的像,可以用素描,可以用油画,但必须像被画者的真实面貌,这才叫画像。传记也可以用彩笔写,但这只是增加它的光彩,而不能模糊它的真实面貌。真实应当是第一位的,不要写成华而不实。

每个人物都有一个成长发展的过程。即使是伟大的人物也有一个由幼稚到成熟的过程，没有谁一生下来就是革命的天才。所以我们在写人物传的时候必须坚持辩证唯物主义和历史唯物主义的观点，写出人物的变化和发展。每个人所处的时代环境和家庭地位关系不同，他所走的道路以及如何走上革命的道路都是不同的，这其中有千山万壑的羊肠小道，也有险阻湍急的关津渡口，由于时代的要求和革命的形势相同，往往又殊途同归。情况是非常复杂的，但又是有规律性的。所以在写革命人物传时，既要写得丰富多彩，又要写得合乎情理。历史的发展是曲折的，在某些转折的关头，或者由于路线的错误，或者由于思想认识跟不上，英勇的革命人物也会有某些过失，这在写传记的时候也不必避讳。因为这样更能显出人物的真实性和完整性，有助于光辉形象的塑造，并不削减他们的革命功绩和在历史上应有的地位。

一个革命人物的行动总会或多或少地贯穿着许多运动、斗争事件，而且有些在革命史上甚至现代历史上都是主要的事件。他是运动、斗争的参加者乃至领导者，在写他的传记的时候就必须把这些运动、斗争写清楚。这不但可以丰富革命人物的事迹，为其增添光彩，而且可以作为革命历史的一部分供后人参阅。当然这又与写某一运动史、斗争史不同，只能是简明扼要地包含于传记之中，而不能形成传外有传。

这部《四川党史人物传》，经过原中共四川省委党史研究室会同四川省中共党史研究会多次召开会议讨论研究和各地区、各大专院校乐于承担编写任务的同志的辛勤劳动，又由原省委党史研究室以乔毅民为组长、张迪明为副组长的《四川党史人物传》编辑组担负着整个编辑工作。由于许多烈士是在敌人的屠刀下牺牲的，在那些黑暗统治的艰苦日子里，没有保存什么资料，不得不走访一些知情的老人，多方来搜集，而这些老人又因年事已高，记忆难免不周和不准，为了对证一个史实往往花费很大的功夫，他们的心血凝成的几十篇党史人物传，对于党史的教育和革命史的教育作出了很大的贡献。今后的工作更加繁重，尚望同志们以锲而不舍的精神，总结过去的经验，取得更好的成绩。

1983年5月

萧楚女

◎ 邓寿明

萧楚女

"人生应该像蜡烛一样,从顶燃到底,一直都是光明的。一个人出生后,一直到死,都要做对人民有益的、正大光明的事,虽然肉体死,精神是不灭的。"这是中国无产阶级革命运动中著名的马克思主义理论家和中共四川党团组织的重要奠基人萧楚女留给后人的名言。他以自己坚毅的革命行动,为中国人民的解放事业贡献了宝贵青春。

寻找出路

萧楚女(1891—1927),原名树烈,又名萧秋,

1891年出身在湖北省汉阳县（今武汉市）鹦鹉洲一个贫苦的家庭，幼年丧父，在亲友的资助下读了几年小学，然后就踏上了谋生的艰难历程。他先后到九江、芜湖、南京、上海等地，做小贩，当报童，任水手，充伙夫，轻重活都干过，备尝人间辛酸。社会的黑暗和腐败，外国帝国主义的横行霸道，每时每刻都撞击着他纯洁的心灵。在颠沛中，萧楚女始终坚持刻苦自学，读了不少书籍。回家后，他又到武昌投奔新军，报名当了一名年轻的战士。在这里他开始接触到资产阶级的民主革命思潮。辛亥革命爆发后，萧楚女在汉阳保卫战中为革命立过功，但是这次革命的胜利果实很快被袁世凯窃取。革命党人内部的互相倾轧，更使萧楚女悲愤交集，他喟然长叹："大江滔滔，何处是归程！"他毅然退出新军闭门读书。当他读到爱国诗人屈原在《离骚》中的沉痛诗句"朝吾将济于白水兮，登阆风而绁马；忽反顾以流涕兮，哀高丘之无女"时，非常痛恨昏庸的楚怀王，加之家乡又是楚国故地，更引起了他万千思绪。他决心要做20世纪的革命"女神"，特将萧秋改名为萧楚女，借以抒发胸中的宏远志向。不久他考入了武昌的新民实业学校，学习蚕桑技术以为民造福。但是，毕业后，他看到的社会日益黑暗，各种丑恶现象尽收眼底。他愤然提起笔来评论时政，探索改造社会的途径。他的文章很快在武汉地区引起了热烈的反响，一些进步报刊争相聘他为编辑。为了拓展知识的广度和深度，萧楚女经友人介绍，到武昌中华大学去当了一名不交学费的旁听生，一些纨绔子弟讥讽他读"揩油书"。燕雀安知鸿鹄之志！萧楚女对此不屑一顾，他决心向真理的海洋、知识的河流,穷原竟委。旁听期间,他结识了恽代英,引为至交。

五四运动的革命浪潮震撼着古老的神州大地,萧楚女参加了恽代英组织的"利群书社"。在这里,他读到不少进步书刊。随着新文化运动的深入发展,萧楚女逐步接触到马克思主义理论。1920年秋,萧楚女应邀前往襄阳二师任教。

初次入川

1921年秋,萧楚女辞去襄阳二师的教职,应恽代英的邀请前往安徽宣城第四师范任教。当萧楚女到达宣城后,恽代英已经离开安徽前往四川泸县川南师范学校。萧楚女在恽代英工作的基础上,继续将宣城师范的革命工作向前推进,宣传革命思想,传播马克思主义,从而引起了当地反动人物的惶恐不安。他们诬指萧楚女等6名志士是大叛逆,欲除之而后快。在群众的掩护下,萧楚女逃出敌人的魔掌,经芜湖返回武汉。

1922年暑期,恽代英由泸县前往上海为学校采购图书和教学仪器。路经武汉时,恰逢萧楚女也在武汉。战友相见,分外亲热,恽代英邀请萧楚女到泸县川南师范学校任教,又和林育南共同介绍萧楚女加入中国共产党。

和恽代英分手之后,萧楚女乘船入川。这时,四川军阀混战正烈,泸县不能立足,萧楚女应重庆联合中学校校长熊禹治的邀请赴渝。这时重庆的政治形势也发生了很多变化,新上台的军阀刘成勋和川东道尹徐孝刚,严酷打击革命进步人士,先后把联合中学、巴县中学、川东师范学校等进步学校的校长撤职，同时解雇了大批进步教员。一时间，顽固守旧、不学无术的军阀走卒又纷纷混入教育界。这一不得人心的大换班，激起了学生的强烈反抗，一场以川东为重点的择师运动在全省展开。萧楚女原是接受重庆联合中学校校长熊禹治的聘请到该校任教的。到校后，萧即遇上联中师生为反对刘成勋无理撤换校长熊禹治的大学潮，这既是一场反对军阀压制新思想新文化的斗争，又是一场反对国家主义分子的尖锐挑战。萧楚女和王仲和等联合一批进步教师，抗议军阀开除大批教师和学生。他们发表了离职宣言，揭露了军阀与政客相互勾结、狼狈为奸的丑行。学校当局及一小撮国家主义分子，对正在兴起的学潮，本来就感到穷于应付，现在又加进了萧楚女的领导和组织，更感到十分为难。他们以萧楚女刚到学校，"未曾担任或代理一小时功课"为理由，否认他是联中的教员，攻击萧楚女不是联中教员而签名于教员"去职宣言"上，是"名义不正""廉耻不存"，而且在报上披露萧楚女的活动。萧楚女毫不畏惧，发动学生致函社会，揭露川东道尹破坏教育、迫害原任校长及进步教师的嘴脸，得到社会舆论的同情和支持。当局恼羞成怒，进一步将大批学生开除出校，不少教师被迫离校。

为了解决失学、失业青年的读书问题，萧楚女与熊禹治、陈愚生、王泝康等人，于1922年11月租借黄土地大洋房，建立重庆公学筹办处，向同情和支持学潮的各界朋友募捐一万元，租用重庆半边街铁道银行的旧房为校址。他们共招收学生150多人，学生不交学费，教职员纯尽义务，并特设国文、英文、数学三科失学者补习旁听班，不限人数。在这里读书的学生几乎都是学潮中被开除的失学青年。担任教学和行政工作的，除发起人外，还聘有一部分在学潮中遭解聘的教师，以及部分热心教育的人士。一时间重庆公学人才济济。萧楚女除参加学校行政委员会的领导，负责会计股，主管学校财经事宜外，还担任了国文和地理教学。在学生的课程设置上，重庆公学适应社会的需要和青年的个性，开设了数学、物理、化学、中文、外文、心理学、伦理学、人生哲学、法制、经济、应用化学、打字、珠算、簿记、商业要领、教育学、教学法、家庭常识、工业常识、地质学等，以适应升学和就业的不同需求。萧楚女还十分注意基础学科，校行政委员会在讨论课程大纲时，有人提出在低年级开设选修课，萧楚女不同意这个意见，认为低年级学生应以打基础为主，不应分散精力去学选修课。这个意见被校行政委员会采纳。

重庆公学课程设置别开生面，且不依附政客军人势力，它一建立，就遭到军阀的仇视和打压。这不仅由于这所学校所招收的学生大多是学潮中被开除的，被反动派视为眼中钉、肉中刺，更主要的原因还在于这所学校一经建立，就鲜明地树起了反帝反封建的旗帜，表明了与反动势力争夺青年的决心。在办学缘起中提出"目前所有各校，官办者，束于旧章，公立者拙于财力。外人所设又偏在宗教，一般课程大致浅率"。为了系统地"选士育才"，必须创办重庆公学，对外宣言中还有"不能亦不敢对四川各界直说的其他原因"，这是因为四川教育"随政潮为转移"，教育不能独立，"军人视教育为犬吠"，教育无尊者可言；四川教育界"依阿政客军人势力"，结党营私，互

1925年重庆早期党、团组织负责人合影。第二排居中者为萧楚女

相排挤倾轧，学校缺乏安定的环境。由于重庆公学的矛头是对准封建军阀的，注定要遭到旧势力的极力反对。当学校还在筹备的过程中，川东道就扬言，"学校公开申请立案，则将多方批驳；不立案，则以违法论，于开学日立即封闭"。为了保护这棵新生的幼苗，萧楚女与学校同仁一道，研究对付办法。为了避开反动派的注意，学校于11月27日悄悄开课，不举行热闹的开学典礼。开学不到20天，就被重庆警察厅得知，马上传约学校负责人前去谈话，要求学校早日自行解散为妙，否则将派兵前往查封。

萧楚女受公学同仁委托，撰写呈文向道署呈请立案，如获批准，则为公学挣得合法地位，如不获准，则曲在道署，可以赢得社会的同情和支持。他还代表学校致函但懋辛、邓锡侯等实力派人物，向他们说理。当然，政府当局绝不会为一个呈文、一纸公函而改变意志。1923年1月初，重庆警察厅下达了三日之内解散重庆公学的命令，事情已发展到无可挽回的地步。萧楚女立即抓住时机，向全体同学进行"最后一课"的教育，他将反动当局颁发的通令当教材，逐字逐句地向同学们宣读和剖析，逐句驳斥查封布告上的妄语之无理。最后他满怀深情地勉励同学们要坚持抗争到底。一时间，群情沸腾，大家都表示"预备决斗"。萧楚女劝勉大家要把愤慨和仇恨埋在心里，保存革命力量，暂时离开学校，深入工农，投身到革命的实践活动中去，把火种播向四面八方，让它在西南广阔的土地上更加旺盛地燃烧起来。全体学生发表了宣言，痛陈公学被迫解散之经过，愤怒之情跃然纸上。

在万县建团

重庆公学被解散后，萧楚女又应万县省立第四师范学校校长刘明扬的邀请，到该校任教。省立四师是当时万县地区的最高学府，刘明扬是万县人，毕业于北京大学。他原是重庆公学的教员，信奉国家主义。他甚为仰慕萧楚女的胆略和才识，为了罗织人才，扩大国家主义派势力，掌校四师后，即延聘萧楚女去四师任教国文课。萧楚女到四师后，对刘明扬的拉拢行动，当即明确表示了自己反对国家主义派的立场和采取不合作的态度。

省四师的国文课，过去一直是由清朝的拔贡程鸿澡（人称程拔贡）等把持着，他们不是教子曰诗云，就是教《明儒学案》之类，要求学生以"修身、齐家、治国、平天下"为宗旨。五四运动冲击后的这所学校，为装饰门面，增聘了一名北京大学的毕业生来讲国文，这个人同样只讲一些描绘风花雪月、抒发离别思念之情的古诗古词。

萧楚女到校后，很快熟知了学校的这个情况，深感抚育莘莘学子成为对祖国和人民有贡献的人，是自己义不容辞的责任。他任师范班第七期国文课教员兼班主任，首先废弃了当时统一的国文课本，自编国文讲义，自己刻蜡板油印。萧楚女编的国文讲义，开宗明义第一篇，就是反对八股文，讲义还选了鲁迅和《新青年》上的文章。萧楚女根据自己几年来的教学经验，不仅给学生教语文知识，而且通过作品分析，更多地向学生灌输反帝反封建的革命思想。如讲述鲁迅先生的《药》时，就着重分析华夏两家悲剧产生的原因，揭露了封建统治阶级毒害人民的罪行；讲述《孔乙己》时，通过对孔乙己这个受封建主义毒害的典型，来揭露封建教育制度的罪恶。他还给学生介绍阅读课外书籍，如《向导》周报和李大钊、郭沫若等人的作品，不少书刊是他从别处带来的。为了开展好课外书籍阅读活动，萧楚女首先在自己任课的班上把读书会组织起来，逐渐扩大到其他的班，新的知识很快在学生中产生了极大兴趣。他又因势利导，问学生是新书刊还是"四书五经"有意思。当学生对古诗持全盘否定的错误态度时，萧楚女便对他们说，看点古书还是必要的，要学习前人有益的东西。他又特别选了杜甫、白居易等人的诗歌教学生。

萧楚女在教作文时，要同学们写白话文。同学们原来写惯了"子曰诗云""之乎者也",陡然改写白话文,感到非常吃力。萧楚女循循善诱,要求同学们在写作文时,首先要言之有物,不无病呻吟,不作缺乏思想感情的大句,要不避俗字俗语,不用陈词滥调,不讲对仗和典故,要不违背语法,慢慢地使学生对写白话文入门。

在政治思想上,萧楚女同国家主义分子刘明杨在四师展开了论战,使国家主义的理论在万县省立四师无法立足。萧楚女给青年学生指出中国的根本出路是革命。学生都乐意接受萧楚女的教诲,这使刘明杨十分恼火,便指使个别学生在萧楚女上课时进行扰乱,企图轰走萧楚女。萧楚女针对这一举动,立即宣布学生听课自由,不愿听的可以退出,不以旷课论,又在学生中提出学生有选择老师的权利、学校要以学生为主的口号。

择师运动开始后,萧楚女博学多才,教学态度认真负责,从不咬文嚼字,听过他讲课的学生,都感到受益很大,争着听他的课,别班的学生也来听。有时不仅教室内座无虚席,连教室外的走道上也有站着听课的,甚至连工友也来听。影响所及,那些过去捣乱的学生,也逐渐放弃了自己错误的做法,纷纷回到课堂上来。此时,萧楚女又趁热打铁,鼓动学生成立学生自治委员会,培养学生自己管理学习、生活等事。

萧楚女在省立四师,不但把讲坛当战场,而且在现实生活中一言一行都用革命者的尺度来严格要求自己。当时这所学校和其他很多学校一样,还顽固地保留着许多陈规陋习,如教师吃饭,要校工在旁边伺候添饭;教师寝室要校工打扫;师生呼教工为杂役等。萧楚女到校以后,便用自己的行动一一进行改革：吃饭时，他自己添饭，每天自己打扫寝室。他反对师生称校工为杂役，向同事和学生们说，校工是工人阶级，他们做工，我们教书或读书，是社会的分工不同。没有他们的劳动，我们的学习、生活都要发生问题。工人农民是我们的朋友，要叫工友。萧楚女的话，说得大家心服口服。从此许多师生对校工不再喊杂役，而亲切地称呼工友了，在学生中轻视劳动的情况也有很大改变，自己洗衣服、扛行李等，没有人耻笑了，更不认为下贱。萧楚女还在学生中大力宣传解放妇女，反对缠足，反对男尊女卑，在学生中引起了强烈的反响。

不久，萧楚女担任全校学监，他发动学生进行抵制日货的活动。他帮助学生起草演讲词和传单，并带领学生出外宣传讲演。万县一家专靠贩卖日货发了大财的"万申祥"商行，打骂检查仇货的学生。萧楚女立即为学生写了请愿书，率领学生代表面见县长，提出惩办奸商的要求，使工人也同情学生，一道参加抵制日货斗争。万县当局下令封闭商行，拘捕奸商，责令其赔偿学生的损失。在这次斗争胜利以后，萧楚女欣然挥笔写了一首抒情五言律诗："楚地一丑女，布裙适自安。效颦何贱陋，卖娇亦羞惭。愿供贫窟食，不作侯门餐。拔剑击长铁，勇斗制强顽。"

这时，驻鄂的四川军阀杨森等在吴佩孚的支持下，趁川军内战、民怨沸腾之机，打着"拯救全川父老兄弟姐妹"的旗号，杀回万县。听闻萧楚女才华出众，要聘任他为秘书。萧楚女决定利用这一机会开展活动，为杨森撰写了一篇《杨森对川人的宣言》，根据四川社会情况，提出了整顿地方财政、开发内地交通、发展实业和教育事业等方面的治川施政方针,并提出要完成这些改革的先决条件是"确立人民法权"。这篇宣言发表后,社会舆论称赞它"胜过十万甲兵"。

杨森在取得初步胜利后,本来面目立即暴露出来,把宣言中许下的诺言抛到九霄云外。萧楚女对此十分愤慨,毅然辞去秘书职务,仅专注四师的执教工作,努力培养青年学生的革命意志,在条件成熟后,发展了吴毅、朱亚凡、吴逸僧等几位学生为社会主义青年团团员,在万县播下了最早的革命火种。

萧楚女在万县省立四师的活动,获得学校绝大多数师生的拥戴,但也招来封建残余者和国家主义分子的忌恨和排挤。尤其是刘明杨和程拔贡对萧楚女恨入骨髓。程拔贡仗恃遗老身份和与当权者久有往来,直接跑去找万县的城防司令唐式遵说:"我校来了个萧楚女,与我师生摩擦,看来此人来头不小,定有背景!思想过激,有人说,他来万县负有特殊使命,你是负责治安的,怎不能侦查?"

过了两天,唐式遵就函约萧楚女到城防司令部谈话。唐式遵问萧楚女:"有人检举你来万县负有特殊使命。"

"我来万县的使命是教书。"萧楚女回答时,十分坦然。

"既然你是以教书为使命,为何要制造摩擦?还讽刺辱骂大名鼎鼎的程拔贡老先生?"

"我与程拔贡在教书上的争执,完全是大是大非的争执。是非曲直让广大师生公断。"

唐式遵不容萧楚女申辩,对他发出诸多刁难。萧楚女遂决定离开万县。临别时,他赠友人七绝诗一首:

东西飘荡志未酬,
慷慨长啸几度秋。
幸是神州多辽阔,
揽辔驰驱任遨游。

诗中反映了萧楚女"东西飘荡"、艰苦奋斗、壮志未酬的惆怅心情,同时也反映出他对革命的前途充满必胜的信心,坚信革命一定能够胜利。

《新蜀报》的主笔

1923年夏,萧楚女应重庆女子第二师范教务处长蒙成裁的邀请,到该校任国文教员。当教务长在课堂上向学生作介绍,讲到萧楚女是哪个学校的毕业生时,顿感语塞,两眼看着萧楚女说不下去了。因为教务长只知他才华出众,事前却不曾问他是哪个学校毕业的。萧楚女立即站起来用手指着自己的鼻子说:"兄弟是自修大学毕业的!"顿时全体学生都活跃起来了,对萧先生自学成才,甚感钦佩。

萧楚女任女二师国文教员后,教学认真,治学严谨。他将毕业学生所写的作品,编辑成一本名为《南音》的诗集出版,并为此诗集出版写了一首歌词作序。歌词中说:"泄水掷平地,各自东西南北流……"这表示学生即将各奔前程,祝愿她们在教育事业上作出贡献。

对于萧楚女的品行,女二师校长蒙成裁甚为佩服,遂介绍他与《新蜀报》经理宋南轩相识。宋南轩马上聘请萧楚女兼任《新蜀报》的主笔。

《新蜀报》是陈愚生等几个从日本回来的留学生,受十月革命的影响,在五四运动的推动下创办的。他们感到第一次世界大战以来,新思潮澎湃,"举凡一切旧习惯,社会制度,皆有重新估价之势",而四川僻处西陲,亟须创设一新报,以为建设新四川的利器。报纸取名为《新蜀报》,取涤除旧习、启迪新机之意,于1921年2月1日在重庆正式创刊。萧楚女担任该报主笔后,促进报纸进行改革,使它具有反帝反封建的色彩。报纸经常以社论或政论的形式,对社会的罪恶行径、反动意识形态进行深刻的揭露和无情的鞭笞。它设有《社会黑幕专栏》,将社会上那些阴暗、见不得人的丑事,淋漓尽致地暴露在光天化日之下。报纸还设有《社会青年问题栏》,以通讯的方式向人民进行爱国主义教育,帮助青年正确对待工作、学习、婚姻、恋爱等问题,把广大青年引导到正确道路上来。对于政治斗争、革命运动,《新蜀报》都是站在人民立场予以报道和评述,伸张正义,抨击邪恶。因此,《新蜀报》深受四川革命人民的欢迎,销售量由以前的七八百份陡增至数千份。

为了办好《新蜀报》,萧楚女日夜操劳,白天完成教学工作,晚上就为报撰稿。《新蜀报》每天刊出的政论和社论,绝大多数是出自萧楚女的手笔。他的文章,犀利豪放,鞭辟入里,战斗性强;其矛头所向,不是揭露封建军阀、帝国主义,就是痛斥贪官污吏以及反动文人。同时期的刊物赞叹萧楚女的文章是"字夹风雷,声成金石"。

1923年春天，天府之国四川爆发了军阀混战，战火绵延数百里，相持达半年之久。川东重镇重庆，粮食极度缺乏。夹江县秀才唐焕章窜到重庆，在嘉陵江南岸设坛传教，自封为世界宗教大同会的会长，利用人民的状况和缺衣少食避祸求安的心理，在军阀的庇护下，趁机散布妖言，欺惑群众。胡说孔子"在陈绝粮"是实行"辟谷"，庄子"道在屎橛"是指引凡人入道的法门。他把人粪称作"草还丹"，精液叫做"金液大还丹"，欺骗群众说"吃了这些仙丹妙药，可以不饥不饿，延年益寿"。人民讥讽它为"吃屎教"。唐还扬言，"入教可以不吃饭，并得长生"，还猖狂地说当年的农历八月十五日将有大灾难降临，天地震动日月无光，树木焦枯，如欲免劫，是日须潜伏在家，不可妄动。《民苏报》也帮其推波助澜，鼓吹大难来临。一时妖言弥漫山城。老百姓惑于"神威"，争相储备锅盔，以备灾难降临充饥之用。当局对于这种无耻的造谣惑众之言，不仅不加取缔禁止，反而纵容奸商垄断粮食，致使粮价上涨十余倍，甚至有的市民准备全家死在一起。

萧楚女对此非常气愤，挺身而出，勇敢地奋起进行反对封建迷信的战斗。他在《新蜀报》辟设的《社会黑幕专栏》里，以科学原理为根据，连篇专论《"吃屎教"的社会根源》，抨击了政府当局姑息纵容妖道横行的罪恶目的，号召人民不要上当受骗，把"吃屎教"和反动军阀狼狈为奸的狰狞面目暴露在光天化日之下。群妖群魔恼羞成怒，扬言要捣毁报社，刺杀主笔和编辑。萧楚女对敌人的威胁毫不介意，对"吃屎教"胡说的八月十五日将有天兵天将下凡的无耻谎言，进行针锋相对的斗争,并于是日出一特刊,题为《请看"吃屎教"所说的今天》。恰巧这一天,风轻云淡,万里晴空,并无"吃屎教"说的弥天大谎。在事实面前,群情激愤。在众怒难犯的情况下,当局才不得不下令驱逐唐焕章出境,人民大众无不拍手称快,热情赞扬萧楚女"是真正为老百姓说话的人"。萧楚女的英名一时广为流传。

萧楚女在《新蜀报》的活动引起了当局的不安,他们迫令《新蜀报》辞退萧楚女,这一行动引起了人民的不满。不少读者将报纸退回报社说:"没有萧先生的文章,我们不订了。"在广大群众的谴责下,在《新蜀报》报社同人的周旋下,萧楚女又回到报社,他的斗志并不稍减。当局又迫令辞退萧楚女,就这样辞退,迎回,再辞退,再迎回……萧楚女在川期间三进三出《新蜀报》,成为人民争相传颂的奇闻。

萧楚女在重庆的革命活动,屡屡遭到反动当局的蓄谋破坏。萧楚女机智地与之周旋,利用进步人士的掩护而安如泰山。正当萧楚女在重庆与反动派酣战之际,得到母亲在家中病危的信件。于是他在1924年1月,暂别嘉陵江畔的山城,一叶轻舟,飞渡夔门,穿越三峡,回到了故乡汉阳。

再度入川

萧楚女返回家乡不久,重庆女二师的教务长和《新蜀报》的负责人,多次给他写信,请他在家中诸事安排就绪后还是到重庆工作。重庆地方党团负责人之一的童庸生和何星辅得知

《新蜀报》再聘萧楚女任主笔的消息后，也联名于1924年7月25日写信给团中央，建议派萧楚女到川工作。

鉴于萧楚女对四川的革命运动比较熟悉，共青团中央同意派遣已任团中央委员的萧楚女到川。萧楚女名义上仍为《新蜀报》的主笔和女二师的教员。8月初，萧楚女抵达重庆，他在《新蜀报》报社附近租赁了一间小房子居住。以后，这里成了他经常举行会议和接待群众的地方。这时，杨闇公到上海与恽代英、罗亦农会见后，也返回重庆和萧楚女取得了直接联系，萧楚女参加了重庆团组织的工作。

1924年9月1日，团中央召开会议，讨论四川重庆、成都、泸州三地的团组织缺乏统一领导，且组织涣散、战斗力不强等问题需要及时解决。于是决定正式委任萧楚女为特派委员，并给予他调阅文件、教育同志、整顿组织之全权。萧楚女接到任命后，深感责任重大，恐难以完成，并及时以暗语回复中央，请收回任命。他说："知兄欲委弟任成、泸、渝三地义务学校全权办学之事。弟因成、泸两地远离数百或千里，彼处情形及办学人员一概不识；目下又因川战初平，道途多匪；自己无川资，不能前往调查，故此两地之事，请兄收回成命。"

但是，团中央仍然坚持原来的决定，萧楚女于是积极地以最大努力担当起这个重任。首先他对重庆团组织的团员进行政治思想方面的教育工作，和杨闇公一道发起组织了以研究社会科学为宗旨的"四川平民学社"，这是一个遍及全川的革命群众组织。总社设在重庆，另在綦江、南川、内江、江津、成都、泸县、宜宾、南充等县市设分社。参加这个组织的成员多数是各校的学生，也有青年工人和店员。"平民学社"的任务是研究一切政治、经济和社会问题，参加一切改造社会的运动；在经济十分困难的情况下，短短4个月内就创办了3所平民学校，为普及四川教育、提高人民觉悟起了先导作用。

平民学社出版自己的刊物——《爝光》，萧楚女亲自为该刊写文章。由于《爝光》宣传革命思想，抨击时政，刺痛了反动派，只出了3期就被军阀王陵基查封。

重庆的平民学社常在张家花园、南岸等僻静的地方举行团员和青年积极分子的讲演会、谈话会和读书会，讨论政治形势和青年的任务。为了提高工人阶级的政治觉悟，萧楚女在重庆夫子池文庙内，组织以印刷工人为主的青年工人50余名参加经常性的讲演会。萧楚女到会主讲马克思的剩余价值和阶级斗争的理论。他用通俗易懂的语言和具体的事例，使工人很快地知道什么是剩余价值和阶级斗争。他说，"资本家既要增加工作时间，又要减少工资，就好像一只手提着工人的头，另一只手捉住工人的脚，向两头狠命地拉，这是非常残酷的抽筋办法"，又说"资本家的机器和原料是我们工人的血汗和尸骨堆起来的"，并不是他们自己买的，"资本家还要雇请军队来管制工人，工人就像囚犯一样，连牛马都不如"，等等。他的演说热情奔放，形象生动，工人很容易接受。

通过理论和社会实际工作相结合，青年团员和青年积极分子的思想觉悟提高很快，萧楚女及时吸收其中符合条件的青年以壮大重庆团的组织。同时萧楚女对重庆团地委进行逐步改组。当时重庆团委有一个姓唐的人，把持团的部分权力，并将这种权力视为私有。唐某深知萧楚女负有整顿四川团组织的重任，在背后对萧楚女的工作使小动作，在团员中挑拨离间，企图挤走萧楚女。萧楚女这时虽然"病魔缠身""饮食步履艰难"，但仍依枕向团中央写了详细报告，提出解决重庆团组织的两项办法：一、由中央直接致函唐某，以收回各校章，一律另发新章为由，将落在唐某手中一些团内文件收回；二、或由萧楚女组织新的机关，代替唐某掌握的组织。萧楚女在报告发出以后，认真努力地坚持在团员中做细致的思想工作，逐步使过去一些对萧楚女抱有成见的团员，认识到唐某无组织无纪律的错误，很快便站在萧楚女一边，支持萧楚女对团地委的整顿工作。萧楚女对唐某的错误行为进行了毫不容情的严肃批评。不久，重庆团地委的团员知道了萧楚女是团中央特派员的身份以后，深深地被萧楚女平易近人，从不表明对自己有利的身份，更不以势压人的高尚品质所感动。在萧楚女的领导下，重庆团地委的领导班子很快组织起来。

"德阳丸"案

1924年11月间，日本商轮"德阳丸"号无视重庆当局的禁令，包庇奸商偷运劣币到重庆。当检查出大批掺和杂铜的假银币后，船主立即指使船员将4名调查员推下江中，并打伤有关人员。军警督察处闻讯，立即派兵将该船船主石川熊藏、大副北神林造等人和劣币押到督察处，并将劣币全部没收。

驻重庆的日本领事获悉此事后，向重庆海关监督提出抗议，要求重庆当局"处办肇事之兵，退还毫银，并保证不再有此事件发生"。对于推调查员4人落水和打人事件却只字未提。当局慑于日本帝国主义的淫威，不仅不据理力争，反为其开脱罪责，将这一损害国家尊严、民族利益的严重事件说成是由于误会而引起的"争斗聚殴"。对日本领事的无理要求，说是"要求各节，尚非无理"，并决定将船主和大副"妥送回轮，所拿毫洋，予以发还"。

这种奴颜婢膝的可耻行径，激起了广大群众的义愤，萧楚女等决定领导群众进行斗争。《新蜀报》编辑社举行紧急会议，研究对"德阳丸"事件的对策，一致认为事件关系着国家的主权和尊严，决定由萧楚女撰写专论，揭露"德阳丸"事件的真相。当晚萧楚女把满腔民族仇恨凝聚在笔尖，洋洋千言，一挥而就。次日，在报社披露，有如干柴烈火，形成燎原之势。萧楚女对群众中爆发出的高昂斗争情绪，及时因势利导，通过《新蜀报》的舆论阵地，领导群众向日本帝国主义及其走狗发动猛烈进攻。

在重庆团组织的领导下，重庆各界群众组织了"德阳丸案重庆外交后援会"，通电全国。12月6日，重庆各团体代表集会，一致决议：要求重庆当局于48小时内，撤销丧权辱国、渎职媚外的渝关监督江岳生的职务；另委社会贤达与日领事交涉；向日领事提出惩凶赔款等6项要求。声言不达目的，绝不休止。

群众运动起来以后，萧楚女又巧妙地利用军警督察处与渝关监督署所公布的材料互相矛盾之处，提出16点质疑。这样不仅进一步激发了群众的情绪，而且置重庆当局于狼狈万状之中。当局唯恐事态不可收拾，急忙责令军警督察处出面召开各团体代表会议，声明过去报道失实。且一反前说，否认有人被淹死之事。萧楚女代表《新蜀报》参加了这次会议，他看清了当局企图把问题停留在是否死人的争论上，以便转移方向，拖延和放松对日本帝国主义侵犯中国利益问题的处理。为了击中要害，萧楚女在会上立即提出两项主张：一、对于肇事的日人和奸商，以及媚外的渝关监督，要严惩不贷。二、进一步调查核实被推下江中的调查员是否被淹死，再论赔偿问题。决不能因调查死因问题而放松对日本帝国主义者犯罪行为的处理。

省内及全国许多地方都给重庆后援会发来声援电，当局为了尽快平息"德阳丸"事件，由省长亲自出面召开各学校校长会议，决定采取提前放假和延长假期的办法，把学生驱散回家，从而削弱群众运动的力量。这一决定遭到教职员的反对而未能得逞。12月13日，江北县、巴县和重庆各界群众64个团体7000余人，在重庆打枪坝广场举行示威抗议集会。萧楚女代表《新蜀报》赴会演讲，他慷慨陈词，揭露帝国主义和军阀的罪行，得到与会群众的热烈响应。会后举行了示威游行。群众高举"德阳丸案示威请愿"的大旗，学生们还特别制作了一面大旗，上书"外防侵略，内肃官方"八个大字，行进在威武的行列里，口号声此落彼起，队伍所经之处，群众自动参加到游行示威队伍中，使队伍越来越长。最后，到省长公署请愿，当局派出重要人员接见，对请愿各节无不允即转达。轰动一时的"德阳丸"案在萧楚女、杨闇公的领导下，终于使当局接受了群众的要求，媚外的海关监督受到惩处，驻重庆日本领事被奉调回国，不敢再提赔偿道歉条件。"德阳丸"案以人民的胜利而结束。

事后，萧楚女等在总结这次运动经验时认为：一、群众已得到一次很好的训练。二、揭尽官僚丑态，使人民得到一种靠他们不住的觉悟。三、使人民知道只要我们肯下死力做，没有什么外交不能办到的胜利，并且不要指望别人来帮助我们。四、日本人知道中国国民已不如从前那样不问国事而可欺了。五、让一般卖国媚外者也不敢一味胡行而毫无顾忌。

选派国民会议促成会代表

1925年年初，孙中山应冯玉祥邀请，赴北京参加争取祖国和平统一会议，段祺瑞也搞了一个所谓的善后会议相对抗。为了支持孙中山的行动，中国共产党和国民党共同在全国范围内掀起了选举赴北京的国民会议促成会代表的运动。广州国民政府派原四川国民党元老朱叔痴到川负责推进运动，选派国民会议代表。朱叔痴主观上也想搞好这项工作，但他一到重庆就被国民党右派和官僚包围。这些人看军阀脸色行事，又向段祺瑞暗送秋波，背地里支持召开善后会议。虽然朱叔痴多方奔走，运动始终发动不起来，他感到束手无策，准备返回广州。萧楚女和杨闇公知情后，从革命大局出发，决定用实际行动巩固共产党与国民党的统一战线。他们一方面对朱叔痴的工作予以大力支持，另一方面组织青年团员和平民学社的社员，深入群众中去进行宣传和组织工作，很快打开了沉闷的局面，使运动得以迅速地发展起来，成立了四川国民会议促成会。

为了澄清一切混乱思想和揭露国民党右派的阴谋，萧楚女做了不懈努力。2月4日，重庆国民会议促成会召开干事会议，萧楚女在会上要求国民党发布宣言，表明态度，以释群疑。他这样做的目的是为了坚定国民党左派，争取中间派，打击和揭露国民党右派。他还要求国民会议促成会对工会的暧昧态度提出质疑，加以处理。这一要求提出后，重庆工界立即发表了反对善后会议的快邮代电，鲜明表示"吾人本良心之主张，绝对承认国民会议预备会，反对善后会议"。他还提出要加强对国民会议的宣传工作，要将国民会议促成会的宣言所提出的条件，用各种颜色纸派人分别写明，传贴各街巷以警民众。由于萧楚女、杨闇公的积极努力，重庆国民会议促成会运动收到较大的成效，它不仅表现在最终按照共产党的意图选出了共产党员和国民党左派为主的13名代表，还表现在通过这次运动大大提高了人民群众的觉悟，不少人说国家大事像这样做就好了。还有老百姓说："我们都能参加这样的会吗？"他们对国家大事表现出了热心。

1925年2月27日，萧楚女等在重庆打枪坝召集120多个团体14000多人的大会，欢送赴京出席国民会议的代表。萧楚女在大会上致欢送词，希望代表力争民主，不惜牺牲，为民主自由而奋斗。

送走国民会议促成会代表后不久，孙中山在北京不幸逝世的噩耗传到重庆，萧楚女、杨闇公等以党团组织成员发动群众，通过悼念孙中山，掀起一个更广泛的革命群众运动。在这次运动中，由于发动工作做得深入细致，不仅使广大学生市民工人参加了运动，而且还动员军队高举"打倒卖国军阀"的大旗，参加到游行的队伍中来。四川驻重庆的军阀刘湘，也违心地做出表示要革命的样子，捐出3万元作为悼念活动的经费。追悼孙中山的灵堂设在重庆总商会，安排8天祭悼活动。萧楚女亲自题写了100余字的长挽联，挂在礼堂内中山先生遗像的两侧，表达了萧楚女对孙中山先生的无限崇敬和爱戴。萧楚女不仅操劳整个悼念会的过程，而且为《新蜀报》撰写了沉痛悼念孙中山的社论。当他将稿件交到总编辑手上时，泪流满面地说："孙中山死后，右派将更嚣张了，今后的斗争会更加尖锐复杂。"他在社论中极力宣传孙中山的联俄、联共、扶助农工的政策，揭露帝国主义、封建军阀、买办官僚祸国殃民的罪行，宣传孙中山先生的今后之革命，非以俄为师断无成就的指导思想，着重指出这就是中国革命的前途。

《南鸿》周刊的主将

1925年春，继四川平民学社创办的刊物《爝光》之后，西南山城重庆又创办了一份新的刊物——《南鸿》周刊。这是一份16开8版的周刊，刊物上尖锐泼辣的战斗篇章犹如声声春雷，震撼着这个雾瘴迷茫的"死人之都"，激励着广大青年。刊物不仅在嘉陵江畔广为传播，而且还行销成都、武汉、北京等地，在反帝反封建的斗争中发挥了积极作用。这份周刊的主编就是后来党的重要领导人张闻天，萧楚女则是这个刊物的支持者和重要的撰稿人。

1925年3月30日《南鸿》周刊问世。《发刊词》表明了刊物尖锐批判的精神、鲜明的革命民主主义思想和社会主义倾向。《发刊词》开头就诅咒重庆的"含有毒质"的政治空气："我们几个人都切身地感觉到重庆这地方的空气实在太闭塞，太干燥，太腐败，并且太沉闷了。"接着明确宣告，"我们为得要冲破这种闭塞的，干燥的，腐败的与沉闷的空气，我们为得要鞭笞我们自己的生命不使他们朝着死的路上走去，所以我们创办这个小小的报纸。"

张闻天和萧楚女在《南鸿》上发表了许多文章，体现了刊物的编辑方针和战斗风格。《南鸿》周刊引起了反动军阀和猬集在重庆的顽固保守势力及国家主义分子的憎恨与恐惧。他们以"萧楚女播弄风潮""张闻天提倡自由恋爱"相攻击，施展各种阴谋企图拔掉这个眼中钉。在险象丛生的条件下，萧楚女积极支持《南鸿》周刊继续发行。为反击敌人，从第四期起，萧楚女干脆"取一个'索性'的态度"和笔名，亲自出马为《南鸿》撰稿。他那谈论纵横的重炮式的时评和一针见血的尖刀般的杂感，增加了《南鸿》社会批判的尖锐度和深广度。

《言论上的道德责任与法律常识》是萧楚女在《南鸿》上发表的一篇重要文章。他用严谨周密的逻辑揭穿了《国是报》的污蔑和刘蔚芊的造谣，无情地讥笑了他们既无道德责任，又无法律常识，是人品低劣而又不学无术的一伙。在他们驳复萧楚女"不道德"，平民学社主张"共产共妻"之类的污蔑时，萧楚女很自然地从人的解放角度，宣传了打破封建礼教，实行自由恋爱的意义，并通俗地说明了国民革命与社会革命的不同，区分了中国无产阶级革命的两阶段，说明"中国现在需要的是一个完备的德谟克拉西"。

萧楚女在第六期上以寸铁的笔名发表《告所谓"璧山公民"》是一篇把历史批判与实际斗争紧密结合起来的好文章。所谓"璧山公民"，是把"新旧中西拉做一团"来反对萧楚女的开放璧山女学，废除文庙斋长的主张。萧楚女以子之矛，攻子之盾，以丰富的中外史实加以辩证，继而是连珠炮式的诘问，把"璧山公民"的谬论驳得体无完肤。他打破对孔子的偶像崇拜，同时又把孔子放在应有的历史地位上，幽默地说："须知今日，孔子固然可尊，然只当列于老庄扬墨之列，一律平等，不当再袭汉武崇六艺黜百家之偏私故智，以为一二劣绅谋饭碗。"他还巧妙地把反尊孔与反帝反军阀斗争以及社会主义宣传结合起来。在揭露了"璧山公民"的逻辑矛盾之后，他发出了这样问语："不晓得现在中国之或强或衰，究与孔子有何关涉——废了孔庙，就有何种大乱降临中国？……我不晓得我们中国尊了几千年的孔子，何以到现在还是只落得这样兵匪遍地，外力横加？"在讥笑"璧山公民"乱扯列宁是犹太人后裔之后，他又转笔揶揄："尼古拉列宁这个'达人'被你们换了祖籍倒不要紧，只不过他底'达'若真'达起来'，对你们还是不利的。他不但要不许孔庙存在，并且还要不许不做工而只吃饭的人存在哩！"

《神圣同盟下之重庆严格教育》更集中地体现了萧楚女目光锐利、学识渊博、思路开阔、讽刺辛辣的特点。1925 年春天，重庆学校当局为抑制学生运动，禁锢学生思想，曾数次秘密开会，制定管束学生的《办学指南》，推行封建法西斯教育。萧楚女抓住这一事件的本质，故意大词小用，称之为"重庆教育界的神圣同盟"，一语击中要害。文章的主要篇幅是"举出这个在神圣的校长同盟之下的重庆教育界的黄金时底史实——所谓'严格教育'的成绩，恰似群丑展览会一般展示了他的劣迹丑行。这里有"本着他底留学生的祖国——德国——底科学精神"，反对"不"字没有一句作为证据，给积极参加救国运动的学生徐权横加罪名的甲种工业学校教务主任；有在学生李君床底下翻出一块不洁净的布片立即高悬牌告给予记过处分，逼得李君服毒自杀还力主开除的女二师原训育主任；有不准十四、十五两班学生写信给报社为老师张闻天辩诬，学生"不肯恪守命令"便以离职装腔作势的川东师范校长陈定远；还有终年不放寒暑假，把学生管得没有闲空，并且连女生参加照相都不准的前清秀才、江北中学校长唐鸣坷。萧楚女在这篇文章中勾勒的人物，是《南鸿》揭露和讽刺的主要对象。这些妄图左右重庆舆论和主宰重庆教育界的名公雅士，是那一时代的典型，从《南鸿》生动泼辣的文字中，可以认清他们的嘴脸，并感受到那一时代的脉搏。

《南鸿》周刊共出了7期就被当局强行查封，张闻天也被迫出川。临走前，萧楚女怀着一往情深，在一家俭朴的火锅店为战友张闻天饯行，并给他写了一封到上海渔阳里找人的亲笔信。萧楚女自己则继续战斗在险象环生的重庆。

光辉留人间

国家主义派的头子曾琦，在上海出版了《醒狮》周刊，宣传国家主义派理论。他是四川人，特别重视在四川发展拥护国家主义观点的分子。他每期出版的《醒狮》都邮寄10份给重庆女二师坚持国家主义派观点的彭举，要他在教师学生中散发。重庆女二师的学生由于年轻、涉世不深，对国家主义的理论既感陌生，又觉得不是滋味，这与当时的对敌斗争形势极不适应，十分渴望萧楚女指出方向。萧楚女于是约了该校的部分同学谈话，先听他们的理解，然后帮助他们分析国家主义的本质和斗争形势，勉励他们团结群众，不要受国家主义派的欺骗。

当时，重庆联合中学校校长舒某，邀请国家主义分子刘蔚芹到该校讲授公民课。刘本是一个政客，自恃有军阀撑腰，勾结一些反动政客、文痞、编辑等，在报纸上发表许多文章，宣扬国家主义，攻击《新蜀报》，谩骂萧楚女。他在学校讲授公民课时，大肆散播国家主义观点，污蔑马克思主义、攻击共产主义。联合中学有是非感的学生都鄙视刘蔚芹的行为，将他在课堂上的胡言乱语记录下来，投寄到《新蜀报》，请萧楚女予以答复。

萧楚女对国家主义的理论是经过深入研究的，他撰写了许多有理的文章痛斥国家主义派的谬论。当他收到联合中学的学生来信后，特将来信及他答复的长篇文章发表于《新蜀报》

上。由于他的文章观点鲜明，逻辑性强，令人信服，因而影响十分广泛。巴县中学、江北中学、治平中学、巴县国民师范学校的进步学生，都先后派代表到联中联络。经过深入酝酿，结成了反对国家主义派的联盟，开展批判国家主义的斗争，致使刘蔚芊等国家主义分子在群众中声名狼藉，被迫离开联合中学。

此后，重庆各校进步师生纷纷举行国家主义问题讨论会。在一次会上，一名国家主义分子大放厥词，诬指马克思主义是舶来品，不合中国国情，胡说只有国家主义才是爱国，等等。萧楚女在这次讨论会上据理驳斥，那个国家主义分子被驳得哑口无言，狼狈退出会场。

萧楚女为批判《醒狮》的谬论，肃清其影响，特编辑了一本名为《肃清》的刊物。该刊篇幅不多，但内容精炼，丰富多彩，对青年很有启发。一些曾受国家主义影响的青年迅速觉醒，退出国家主义派，有的参加了共产主义青年团，走上了革命的道路。国家主义派争夺青年群众的计划失败了，他们勾结重庆卫戍司令王陵基，策划迫害萧楚女。

王陵基早已视萧楚女为眼中钉，曾派陈学池打入《新蜀报》，企图夺取《新蜀报》主笔职务，因遭到社内全体职工的反对，只挂上一个总审核的空头衔。王陵基命陈学池故意对总编辑周钦岳说部分将领正酝酿武装驱逐萧楚女。周钦岳说若王陵基逮捕萧楚女，一定会激起学生风潮和社会公愤。这点必须注意，反正萧楚女早就要走的，只要不强留他，他很快就会离开。陈会意而去。

事后，周钦岳将此事告诉萧楚女，他听后一笑置之。重庆党团组织负责人分析了形势，为了萧楚女的安全，杨闇公把他接到家中暂住。杨闇公在他的日记中这样写道："萧楚女将离《新蜀报》，生活问题随之而至，我拟约他来寓所暂住，再没他法。"

5月，萧楚女决定出川，离川前，他将党团组织的负责工作移交给杨闇公，与战友互道珍重，在依依惜别中离开了山城，扬帆东下到了上海。

萧楚女先后两次入川，为四川的革命启蒙运动做了大量的工作，曾为《新蜀报》撰写了近千篇文章，影响广泛。更重要的是，他为四川省级地方党组织的建立和迎接大革命高潮的到来，做了政治上、组织上、思想上的准备。

萧楚女到达上海后，立即投入战斗，与老战友恽代英共同主编《中国青年》，同时还辗转于南京、苏州等地视察工作。

萧楚女生平展厅

1926年初，萧楚女奉调到广州农民运动讲习所任教员，年底又被派遣到黄埔军校任政治教官。1927年4月12日，蒋介石发动反革命政变，广州也同时陷入白色恐怖。病情严重，生命垂危的萧楚女，被一群如狼似虎的反动分子从病床上拖走，投进死牢。萧楚女英勇不屈，最后被反动派乱棒打死。

　　萧楚女是人民的良师益友，为了唤起人民的觉醒，他以手中的笔为武器，纵横驰骋在湖南、安徽、四川、上海、广州等地的革命理论阵地上。他像点燃的蜡烛一样，用自己的光辉，为黑暗中摸索的人们照亮了前进的道路，他自己什么也不留，却把光明留给了人民。

李硕勋

◎ 何锦州 李荣 杨娜

李硕勋（1903—1931），是中国共产党的优秀党员。1925年任全国学生联合会会长。次年调任湖北任团省委书记。在举世闻名的八一南昌起义中，任第二十五师党代表兼政治部主任。土地革命战争时期先后担任过浙江省委代理书记、上海沪西区区委书记、江苏省军委书记等。

李硕勋

一

李硕勋，又名开灼、叔熏、李陶，四川省高县（原庆符县）人，1903年2月23日出身于一个比较富裕的家庭。4岁时开始启蒙读私塾，7岁在原庆符县第一小学读书。

李硕勋在少年时期就富有正义感，见义勇为。1917年，李硕勋14岁时，一支军阀部队进驻庆符县城，有个士兵去偷窃一私塾先生饲养的鸡，受到阻止未得逞，那士兵怀恨而去。后来，这个士兵又因出卖子弹被拘押。受审时竟诬陷这位私塾先生是"窝主"，使得私塾先生无辜被捕。李硕勋知道这一冤案后，愤愤不平，便只身闯入军队的连部，为私塾先生评理。连长见他是一个孩子，想吓唬几句，把他轰走，哪知道李硕勋毫无惧色，据理力争，驳得在场军官们哑口无言，瞠目结舌。

1917年，李硕勋考入宜宾叙州联合县立中学。他学习勤奋，刻苦钻研，每次测验都成绩优异。是年10月，他因父亲病逝，回家奔丧，中途辍学。1919年，他到成都，原拟报考四川讲武堂，但因年龄不够未被录取，转到储才中学读书。

五四运动时期，李硕勋深受革命思想影响，投身反帝反封建反军阀洪流，并当选为校学生会代表，组织同学开展抵制日货运动。他眼见祖国河山四分五裂，民不聊生，惨遭蹂躏，心痛欲碎。入学半年后，他毅然投笔从戎，参加川军第一师骑兵团，担任团部文书。他忠于职守，认真做好誊抄、编写、传送、保管文件资料等工作，常骑着马传送文件。不久，他感到骑兵团仍然是军阀控制的军队，于是离开了。

1920年，李硕勋重返成都，入叙属中学，曾打算和几位志同道合的同学赴上海，以求深造。由于没有路费，未能成行。1921年春到四川省一中读书。这时，马克思列宁主义已在中国广泛传播。他受革命思潮影响，积极参加学生运动。在省一中师生要求教育经费独立的运动中,李硕勋受到同学们的拥护,当选为四川省学生联合会出版部主任。这年冬,在《新青年》的启迪和王右木的影响下,他与成都高等师范学校的几位学生自发地组织了"中国社会主义青年团"成都组织,李硕勋是团内的领导人之一。他们组织同学学习马克思列宁主义,阅读进步书籍,开展反帝反封建活动。

20世纪20年代的四川社会一片黑暗。学界的教育经费也被挪作军用,学校房舍多作军营,迫使学生不得不起来反抗。1922年6月,在王右木和社会主义青年团的领导下,全川性的争取教育经费独立运动爆发了。省一中的学生勇敢地参加了斗争,李硕勋、欧阳本义(阳翰笙)等人是他们中的代表。6月初,四川教职工联合会和学生联合会决定成都各校一律罢课。11日,他们在《国民公报》上发表《四川社会主义青年团宣言》,

李硕勋故居庭院

号召教职员工和学生积极行动起来参加斗争。12日，王右木率领学生联合会组织和各校学生代表赴省议会请愿，要求省议会议决教育经费独立案。省议会副议长熊烨拒不出席会议，无法议案，引起学生的极大义愤，随即推举高师、省一中、省师等8个学校的代表前往熊住宅请愿。熊即令警卫将学生代表强行扣留。尚在议会的几百名学生和一部分教职员在王右木的率领下赶到熊宅质问。熊被迫释放了被扣留的学生代表，却指使轿夫将堂内器物捣坏，妄图嫁祸于学生，这就是所谓的"熊宅事件"。13日，社会主义青年团和读书会会员又组织数百名学生前往议会，要求开会议决教育经费独立案。熊又勾结军警和大批暴徒手提棍棒、铁器向赤手空拳的学生大打出手，当场打伤学生30余人。14日，四川学生联合会派李开灼、欧阳本义到封建老朽陆绎之控制的省女师，动员女师学生参加教育经费独立运动，在女师学生雷兴政（即雷晓晖）等人的带领下，女学生们冲破封建老朽的控制，加入了斗争行列。学生的正义斗争得到了社会各界的巨大声援，迫使省议会通过了师生代表提出的议案——划拨全川的肉税作为教育经费，斗争获得了初步胜利。

　　全省规模的教育经费独立运动，使反动当局为之震惊。他们在被迫让步的同时策划着镇压。7月，王右木被无理解除在高师的任职，辞蓉赴渝。新上任的省长刘成勋下令，更换了全省中等以上学校校长30多个，进步的教职员也被撤换，代之以反动政客、军阀门客、遗老遗少。这更激起了青年学生的强烈抗议，方兴未艾的学生运动又进入了新的高潮，这就是继教育经费独立运动之后的"择师运动"。成都的"择师运动"以省一中最为激烈。省一中原任校长陈正刚（陈光普）系北大毕业生，较为开明。新任校长严恭寅是个政客。学生贴出反对他的通告，打坏了他的拱杆轿子，封闭校长室，捣毁器物，吓得他不敢就职。愤怒的学生又殴打了前来"开导"的省署教育科长尹克任。省一中同学会公开声称"本校新任校长严恭寅人格卑污，办事横暴，经全体同学议决誓死否认"。一面发表宣言，一面呈请政府收回成命，另委贤员接办。同学会特举余屏藩、欧阳本义、李硕勋、陈贞鹗、王国章、孙贤等6名同学为代表，前往省署进行面对面的斗争。

省一中组织的同学会，下设自治部、理事部、评议部，同时出版发行《四川一中半月刊》。1922年9月24日出版创刊号，发刊词中阐明了刊物"降生的理由"和"存在的目的"。同时着重阐述了他们对这次"否认校长"学潮的鲜明立场。创刊号实际上是一期"宣战书"和"动员令"，在学潮中发挥了巨大的作用。省一中的学潮引起了反动当局的极大仇视，刘成勋下令通缉李硕勋、欧阳本义等6名学生代表，所有学生一体斥退，强行解散省一中。26日上午，城防司令派士兵10余人到校令学生搬出，学生们怒不可遏，各寻木棒一根奋起反抗。士兵见势不妙，相率退去。学生们即召集临时大会，表示誓不承认。随后便借踢球为名，相约赴城南某学校商讨对策，参加者200余人，决议办法6条。

午后2时，刘成勋派武装士兵一连随同严恭寅到校。严当众宣读了刘成勋签署的命令，内称："兹经本部严密查明，此次学潮实由学生余屏藩、欧阳本义、李硕勋、陈贞鹗、王国章、孙贤等6名为首纠煽。其余各生亦皆心附和，屡戒不悛……除将为首之余屏藩等6名立予斥退，行具勒赔学费，并令法庭依法严办外，所有附和学生，并予一体斥退。即由新任校长另行招考……"学生闻之怒火万丈，在盛怒之下点燃了床上的稻草，一时间浓烟弥漫，抵抗达到高峰。但手无寸铁的学生终抵不过荷枪实弹的士兵，黄昏，纷纷愤然离校，学校被驻军占领。这便是震动全川的省一中学潮。革命青年没有屈服于反革命的暴力压迫，省一中学生代表冒着被"查拿"的危险，发出快邮代电，揭露了反动军警的罪行，向社会各界发出最强烈的呼吁，引起了省内外的强烈反响。事情发生后，李硕勋等人为免遭毒手，离开成都到了重庆。1922年底，李硕勋抵达北京，在弘达学院读书，愈加刻苦学习，成绩优于同学。

二

李硕勋于1923年赴黄浦江畔，在上海大学社会科学系学习，参加青年团组织，成为一名正式的青年团员。上海大学是中国共产党创办的高等院校。名义上是国民党老党员于右任担任校长，实际上是由共产党所领导承办的，校务由邓中夏、瞿秋白等主持。瞿秋白任社会科学系主任。这是当时最革命的一所大学。在校期间，李硕勋先后听了瞿秋白讲授的《社会科学概论》《社会哲学》，张太雷讲授的政治课，蔡和森讲授的《私有财产和家族制度起源》，还听过邓中夏、任弼时、萧楚女等的讲课，受到比较系统的马克思列宁主义教育，坚定了走革命道路的决心。

1924年，李硕勋由团员转为中国共产党党员。党组织分配他从事青年学生运动。他接受任务后，深入青年学生中，发动广大青年学生学习革命理论，提高政治觉悟，掌握科学文化知识。

1925年，帝国主义在上海制造了骇人听闻的"五卅惨案"。李硕勋的四川同乡、上海大学同学何秉彝在南京路上被英国巡捕开枪扫射，身中数弹，英勇殉难。他积极组织和鼓励市内大学、中学的青年学生集会，强烈抗议帝国主义血腥屠杀我同胞十几人和打伤数十人的野蛮罪行。他被各校学生推选为上海学生联合会的代表，参加全国学联代表会，被选为全国学生联合会会长，成为中国早期学生运动领袖之一。李硕勋还以学生代表身份，参加上海工商学联合会，参与发动全市总罢课、总罢工、总罢市的"三罢"运动，以坚决的行动来反抗帝国主义的大屠杀，以上海为起点，全国各地都掀起了波澜壮阔的五卅运动的反帝怒潮。9月10日，李硕勋在给家乡亲人的信中写道："帝国主义者在华根深蒂固已有数十年之历史，帝国主义者可以为所欲为横行无忌，就是历来缔结的种种不平等条约为之保障。五卅运动的屠杀并不是事出偶然，也不是外国人生性好杀，更不是一时的误会，而是结有不平等条约后的必然之结果。我们要求解决这个问题，为我们死者昭雪，为我们生者保障，我们反对就事论事的人，我们也反对主张外交解决，我们更反对只说是一个杀人的法律问题的单纯口号。我们认清只有彻底的用革命手段坚决地打倒帝国主义，废除一切不平等条约，才是我们死里求生的唯一出路！弟近来对于一切均已置之度外，将本此伟大的使命作终生之奋斗。"

10月17日，李硕勋在给他二哥的信中又写道："沪案至今尚无结果，帝国主义一面借口司法调查故意拖延，使我国人爱国热度减低后始出面乘机糊涂解决；一面则允许关税会议二五增税，以饵军阀好贱价拍卖此次交涉。此二者不特无丝毫利益，且对我国更为有害，盖前者不仅一司法调查而已，开国际法庭之恶例；后者关税二五增税不特有失独立国关税自主之原则，且此项增税必由军阀政客分肥，以为从事内战之资，益陷人民于水深火热之地。"

1925年11月，全国学生联合会在北京召开全国学生临时代表大会。会上，李硕勋和代表们一致坚决反对帝国主义走狗北洋军阀在北京召开的"关税会议"，反对军阀对外投降帝国主义，对内镇压人民。李硕勋在大会闭幕后的第一天，即11月15日给他二哥的回信中，尖锐地揭露军阀混战的性质："从此我还敢再言，军阀未消灭以前，这种循环报复轮流消长的战争将无已时，而且非办到所过为墟，鸡犬不留不止啊！我们在此水深火热之下，要免掉兵祸，要求我们生命的安全，要求我们生活的保障，只有大家觉悟起来，宣传组织，造成民众的力量，以革命的手段，去扑灭军阀！——同时打倒军阀的后台老板帝国主义及其爪牙官僚政蠹！我近年思想行动完全集中于此点，我觉得若不从此点做去，对己对人都无益处。我的人生观是革命，我的生活也就是革命了！革命的步骤是当怎样呢？第一是宣传，第二是组织，第三就是武装暴动，夺取政权。"会后，他继续从事学生运动。正如他在另一封信中所写："今年我办学总是特别认真，拟将全国学生之组织和行动，使之联络和统一，并且都能受总会的指挥。历年的运动中，我们已经认明中国学生在解放运动中是一支先锋队，若没有严密的组织，集中的力量，统一的计划，仍然是徒劳无功的。现在已派出许多特派员分赴各省联络和指导，如北京、天津、武汉、河南、福建、陕西各地均有详细报告，诚意接受总会的指挥，完全本着总会议决，这当算是学生运动中一件比较乐观的事情。"李硕勋积极发动上海和各地学生支援省港大罢工的反帝斗争，促进学生的大团结，结成广泛的反帝反封建反军阀的革命力量。"军阀固是剥削人民的，军阀与团阀的龌龊，亦犹之军阀与军阀的循环战争，各自为利的战争，何必为他们团总不值。他们之剥削欺压人民不过是程度上较之军阀略逊一筹而已！"

1925年下半年，全国学生联合会总会创办了机关刊物《中国学生》。李硕勋积极为该刊撰写文章。1926年他在《段祺瑞真滚蛋了吗?》一文中写道："段贼窃位执政，年余以来，真已尽祸国殃民之能事了。""人天同愤，举国不容！像这样倒行逆施的执政，人人得而诛之。""吴佩孚、张作霖得帝国主义之帮助而攫取得北京政权，这个段祺瑞虽然终于滚蛋了，然而不过换以第二第三个段祺瑞罢了。"他又在《反动政局的第一幕》一文中进一步揭露吴佩孚张作霖登台后，在英日帝国主义的支持下，"加倍地摧残民众运动，加倍地剥削民众自由"。"残暴的奉军入京,更横行无忌了:拘捕爱国领袖,驱逐大学教授,封闭报馆,搜查学校,焚毁书报,枪杀京报邵飘萍种种罪行,造成北京的黑暗恐怖世界!"这就是"反动政治业已开幕啊!"文章接着指出:"但是民众呢,绝不悲观,也不消极,更不害怕。""负有解放中国民族使命的民众,亦将不断的加倍努力,在反动势力内部的冲突中取得胜利。"在《我们的回答》一文中,李硕勋有力地批驳了《醒狮》周刊的造谣生事后说:"勿为帝国主义军阀官僚所利用,勿为全国同学之公敌。"李硕勋在"五卅惨案"一周年后,认真地总结经验,写了《五卅后一年来之中国学生运动》的长篇文章,从六个方面论说:一、一年来的政治斗争;二、一年来为本身利益的斗争;三、一年来之反基督教运动;四、组织工作与宣传工作;五、统一学生运动;六、结论。文章最后的结论说:"中国学生的力量扩大一分,帝国主义及一切反动势力仇视他们的心理也增加一分,中国学生最后的企图打倒帝国主义及其附属物,帝国主义目前的中心工作又是破坏学生的团结。所以今后学生运动应多方面揭破帝国主义的奸计,严防学生的分裂,造成学生以及于一切革命民众的广大联合战线一致向帝国主义进攻,不然中国学生不能打击帝国主义,便不能实现学生运动的目的,便不能完成中国学生所负的光荣的使命。"李硕勋的一篇篇文章像一颗颗炮弹射向帝国主义、封建主义、官僚军阀。

1926年8月,李硕勋在上海与赵世炎的妹妹赵君陶结婚。

同年秋,李硕勋等学生联合会负责人在广州召开第八届全国学生代表大会,确定了这个时期中国学生运动的政治任务和组织任务，决定动员广大青年学生投入到反帝反军阀战斗中。广州会议期间，他在给家里的书信中，对攻击学生总会的言论进行了有力的批驳，指出："乃系国家主义的捣鬼"，不只成都有这个问题，"全国之国家主义的报纸亦联合进攻"。他们攻击我们的理由"就是我们召开了俄国革命8周年纪念庆祝会"。接着李硕勋又说，"我们庆祝联俄革命意义是立足在世界革命的场合上面，而且全国代表大会曾明白规定要与苏俄联合会共同负担革命工作，那么我们就不立脚在世界革命意义的场合上面来庆祝苏俄的革命成功，而就本着大会的成功，而就本着大会的原则，表示友谊的庆祝也是不为过的！可是国家主义者为什么这般反对呢？因为他们是一部分人有夸大狂，领袖欲，时代落伍的青年的组织，他们不明了一点世界经济政治的情形，他们不知道国际帝国主义已统治了世界，实在他们根本不知道帝国主义为何物，所以他们反对打倒帝国主义，他们完全是一种反动的行为！国内较为明了的青年谁不对之白眼！所以他们攻击我们，也不过就在他们的刊物或口头吠吠而已，何能摇动我们丝毫！总会今年与各省学联已发生了特别良好的关系，各省学联接受总会的指挥，所以国家主义的反动行为，在某地发生了某地学联即可制服，何用总会对付！所以此次攻击我们，竟置之不理。"

在岭南，李硕勋曾与广东青年团、新学生社、学生联合会负责人谈话，说："希望你们把广东革命根据地的青年学生运动认真搞好，创造经验，做出显著成绩，为全国各地树立榜样。"他还赞扬了广东前段学生运动的成绩，也指出了学生运动中存在不团结等问题，希望发扬优点，克服缺点，继续前进。

三

北伐战争开始后，李硕勋自愿从事军事斗争。1926年冬，他调任共青团湖北省委书记，不久根据党的指示，到国民革命军第四军从事政治工作，后任第二十五师政治部主任。他教育广大官兵，为消灭北洋军阀的反动部队而战斗。他亲临前线，鼓励将士英勇杀敌，为统一全国建立功勋。大革命失败后，李硕勋参加了举世闻名的八一南昌起义。起义的第二天，第七十三团新参加起义军的七八百名青年及一些军官组成的七十四团和七十五团改编为第十一军第二十五师。李硕勋担任中共第二十五师委员会书记、师党代表兼政治部主任。在第十一军军长叶挺、党代表聂荣臻的领导部署下，他协助第二十五师师长周士第整编部队，驻守防地，保卫南昌。

这时，国民党反动派调动大批军队准备围攻南昌。8月上旬，根据前委和周恩来、朱德、贺龙、叶挺、刘伯承等领导人的部署，李硕勋、周士第等领导的第二十五师为起义部队的后卫，从南昌撤出，南下珠江，计划重建广东革命根据地，再行北伐。部队南下至瑞金。敌南路总指挥钱大钧纠集第二十师、二十八师、新编第一师和补充团总计10个团，在贡水沿岸构筑工事，准备在会昌附近堵截起义军。敌军黄绍竑部7个团，也在白鹅圩一带集结，与会昌城成掎角之势，合谋截击南下的起义部队。

前委和周恩来、朱德等决定由李硕勋、周士第率领第二十五师会同第二十四师进攻会昌西北,配合第二十军等兄弟部队攻打会昌。

8月下旬的一个晚上,李硕勋和二十五师官兵从瑞金出发,向会昌方向攻击。由于没有向导,他们到达路口才发现走错了一段路,于是迅速转向,越过一座高高的山峰,骤闻枪声,越近枪炮声越烈,原来是起义军第二师、第二十师在朱德的指挥下正在猛攻会昌。李硕勋和战士们相互督促说:"快走!快走!"

李硕勋等到南山岭时,叶挺、聂荣臻等早已派军部参谋在路边迎接。参谋通知他和周士第迅速去指挥部接受任务。李硕勋和周士第进入指挥部,看见周恩来、叶挺、刘伯承、聂荣臻等都在那里,他俩行军礼后说:"昨夜我们走错了路,察觉以后才转回来。现在部队都到齐了。"周恩来对李硕勋和周士第说:"没关系。这个不谈吧,现在需要谈怎样打敌人。你们二十五师的任务,我们已经讨论了,由叶挺同志给你们讲吧!"叶挺对李硕勋等人说:"城东北那面敌人很多。朱德指挥的部队在那里打得很激烈。"接着,他指着南山岭说,"那个山顶上是敌人,山顶南面北面那一带高地也是敌人。"然后,他又指着两边高地说,"这一带是二十四师的部队。他们打得十分激烈,有些伤亡,正同敌人僵持着。"他随后又指着南面的寨子说,"那个山上也是敌人占着的,我们没有部队在那里。"

刘伯承说:"这个地方的敌人是后来发现的,如果不把他打掉，就会抄我们的屁股哩！"他边画着地图边说，李硕勋随着他的手势不断望着。叶挺对第二十五师很熟悉，紧接着说："你们派七十五团进攻寨子，要快一点占领这个山；七十三团进攻南山岭山顶北面一带的敌人；七十四团接七十三团从左翼进攻，得手以后由北面进攻会昌城。今天一定要占领会昌。你们还要派人与朱德部队取得联系。"聂荣臻接着说，"这次战斗很重要。你们的任务很重。部队走得很疲劳了，要好好地进行战斗动员。党员、团员要起模范作用，要保证完成战斗任务，打下会昌。"

周恩来说："部队是很疲劳，可是会昌一定要打下来。你们有没有把握呀？"

李硕勋等迅速答复说："我们向党保证，一定打下会昌。"

李硕勋回答后，望着神情严肃的周恩来。周恩来的身体比在南昌见到时消瘦了一些，但精神抖擞，这使李硕勋感到十分高兴。回到第二十五师，李硕勋等召集团以上干部开会，根据指挥部的指示精神，分配各团作战任务，并反复讲明这次作战的重要性，强调共产党员、共青团员、各级干部都要起先锋模范作用，不怕艰苦，不怕牺牲，誓必打垮敌人，占领会昌，完成前委分配的战斗任务。经过动员后，全部官兵战斗情绪高涨，摩拳擦掌，纷纷表示歼灭敌人，夺取会昌。

8月24日，部队进攻会昌。二十五师指挥所设在离敌主要阵地以西1000多米的一个山头上。他亲自指挥七十三团攻打敌人。他在前沿阵地瞭望，发现敌人倚仗坚固工事，以密集火力扫射我冲锋的战士，最前面的几十个战士被击中，倒在血泊中；另一批战士又冒着枪林弹雨向前冲锋，还击敌人。战斗非常激烈。这时第二十五师一个副官发现师党代表、师长尚未吃饭，就来询问："是不是叫后勤同志送饭来吃？"李硕勋斩钉截铁地对副官说："打下会昌再吃饭！"

激战到下午，各团战斗迅猛进展，寨子一带的敌人在渡江逃窜。李硕勋和师长命令七十三团立即进攻敌人主阵地，并命令司号长吹响冲锋号。师部冲锋号一响，各团、营、连的冲锋号也都吹响了，声震群山原野。第二十五师、二十四师等部队于下午4时占领会昌。作战胜利后，第二十五师驻扎在会昌城南门外。

攻克会昌第二天，李硕勋等接到叶挺、聂荣臻的指示：敌人在南山岭集结部队，二十五师马上向城北出击。这时，已听到远处枪声。李硕勋和师长研究后确定，由他指挥各团立即出发，师长则率领特务连占领城西北阵地。随后，李硕勋迅速与官兵一起出发，分几路进击敌人，俘敌营长一人。他派战士押送至指挥部，叶挺、聂荣臻同敌营长谈话后将其释放。事后，李硕勋得知，原来是桂军黄绍竑部不知钱大钧部已被我军击溃，前来增援，没有料到未达目的地就惨败而逃。

这次会昌战斗获胜，李硕勋深深感到当地农民的援助作用很大。他谢过老百姓后，随即率领第二十五师重回瑞金，过福建汀州、上杭，到广东的大埔。沿途，他在群众中安排伤病员几百名，并把大批枪支、弹药输送到汀州，部分伤病员交给当地医院院长傅连暲负责医治，部分伤病员送到汕头医治。

在南下途中，李硕勋曾先后向前委书记周恩来、南昌起义部队政治部主任郭沫若、叶挺、聂荣臻汇报了第二十五师在会昌等地英勇战斗的情况和个别人员经受不了艰苦环境的严峻考验，擅自离开队伍的问题。周恩来、郭沫若、叶挺、聂荣臻等听后，一面嘉奖了第二十五师和李硕勋等同志英勇作战的业绩，一方面也谈了今后必须加强政治思想工作，鼓舞士气，做好巩固部队的工作，争取更大的胜利。

四

南昌起义军到大埔后，前委和周恩来等决定，第二十五师归属朱德指挥，占领三河坝迎击敌人，以掩护主力挺进汕头。李硕勋接受任务后，立即召集连以上干部开会，他说："现在，上级分配我们的战斗任务，就是在朱德同志的领导下，坚守三河坝，歼灭来犯敌人。朱德过去曾在云南、四川、江西等地转战，经历过许多战斗，是一位在枪林弹雨中身经百战的将军，打过许多胜仗，有丰富的实战经验。我相信，在他的领导下，我们一定能完成上级分配的任务。为了保卫三河坝，我们必须坚决做到：服从军令，不怕困难，不怕饥饿，不怕流血牺牲，要冲就冲，要守就守，勇敢机智，沉着应战，誓歼敌人，以掩护周恩来等同志率领的南昌起义部队胜利向前进军。"

朱德参加了这次会议，他发言说："现在，上级决定我与李硕勋、周士第等和二十五师一起扼守三河坝，歼灭尾随我们的敌人，以保证主力能够顺利前进。这是一项光荣而又艰巨的任务。第二十五师是由叶挺独立团改编的七十三团，再加上一些部队扩编组成。它是一支英雄的部队,是在北伐战争、南昌起义、会昌战斗中屡立军功的部队。希望你们继承和发扬光荣的革命战斗传统,誓死守卫三河坝,阻击两广军阀的反动部队,完成上级分配给我们的任务。"

会后,为了发动群众支援革命战争,李硕勋和朱德、周士第商议后,决定赠送枪支200支、子弹一大批给中共大埔县委,武装群众。三河坝群众得到武器后,积极援助我军,他们到梅州、松口一带搜集情报,适时向李硕勋报告,伺机杀敌。李硕勋还抽调一些政治干部组成工作队,在附近村庄做群众工作,发动农民在人力、物力上支援战斗。根据新得到的情报,发现敌人在松口集结,预谋袭击三河坝。三河坝位于梅江、汀江、梅潭河汇合成的韩江汇合口上。一旦战斗发生,我军将背水作战,转移困难,十分不利。李硕勋向朱德等做了汇报,研究后决定,第二十五师转移到对岸的东文部,笔枝尾山虎龙坑、下村一带。由于得到船民的帮助,部队很快就渡过了河,选择东文部设师指挥部。李硕勋在这里和朱德、周士第、游步仁等讨论作战部署和研究军民怎样保卫阵地等问题。

部队构筑好了工事,战斗部署刚就绪,钱大钧即纠合敌军两万多人袭击三河坝。李硕勋亲临前线指挥作战。敌人强行渡河,妄图登陆,遭到起义军枪弹、手榴弹还击。敌人的船只有的被打沉;有的船上敌人全部被打死,无人掌舵,船在江中团团转。李硕勋赞扬将士们打得好。敌人的第一次渡河失败了。

钱大钧不甘心失败,又集中更多大炮、重机关枪,向我前沿阵地袭击、扫射,掩护敌人再次渡河。李硕勋同大家及时总结前次的战斗经验，坚守阵地，再次迎头痛击敌人，使敌人遭受惨重损失，迫使敌人不敢从正面渡河。不久敌人改从大麻街附近渡河，占领梅子岭，向我阵地袭击。李硕勋率领部队反击，因寡不敌众，且敌人居高临下，在梅子岭激战中，游步仁腹部受重伤，鲜血直流，不得不撤下来抢救，部队也随之撤出战斗。

这时，敌人纷纷从汀江上游渡河，先后占领东文部、石子山脚，进到笔枝山尾。李硕勋带领部队边撤边打击敌人。七十五团团长孙一中在战斗中受伤。李硕勋刚接到这个消息不久，又获悉第七十团第三营营长蔡晴川率领全营英勇反击，全部牺牲。在这个紧急关头，他与大埔县委派来师部联络的联络员联系，请当地农军、农民援助起义军。这时，农军100多人赶到笔枝山尾和部队并肩战斗，共同杀敌。战斗中有的农军负伤，李硕勋及时指挥担架抢救下来抬到后方医治。农民还帮助煮饭、烧开水，送到阵地上。李硕勋看见这个情景深受感动，频频表扬农民的革命精神。

经过三天三夜的战斗，李硕勋从师指挥部得悉，我军已歼敌1000多人，缴枪数百支，给两广军阀以沉重打击。但是，第二十五师也伤亡数百人，第七十三团的连长张子良等几位干部壮烈牺牲。鉴于敌强我弱的现实情况，朱德、李硕勋、周士第等在师指挥部临时召开紧急会议通过决定，起义军从三河坝撤出，向汕头挺进，与南昌起义军会合，以免腹背受敌。会后，李硕勋即带领官兵乘夜从阵地转移，到达百侯圩，与大埔县委取得联系，赠送一批枪支、弹药给当地党组织，扩大农军队伍。到达茂芝时，李硕勋等见到了从湖州撤退出来的南昌起义军数百人，从他们口中获悉起义军在周恩来等的率领下，已从汕头撤出。朱德、李硕勋和周士第等立即召开紧急会议，决定改变进军路线，不再赴汕头，转向闽赣。为了轻装转移，他们把伤病员交与饶平等地党组织分散安置，并赠送一批枪支、弹药给饶平县党组织和农军。

这时，李硕勋获悉从潮州退出来的几百人中有毛泽东的弟弟毛泽覃，即派师部军需主任周廷恩骑马赶去饶平县城，请毛泽覃到第二十五师来。经师党委会讨论同意，毛泽覃在第二十五师政治部工作。此后，李硕勋经常与毛泽覃一起研究如何加强部队的政治工作等问题。

为了加强党的领导，由朱德、周士第、李硕勋等组成前敌委员会，以朱德为领导人，率领第二十五师和潮汕退出来的部分南昌起义军，转移到福建等地战斗。

部队到达平和县境内，中共第二十五师委员会委员、师参谋处长游步仁因伤势过重，不幸牺牲。李硕勋对战友的去世沉痛哀悼，在烈士灵前，他对同志们说："游步仁同志是在三河坝战役中身负重伤的。现在，他永远离开了我们。可是，他在南昌起义、会昌战斗、三河坝战役中英勇战斗的事迹，却永远铭刻在我们心里。安息吧！敬爱的游步仁同志。我们一定要继承你的遗志，把革命进行到底，夺取革命的胜利，来祭奠你的英灵。"掩埋好烈士的遗体，部队又前进了。

五

离开平和后,李硕勋和同志们到达福建与江西交界的边境武平,和匪首钟绍奎部打了一仗,击退了他们的堵截,然后进入江西。军阀调遣一个师的兵力追击,这一带地方的反动武装民团、土匪也经常袭击起义部队。这些反动武装常常埋伏在森林中的大山石头背后,打冷枪袭击起义军。起义军行进中突然听到一排枪声,队伍里就有几位战士倒在血泊中。遭遇这样的袭击,给部队带来一阵混乱,少数意志不坚定的就乘机跑散了。在这样艰险的情况下,政治工作特别重要。李硕勋经常教育官兵,要经受得住困难的考验,不要动摇,要坚持干革命。他说:"尽管我们暂时没有根据地,没有供给,没有援兵,但是我们有人民群众的支持,就一定会战胜艰难险阻,勇往直前,夺得最后胜利。"经过他的鼓励,战士们的思想稍微安定一些。但是,困难仍然很多:一是粮食供应不足,有时吃不饱;二是衣服、鞋子破烂,补充困难;三是缺乏医生、药品。对不能行军的伤病员,只好安排寄养在老百姓家中。对牺牲的战士,李硕勋和战士们掩埋好遗体,仍鼓励大家前进。

李硕勋和战士们边与反动武装作战边行军,路过筠门岭,来到天心圩。鉴于部队与党组织失去联系,根据朱德等人的指示,李硕勋离开部队到达上海,向党中央汇报这支部队在粤、闽、赣边界艰苦斗争的状况,并请示今后的行动方针。汇报后,他被党中央留在上海从事白区工作,未返回原起义部队。

六

按照党的指示,李硕勋于1928年4月到湖北工作。他刚到武汉,就被敌人跟踪了。他机智地摆脱敌人,迅速转回上海,后担任中共江苏省委秘书长。这时,由于上海总工会被反动派破坏,省委机关被敌人发现。他镇静处险,马上把省委秘书处转移到安全地方,还亲自四处转告干部马上隐蔽到秘密据点。后来,敌人围困秘书处,进屋内翻箱倒柜搜查,找不到一点证据,也无法逮捕一人。

1928年夏秋之间,李硕勋来到杭州,担任中共浙江省委代理书记、省委常委、组织部长。在美丽的西湖岸边,他召集部分干部以游览作掩护,秘密开会,了解情况,部署工作,要求各级组织努力巩固和发展白区党组织。有些同志被捕了,他想尽千方百计进行营救。有个别同志牺牲了,他通过一些未暴露身份的同志,给烈士家属以抚恤。发现了叛徒,他以最快速度转告各地下机关,马上转移,以免同志被捕。在这样艰险的情况下,个别同志思想动摇了,他便以朱德率领南昌起义军在广东、福建、江西边界艰苦卓绝战斗的事例,教育这些同志要坚持革命气节,使这些同志重振革命精神,继续战斗。

1929年,李硕勋重返上海,任中共沪西区委书记,他深入到工人中,揭发新军阀在"四一二"反革命政变以后,残杀工人,封闭工会等种种罪行,组织工人举行小型秘密集会,抗议敌人的法西斯暴行。他还发动工人进行增加工资,要求改善生活待遇的斗争，这年冬，李硕勋任中共江苏省军委书记。在党中央农委书记兼江苏省委书记彭湃壮烈牺牲后，环境愈加险恶，旧的省委机关不能做秘密据点了。他选择利用地下革命武装，打击反动头子、侦探特务、叛徒和其他反动分子，以保卫白区党组织和同志们的安全。

1930年，李硕勋任中共中央军委委员兼中共江苏省军委书记。同年10月，江苏省总行动委员会改组为中共江南省委，领导江苏、上海、浙江、安徽等省市党的工作，李维汉任中共江南省委书记，李硕勋任江南省委常委、军委副书记，不久任军委书记。10月29日，中共江南省委召开常委会议，决定由陈云、李硕勋、刘瑞龙等组成外县工作委员会，李硕勋是该委员会委员，参加指导各县工作。

1931年1月17日，中共江南省委改组为中共江苏省委。李硕勋仍任中共江苏省委军委书记。

七

1931年5月，根据党中央的指示，李硕勋离开上海到香港，准备到革命根据地担任红七军政委。但是，由于近六年的时间他披星戴月过分劳累，身体患病，被迫逗留香港延医就诊。那时，广东省委机关设在香港。李硕勋担任了中共广东省委军委书记。他召集干部开会，研究当时广东两块大的革命根据地，即东江和琼崖两地如何坚持开展游击战争，以发展壮大革命武装。1931年7月海南岛的游击队干部将召开军事会议。李硕勋认为自己是省委军委书记,曾在粤、闽、赣边区农村从事武装斗争,必须要那里了解情况,指导工作。为此,他决定只身赴琼。国民党反动派的侦探与帝国主义的侦探在香港互相勾结,探听到他赴海南岛的消息。7月9日,他乘船到达海口,刚上岸就被敌人逮捕。狱中,他铮铮铁骨,宁死不屈,对党的事业忠贞不贰。

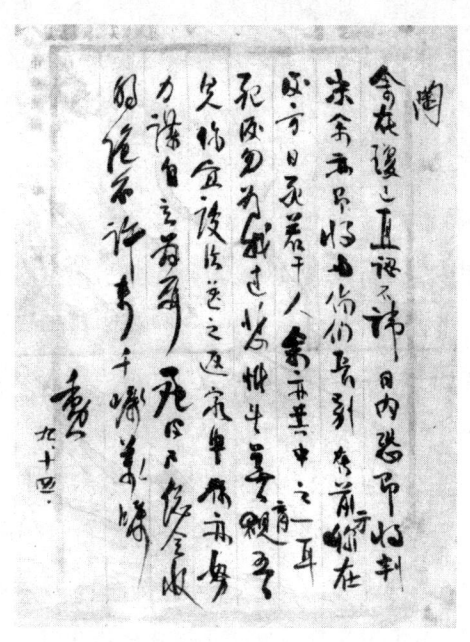

李硕勋给妻子赵君陶的信

就义前,他亲笔致书给爱人赵君陶,遗书说:"陶,余在琼已直认不讳,日内恐即将判决;余亦即将与你们长别。在前方,在后方,日死若干人,余亦其中之一耳。死后勿为我过悲。惟望善育吾儿。你宜设法送之返家中,你亦努力谋自立为要。死后尸体总会收的,绝不许来,千嘱万嘱。勋。"1931年

9月5日，李硕勋面无惧色、泰然自若到达刑场，从容就义，时年仅28岁。

新中国成立后，为了纪念革命先烈，朱德在李硕勋遗书的序言上题词"李陶（即李硕勋）四川庆符人，中国大革命时的共产党员。曾参加一九二七年的八一南昌起义，进兵东江，后奉党命调广东工作，赴琼崖策划游击战争，不幸为反革命当局捕杀，李硕勋同志临死不屈，从容就义，是人民的坚强战士，党的优秀党员。他对革命的功绩，永垂不朽！朱德于北京，1950年11月11日。"郭沫若也题字："捧读遗书，从容就义、慷慨临刑的精神跃于纸上，使千百后代人见之，亦当肃然生敬。这是中国人民革命成功的左券，是训育革命后进的不朽教材。1951年1月2日郭沫若敬题。"曾在南昌起义、三河坝战役中与李硕勋并肩作战的亲密战友周士第为之题词："义举南昌，战赣粤闽。分途我党，话别天心。白区工作，奋不顾身。牢狱不屈，遗书义深。公等献血，解放人民。忠心浩气，永耀不泯。遗志未竟，吾辈行肩。革命必胜，公可安眠。周士第1950年2月6日于北京。"吴玉章作诗悼念李硕勋烈士："锦城初识羡英华，有志男儿爱国家。北伐从军趋武汉，南征转战别流沙。几行墨迹明心迹，万顷浪花涌血花。遗骨琼州何处觅，喜看红日照天涯。1962年6月。"聂荣臻于1983年5月27日题词："李硕勋同志永远活在我们心中。"

李硕勋虽然牺牲已经多年了，但是他不怕艰苦、不怕牺牲的革命精神和为共产主义事业而奋斗的崇高思想，永远鼓舞着广大人民群众奋勇前进！

周贡植

◎罗人庆 王 斌

周贡植（1899—1928），是我党早期优秀党员。大革命时期曾在四川、湖北等地从事农民运动。土地革命时期，任中共四川省委组织部长、农委书记等职。1928年4月，被四川军阀刘湘杀害。

周贡植

一

周贡植，又名周文恺、周孔崇，出生于1899年，四川巴县人。他自幼勤奋好学，童年在家乡铜罐驿读私塾，后与胡子昂、周钦岳、周维桢就读设于重庆的巴县中学，1918年毕业。五四运动前后，四川逐步兴起了新文化运动，科学和民主的思想在年轻的知识分子中产生着广泛的影响。周贡植目睹祖国遭受着帝国主义列强的宰割和封建势力的蹂躏，国弱民贫。尤其是四川，军阀各据一地，形成大小不等的防区，为了争夺地盘，连年混战，把富饶的天府之国变成贫穷之乡。周贡植立志刻苦学习科学技术，兴办实业，为拯救中华出力。

五四运动前后，革命教育家吴玉章回四川倡导留法勤工俭学，在成都成立"华法教育会四川分会"和"四川华法留学会"等组织，并创建了"成都留法勤工俭学预备学校"和"重庆留法勤工俭学预备学校"。吴玉章的这一创举，得到四川青年的热烈拥护。1919年夏，周贡植考入重庆留法预备学校学习，经过一年的攻读，于1920年夏毕业。

1920年8月，周贡植同邓希贤（小平）、冉钧、谢陈常一

周贡植故居

道，离渝赴上海。9月11日乘法国"盎特莱蓬"号轮从上海启程，经香港、西贡、红海、苏伊士运河和地中海等地，于10月25日到达法国的马赛。这时，法国遭受第一次世界大战的创伤，百业萧条，物价上涨，工作非常难找。他们先补习法语3个月，不仅没有钱进学校读书，连面包也无吃的，实属挣扎度日。在此窘困之际，他们首先向中国驻法公使馆提出要求，请求拨给经费，以保勤工俭学学生的生存和读书权。可是腐败的北洋政府，贪官污吏类聚，根本不顾人民群众的死活，更不管远在异乡的青年学生。留学生愤怒之极，向使馆请愿，又遭法国警察干涉、侮辱。周贡植等不得不写信回国，向所派送的巴县教育当局呼吁，请求援助。可是官府衙门上行下效，北洋军阀政府不管勤工俭学学生，巴县地方政府亦然。周贡植等写给巴县教育局的求援信如石沉大海。无可奈何，他们只有赴各地找工做。当周贡植、谢陈常离开巴黎时，赵世炎等到车站送行，相互虽内心沉重，但仍高兴话别。此时具有先进技术的大型工厂很难进去，周贡植等就到猛沙兰焦炭厂做苦工，不管是烈日当空的酷热夏天，还是风雪交加的严冬黑夜，都在露天作业，每日工作达10小时以上，仅得工资11法郎，只能得一温饱。一般外国工人对此劳动艰苦、工资极低的日子，均难以忍受而离开，但周贡植、谢陈常等为了能学到西方的先进科学技术以振兴中华，忍辱负重坚持将近一年。后到克鲁梭铁工厂做散工。这里的工作既笨重又耗费体力，但是在房子里作业，避免了日晒夜露、风吹雨淋。每天下班后，他们不顾整日疲劳，学习马克思、恩格斯的《共产党宣言》等经典著作，并相

周贡植墓

互研究讨论。马克思主义是打开人们心灵的钥匙，很快使周贡植懂得了中国为什么贫穷落后，帝国主义列强为什么能长期奴役地大物博、人口众多的中国等问题。看到了祖国的前途，人类的未来，他们从彷徨中坚强起来。

1922年，周贡植经赵世炎、袁庆云介绍，光荣地加入了中国共产主义青年团，这是他政治生命中的重大转折。此后，周贡植积极参加由赵世炎、周恩来、刘伯坚等领导的各种革命活动，向帝国主义和中国反动统治者展开斗争。他在《大悲愤》一文中，记述了因中国驻法公使馆不给补助，勤工俭学无法生活，去使馆请愿的情景；另一篇《大愉快》，讲述了他们斗争取得一定胜利后的喜悦心情，同学们为此还组织了一次游园会。

周贡植、谢陈常等在克鲁梭铁工厂做工不久，又转入梦妮达橡胶厂。随着时间的流逝，一眨眼两年过去了，周贡植等深深感到，来欧洲是学习先进的思想和科学文化知识的，现在一年复一年地做工，除在业余时间内学到了一些马克思主义理论和社会主义思潮外，科学技术仍未掌握，非常着急，常常食不甘味，夜不能寐。他们更加刻苦自修，每天阅读法文报纸，钻研法语，为深造做准备。同时，仍请巴县政府支援，并求国内亲友资助，以便进入正规学校学习。

经过多方努力，巴县贷费局借给巴县籍每个勤工俭学学生银洋100元。此后，周贡植考入法国布里工学大学预备班就学，后入巴黎大学理科学习。他在校学习认真，成绩优良，同时积极参加旅欧党团组织的各种活动，与赵世炎等密切联系。周贡植同法国共产党人也常接触，他挤出时间阅读当时巴黎出版的马列著作法译本和介绍苏联的一些理论著作，以及法共办的《人道报》，从中了解不少苏联和法国工人运动的情况，增长了革命理论和知识，开阔了眼界。

周贡植经济拮据，时有失业的危险。但因他学习努力，为人忠厚耿直，办事踏实，校方和巴黎华法教育会都为他出具证明或发公函，说他学习好、品行好，"无可訾之处"，要求巴县当局帮助解决其学费和生活费，并给以继续在校读书之便。

1924年，中国共产党与孙中山领导的中国国民党建立起革命统一战线，从此反帝反封建的运动一天天高涨。为了适应革命的需要，在法、德、比、苏诸国留学的共产党员、共青团员和革命者先后回国，分赴各地发动群众，建立党的基层组织，帮助组建各省、县、市国民党（左派）党部，支持北伐战争等。1925年，周贡植奉命回国，赴四川重庆工作。

二

中共中央为了加强四川党的工作，于1925年下半年，先后派出一批共产党员和共青团员到四川，开展宣传，组织群众，发展党员，建立组织，开展工农运动。同年8月15日，广州国民党中央执行委员会派吴玉章作为四川党务筹备员，回川整理党务，改组国民党，以实现四川国共合作组织的建立。此时吴玉章已是中共党员，到重庆后，吴玉章改组了国民党四川省临时执行委员会。他将共产党员杨闇公、冉钧、张克勤等吸收到省党部工作。周贡植从法国回到四川后，也参加了国民党四川省临时执行委员会农民部的工作，担任秘书职务。

为了扩大左派队伍，增强革命力量，培养一批青年干部，吴玉章和杨闇公、童庸生等磋商，积极筹办中法大学四川分校。9月4日，中法大学四川分校正式开学，吴玉章任校长，杨伯恺任教务主任，童庸生（后肖华清）任训育主任，周贡植与杨闇公、漆南薰、冉钧、李嘉仲等先后在该校任教。周贡植讲授政治经济学、法语等课程，并经常结合国内外形势作政治报告。由于他掌握了马克思主义的基本理论，还具有较高的科学文化水平，加之阅历丰富，他讲的课深受学生的欢迎。

国民党四川省临时执行委员会农民部负责人为杨闇公。杨闇公、周贡植等十分重视农民运动，他们首先抓农运骨干的培养。1926年1月，杨闇公在广州出席国民党第二次全国代表大会时，写信回重庆，要左派国民党四川省党部农民部速派进步青年到广州农民运动讲习所学习。此事由周贡植具体经办，从重庆、合江、綦江、江津、宜宾、南充等县选送了牛大鸣、梁伯隆、刘文治等25人前往广州全国农民运动讲习所第6期学习。第6期农讲所所长为毛泽东，教员有彭湃、萧楚女等。5月3日开学，10月毕业。这批人学习完成后，其中的22人被中央派回四川，到川中各县开展农民运动。1927年初，广东革命政府迁到武汉，毛泽东到武昌主持第7期全国农民运动讲习所，四川又派袁兴信、朱芳淮（挹清）、袁海洋等20多人前去受训。

1926年6月1日，左派国民党四川省党部在重庆打枪坝召开"五卅惨案"周年纪念大会，周贡植所在的农民部草拟刊发了《告农民书》5000份，揭露帝国主义和封建军阀的罪行。6月下旬，中共重庆地委通过农民部出面，召集重庆各学校部分共产党员、共青团员和国民党左派人士60多人，专题讨论农民运动，并于暑期分派部分党团员至巴县、南川、涪陵、安岳、丰都、大足等县发动群众，散发宣传翻印的农民协会章程和农民自卫军组织大纲，待条件成熟时就建立农民协会。据不完全统计，至10月，全省已有10多个县建立了农民协会，全川共有区农会30余个、乡农协会150多个，农会会员达18000余人。1927年春，农会会员达33200人。有的地方还在农会的基础上建立农民自卫武装组织，开展抗租抗粮斗争。1936年春，綦江县党组织领导东溪群众为阻止大米出境，打击军阀、团阀和奸商的斗争。1927年1月，綦江永兴镇农民协会发动2800余名农民举行示威游行，高呼"打倒军阀""打倒土豪劣绅""反对苛捐杂税"等口号。同月28日，梁山（今梁平）李次华等领导农民1000多人为反对当地驻军的横征暴敛而举行了示威游行。2月,共产党员徐经邦领导屏山县数千名农民群众反对封建军阀的压迫,武装围攻县城,后被反动派镇压而失败。与此同时,涪陵李蔚如等创办弋阳桥国民师范,培养训练农民运动骨干;宜宾建立起农民自卫队组织。周贡植等除发动农民向封建军阀、团阀斗争外,还积极组织广大农民群众开展反对帝国主义的斗争,如动员郊区农民不买洋货,不卖粮食、蔬菜等食品给帝国主义分子等。

在中共中央的直接领导下,中共重庆地方执行委员会于1926年春季筹备成立,书记为杨闇公,组织委员为冉钧,宣传委员为吴玉章(后钟楚侠),周贡植为委员之一。重庆地委实为全川党的领导机构。周贡植既抓农运,也主动参加党领导的声援外地工人的活动及其他政治活动。1927年1月,国民政府中央军事学校(原黄埔军校)武汉分校来重庆招生。周贡植、杨伯恺、肖华清等被党派去任考试官。为了给党和国民政府输送合格的军事干部,周贡植工作十分认真负责,经过严格的审查考试,在川录取男生270人、女生30人。在这批青年中,不少人后来成为我党的军事骨干,如女英雄游曦、赵一曼,军事将领罗瑞卿、陈伯钧,在四川革命斗争中牺牲的饶绘峰等。同年2月15日,重庆各界群众在夫子池召开大会,成立了"重庆工商学兵反英大同盟",周贡植被选为反英大同盟总务部候补委员。

1927年春,政治形势逆转,四川军阀刘湘等投入蒋介石反动政府的怀抱,日趋反共。3月24日,英、美、日、法等帝国主义在南京制造了大惨案。中共重庆地委和国民党四川省党部（左派）联合重庆各进步团体于3月31日在打枪坝召开群众大会，抗议帝国主义罪行，声援南京人民。中共重庆地委、共青团重庆地委和国民党四川省党部的领导成员杨闇公、冉钧、周贡植、陈达三、漆南薰、程仲苍（女）等都出席了大会。工、农、商、学、妇女各界群众到会万人以上，情绪热烈激昂。军阀刘湘、王陵基、蓝文彬和曹燮阳、申文英之流，公然开枪镇压到会群众，制造了震惊全国的重庆"三三一"惨案。中共重庆地委书记杨闇公、组织部长冉钧和陈达三、漆南薰等共产党人和国民党左派先后遇难，数百名群众遭到杀害。周贡植、肖华清、任白戈等脱险。

重庆"三三一"惨案后，四川各地相继陷入白色恐怖之中，中共党团组织和国民党左派党部均遭到敌人破坏，转入地下活动。周贡植等去武汉向中共中央和武汉国民政府汇报重庆"三三一"惨案的情况。周贡植被调任国民党湖北省党部秘书长，他积极参加当时为巩固武汉左派革命政权的斗争。同时，和武昌农运讲习所学习的朱芳淮保持密切联系，照顾其学习生活；还同在军校的原中法学校的学生保持联系，为后来这些同志返回四川工作做准备。

三

1927年，蒋介石、汪精卫先后在上海、武汉发动了"四一二"和"七一五"反革命政变，中国轰轰烈烈的第一次大革命失败了。

重庆"三三一"惨案后，中共四川组织遭到严重破坏。为了尽快恢复和重建中共四川省委，中共中央决定派傅烈、周贡植、方策（刘披云）等人到四川。傅烈、周贡植等按照党的指示来到重庆，积极着手党组织的恢复工作。

在军阀刘湘坐镇的重庆，白色恐怖十分严重，共产党组织不能公开活动。傅烈、周贡植租了神仙口的一个小院住下，装扮成一个家庭，以掩护其活动。傅烈为大哥，周贡植为二弟，女工出身的童文玉当大嫂，负责印刷和发行党内文件的周玉书短时期也住在这里。按照当时党的秘密工作的需要，在一个地方不能长住，经过一个时期，周贡植和朱芳淮搬到来龙巷。召开四川省的党的代表会议后，因工作安排的变动，周、朱又搬到回水沟同专司秘书工作的牛正声（大鸣）共住一处，周贡植与原中法大学女生李自若假扮夫妻，以掩人耳目。

当时，周贡植等的工作任务很重，生活十分艰苦。他们经常身着粗布衣、脚穿草鞋或布鞋，一日步行数十里，到重庆附近的工厂、农村向群众宣传革命，组织农民协会，恢复和发展党的组织，开展武装斗争。其生活低于一个普通工人的水平，党组织每月仅给一些职业革命者发放最低伙食和洗理费用，大部分革命者靠自找社会职业来维持生活。周贡植等就是在生活异常艰苦的情况下，冒着生命危险，沉着、机智而勇敢地为恢复和壮大党的组织工作着。

1927年9月，中共四川临时省委召开第一次会议，成立临时省委，会议传达了党的"八七"紧急会议精神，讨论省委成员的分工和全省的工作任务。省委的分工是：书记傅烈（兼军委书记），组织委员周贡植（兼农委书记），宣传委员刘披云（后刘愿庵继任），工运书记曾俊杰，秘书长刘愿庵。会议决定派人到各县、市清理组织，恢复党的关系，传达党的"八七"会议和临时省委会议精神，以建立起各地党组织与省委的联系。10月13日，傅烈、周贡植等在重庆召开中共四川临时省委紧急会议，讨论中央《政治任务和策略》《左派国民党及苏维埃口号问题》，以及中央对临时省委的指示等。紧急会议决定进一步贯彻中央"八七"会议精神，但也接受了"民族资产阶级已走入反革命阵营，要坚决反对一切资产阶级"和"民权革命的急剧与高涨，直接无间断地成为社会主义革命"等"左"倾冒险主义策略。

通过傅烈、周贡植等几位负责人几个月的辛勤工作，四川党组织恢复较快，群众运动开始高涨。到1927年11月，省委的机构逐步健全，省委会已有11位委员，除组织、宣传两个部外，下设宣教委员会、编辑委员会等。全省有市委2个：成都、重庆；县委5个：宜宾、江津、涪州、合川、自流井；特支13个：綦江、丰都、梁山、宣汉、大竹、邻水、岳池、遂宁、南溪、内江、静观场、高店场、崇文场；通信联络点4处：五通桥、南充、合江、万县。据不完全统计，此时全川已清理登记的党员有442人。

同年秋，四川打响了"八七"会议后四川农民暴动的第一枪，即中共蒲江县委领导的百余农民举行的武装暴动，由马弁担任指挥。暴动队伍占据高山打游击，宣传打土豪、分田地，斗争坚持数月，后被敌军围攻失败。在城市中，工人运动、学生运动也开展起来。11月，成都市委领导省立各校教职工和各大、中学校学生实行总罢教、总罢课，要求省教育厅发给教职员一个半月薪金以维持生活，并要求教育经费独立。教育经费独立运动在全省引起强烈反响，成都罢教罢课斗争坚持1个月，迫使反动当局表示接受教职员工要求，教育厅长万克明被迫辞职。次年1月，自贡大坟堡资本家无故停产、解雇工人，激起工人反对、集会抗议，提出恢复生产、工资照发等条件。整个四川的工农运动正在逐步走向高潮。这点连敌人也承认，他们控制下的宣传刊物《路灯》惊呼："七一五"后，上海共产党中央"派傅烈、周贡植等人到四川整理四川组织，此二人能力较强，诡计多端，四川之党人，均一时受其麻醉，纷纷恢复各地组织，而群起执行其武装暴动等破坏阴谋。"从这段敌人的攻击材料中，可清楚地看到傅烈、周贡植等领导下的工作，已经取得了很大的成绩。

在党组织得到恢复和发展的情况下，1928年2月10日，中共四川临时省委在巴县铜罐驿周贡植家秘密召开代表会议。周贡植作为会议的主持人之一和东道主，十分辛苦忙碌。代表们的吃住和安全都要由他负责，周动员全家主要成员参加接待和保卫工作。这次到会的代表有来自成都、宜宾、涪陵、江津、重庆等地的20余人。会议的主要议题是根据1927年11月临时中共政治局扩大会议的精神，着重讨论了四川全省春荒暴动问题，制定了《四川暴动行动大纲》（以下简称《大纲》）。《大纲》指出："省委扩大会议决定最近二三月内春荒期内加紧各种斗争,爆发游击式战斗,迅速形成弥漫全川的'春暴'局面。"春荒暴动的军事组织系统为:四川工农革命军总司令部—县工农革命总指挥部,战术单位为支队—大队—中队—小队—分队(由于先后发生成都的"二一六"事件和重庆的兴隆巷事件影响,这一显然有缺点的《大纲》实际上没有能普遍发出,只为出席会议者和部分地区知道)。会议选举了新的领导班子,成立了正式的省委会:傅烈任省委书记兼省军委书记,周贡植任组织部长,刘愿庵任宣传部长,牛正声任秘书长,委员有张秀熟、郑佑之、刘成辉、周敦婉(女)等;并选出刘愿庵为四川出席中共六大的代表。会后省委委员和代表们分赴成都、川南、川东各地,发展党员,建立组织;宣传动员群众进行抗粮、抗租和抗捐斗争;开展军运,准备武装起义。傅烈、周贡植、刘愿庵等回重庆省委机关,负责指导全省的工作。

由于省委的直接领导,重庆巴县的党组织恢复发展特别快,先后建立起同兴、高店、龙凤、静观、两路等党的支部,党员人数大增。鉴于此,省委决定成立中共巴县县委,以便更好地推动重庆的工作。1928年3月9日,在重庆兴隆巷八号召开巴县县委成立会议,省委几位主要负责人均到会指导,不幸被敌人发觉,除省委秘书长牛正声一人巧妙跑掉外,省委书记傅烈、省委组织部长兼代中共巴县县委书记周贡植(孔崇)、中共巴县县委委员周玉书和程明海、吴永初、黄中元、刘传德、江(敬臣)、陈本灿(程银海)、刘俊明(叔石)等全部被捕。军阀刘湘、王陵基逮捕傅烈、周贡植等人后,施展种种奸计,先是用"回头是岸,悔过自新""共造国家"等游说和高官厚禄进行收买拉拢。在遭到周贡植等人严词拒绝后，又施以酷刑。经过一个多月的诱降，敌人均未得逞。黔驴技穷的敌人以"系党首魁，执行重要任务"，定以"背叛党国，暗设机关，运动士兵哥老农工，约期暴动，积极造成赤色恐怖"等罪名，于4月3日在重庆朝天门枪杀了傅烈、周贡植等9位共产党员。

周贡植、傅烈等人，不仅在敌人的监狱里、法庭上表现出了共产党人的高风亮节，而且在赴刑场时，仍刚毅坚强，无所畏惧，威武不屈，视死如归。当时的《国民公报》曾以《重庆共产临刑记》为题进行了报道："部队紧押贺泽（傅烈）等九名出卫戍部，经新盐街、道门口、陕西街、过街楼至朝天门外，是时围观者早已满街满巷。除一人外，余八人则沿途满口高呼打倒帝国主义等口号，此行刑时之概况也。"①

周贡植烈士，为了中国人民的翻身解放和共产主义事业，将满腔的热血洒在英雄的山城，牺牲时年仅29岁。周贡植烈士的遗体被家人运回家乡铜罐驿，葬于青松丛中。新中国成立后，巴县人民政府为他建立了墓碑，以资纪念。

---

① 《重庆共产临刑记》，《国民公报》1928年4月9日。

胡陈杰

◎ 朱文显

胡陈杰（1903—1932），1925年加入中国共产党，毕业于黄埔军校第四期，参加过北伐战争。后随朱德入川，担任川军郭汝栋部的政治部主任。1930年受中央派遣，改名胡慎己，进入洪湖苏区，先后担任红军大学校长、新六军参谋长、红九师和红八师参谋长等职。1932年在扩大化的"肃反"中被害，年仅29岁。胡陈杰短暂的一生，闪耀着共产主义战士的光辉，而他的被害又深刻地暴露了王明"左"倾路线的严重危害。

胡陈杰

一

胡陈杰，1903年12月12日出身在四川省铜梁县土桥场一个封建家庭。3岁随父母迁居县城城郊东郭乡，7岁入私塾，后在县立小学读书。16岁时与同县庆龙场的杨文锦结婚。

少年时代的胡陈杰爱读古文和古诗，中国古典小说《三国演义》《水浒传》《精忠说岳传》等更是百读不厌，因而从小养成了疾恶如仇、见义勇为的豪侠性格。他常常高声地朗读岳飞的《满江红》，并给弟妹们讲《水浒传》中路见不平拔刀相助的故事。他非常敬佩中国历史上的英雄人物，并决心向他们学习。

随着年龄和学识的增长，胡陈杰对地方封建势力的横行霸道、军阀战争的频繁发生、人民在艰难困苦中生活的现状有了切身感受。胡陈杰进入县城的初中读书时，五四运动也进入了深入发展阶段。新文化、新思想在知识分子中较为广泛地传播。胡陈杰怀着极大的热情，阅读了《新青年》《每周评论》以及成都的《星期日》和《半月报》等进步刊物，改造社会的观念逐渐在他的头脑中形成。他很快成为学生中思想、行动上的活跃分子，并当选为铜梁县学生联合会主席。

在1922年的抵制日货运动中，当时铜梁县最大的一家布匹绸缎铺是大地主刘凤梧经营的。刘勾结地方封建势力，操纵市场，成为铜梁县日货最大的代销商。胡陈杰等经过调查研究后，便以学联名义联合各界团体推出代表，同往刘凤梧的商店查禁日货，并将其全部没收。第二天，又在县城南校场召开群众大会，把查获的阴丹士林布等日货当众焚毁。胡陈杰在大会上发表演说，宣传使用国货、抵制日货的意义，并责令刘凤梧今后不准再推销日货，一时群情兴奋，人心大快。

当时铜梁县的县太爷姓许。此人阴险毒辣，鱼肉人民，群众恨之入骨。因为他脸上有几颗大麻子，所以大家称其为"许麻麻"，胡陈杰领导学生联合会同他进行了几次斗争，搞得这个"许麻麻"十分狼狈。

第一次是1922年的练哲谙事件。练哲谙是铜梁县参议会议长兼铜梁中学学监（即校长），思想进步，积极支持学联的爱国主义斗争。因而"许麻麻"就指使县警察局以"莫须有"的罪名将练抓起来，关在警察局内，意欲借此打击和恐吓学联。胡陈杰得知后，立即邀集学生数十人前往警察局进行质询。到达警察局后，胡陈杰趁其他同学同警官说理之际，带领几个同学猛冲拘留室，打开大门，拉住练哲谙就往外跑。在同学们的集体保护下，练被顺利地救了出来。接着胡陈杰又发动群众揭发县政府的横征暴敛，非法侵犯人权，钳制民意的种种罪行。"许麻麻"迫于社会舆论和人民群众的压力，不得不向练议长道歉了事。

第二次是闹戏园。铜梁县城当时只有一个戏园，票价很贵，一般贫苦群众无钱看戏。戏园老板又以"许麻麻"为靠山，在戏园内设立专供警察坐的"弹压席"，贫苦农民在门口站着看一眼，也要遭到辱骂和驱赶。胡陈杰看到这些情况，十分气愤。那时，戏园的票都是油印的，没有日期和座位编号，谁去得早就往前排坐。他便和杨袭祖（当时也是铜中学生）等仿制一些戏票，在赶场天站在城门口，看哪个穿得最破就发给哪个，请他们去看戏。这样一连几天，使不少从来没有进过戏园的人开了眼界。但此事很快就被戏园发觉，便向"许麻麻"报告。"许麻麻"一听是胡陈杰等人所为，便在当天晚上亲自出马，赶到戏园抓人。因胡陈杰当晚未去，便去抓杨袭祖。杨袭祖冲到许的面前问他凭什么抓人，并向许的大肚子上狠狠地揍了两拳，痛得许抱住肚子直叫："反了！反了！"并喝令警察将杨袭祖抓进大牢关起来。胡陈杰得知后，便连夜发动学生包围县衙，要求放人，还请学校中一个很有名望的教师周茂岩前去交涉。周对许说："怎么为了这么一件小事就抓人？学生这么多，我都招呼不住了。""许麻麻"怕事情闹大了不好交代，只好释放杨袭祖。

第三次是反"门户捐"。1923年，四川军阀一个叫廖谦的旅长在铜梁县驻防。廖谦与"许麻麻"勾结在一起，新立一种捐税叫"门户捐"，视财产多寡，凡有户口的都要交税款5至10元，百姓怨声载道。胡陈杰对此非常愤慨，他以铜梁学联主席的身份不顾疲劳地徒步奔赴璧山、永川、大足、江津、合川、潼南六县，发动各县学联支持铜梁人民反对"门户捐"的斗争。一连十几天，把袜底板都磨破了。六县学联闻讯立即以发宣言、发通电等形式表示支持。胡陈杰回铜梁后，联合各界召开群众大会，组织群众上街游行示威，宣布罢市，并带领各界代表到县府"请愿"。"许麻麻"鉴于前次挨揍的教训，深知众怒难犯，便悄悄地从后门溜走了。廖谦一看大势已去，也不敢再提此事。这样，"门户捐"也就无形中被取消了。

二

胡陈杰在铜梁县中学毕业后，于1924年夏考入苏州东吴大学法科。这是美国教会开办的一所大学，很多课都用英语讲授，这使英文程度不高、听说能力较差的胡陈杰感到十分苦恼。特别是学校还想方设法要学生信奉天主教，更使他感到憎恶。同学们说："中国那么多菩萨都保佑不了中国人，难道外国的菩萨会保佑中国人吗？"他曾经考虑过退学。但是，鉴于其他学校的入学考期已过，还是暂时地忍耐下来，并把大部分白天时间用来阅读进步书刊。

1925年5月30日，英帝国主义在上海南京路残杀中国人。这个消息很快传入东吴大学的校园，6月1日下午，东吴大学法科学生召开了特别会议，决定"暂行停课"，以法律手续，参与声援"沪案"。与此同时，苏州学生联合会也召开紧急会议，议决发通电，组织各界联合会，集会讲演，募捐救济工人等项。胡陈杰的热血沸腾了，他一面充分发挥自己的组织才干，带领同学们进行各项活动，一面密切注视着运动的发展。课停了几天，通电也发了，大会也开了，游行示威也搞了，可是英国巡抚残杀中国人的罪恶行径并未停止。北京政府查办"沪案"的代表蔡廷干等口口声声说在调查、讨论，实际上连一句硬话都不敢说；段祺瑞还说什么只能"求世界良心裁判"；外交部则通电各省区，"望戒人民轨外行为"。胡陈杰心想，在这样腐败无能政府的统治下，还能希望有个什么好的结果呢。群众的爱国情绪受到了极大的挫折。在这个时候，虽又发生了"汉口惨案"，苏州的反帝爱国运动还是逐渐地沉默下去了。

东吴大学法科所谓从法律手续，参与"沪案"的活动，也仅止于在中国教师的支持下搞了一份关于"沪案"真相的报告书，分送在华的各国传教士。胡陈杰参与了这件事，但是很快发现在确定谁是犯法者这个问题上遇到了障碍。本来，英国人在中国领土上枪杀中国人这个事件本身就可以说明问题了，但是一些以不平等条约为依据的教师（主要是美国人），或者认为"真相不明"，或者认为5月30日"英国巡捕逮捕非法散发共产党传单的人是依法行事"，而开枪则是防止示威者攻入捕房的"应急手段"。这是什么混蛋逻辑？胡陈杰在气愤的同时，又感到一阵无名的绝望和悲哀，自己孜孜以求的所谓"神圣的法律"，原来只是帝国主义的辩护词！这种法律，学它有什么用呢？一些美国教师在课堂上的说教，更使他感到恶心。有天晚上，一个美国教师大肆宣扬所谓法律和秩序，攻击"赤祸"，使胡陈杰再也无法忍受了。他站起来反问道："一个在中国土地上开工厂的日本人，可以随便开枪打死中国工人，这叫啥秩序？美国人在中国土地上杀中国人，这又叫啥秩序？"这番义正词严的发问，搞得那位教师狼狈不堪。在同学们的哄笑声中，胡陈杰郑重宣布自己退出东吴大学，第二天就乘火车到了南京。

胡陈杰到南京后，住在几个大学生同乡寄居的丹凤街一家民房里。这时，碰巧这几个同乡正在闹"经济危机"，看来连这个月的房租也没钱交了。同乡中有一个人的亲戚在汉口做生意,本钱不小,大家就想派人前去暂借十几块钱以应急需。胡陈杰说他闲着没事干,愿去完成这个任务。于是每人给他凑了点路费就送他启程了。但是,严峻的事实却使他大失所望。那个同学的亲戚不但满身铜臭,一毛不拔,并且以教训晚辈的口吻大骂"过激党",气得胡陈杰拂袖而去。南京,看来已经没有必要再回去了,胡陈杰给他几个同乡写了一封短信,说明在这里遭受碰壁,有负重托,不便回去,请他们另想别的办法。

6月下旬的汉口,天气热得叫人透不过气来。胡陈杰漫无目的地徘徊在长江岸边码头上。这里正是半个月前"汉口惨案"的现场,水门汀上隐约地还可以看到同胞的血迹。他的情绪乱极了,需要找个安静的地方仔细想一想。"上船啦,直开岳阳!"船老大一声吆喝,把他从沉思中惊醒,"昔日洞庭水,今上岳阳楼。吴楚东南坼,乾坤日夜浮。"杜工部雄奇的诗句顿时浮上了他的脑际。对,应该到岳阳楼去看看!

由于军阀混战,民穷财尽,岳阳楼早已失去了昔日的风采,残破得不像样子了。可是,范仲淹那篇名扬千载的《岳阳楼记》,却还清晰地镌刻在木雕屏上,那是乾隆时代书法家张照的手迹。胡陈杰虽然早就倒背如流了,这时又不禁默默地读了两遍。是啊!一个有志之士,是应该有"先天下之忧而忧,后天下之乐而乐"的精神的。他凭栏西眺,遥望碧波浩渺、烟雾弥漫的千里洞庭尽处,似乎看到了自己的家乡,年轻的妻子、幼小的女儿在向他招手。"回家吗?这怎么叫'先天下之忧而忧,后天下之乐而乐'呢?"长江上飘着外国国旗的军舰横冲直撞,汉口江岸上中国人的血迹,几个大学生同乡身居斗室告贷无门的窘态,都一一浮现在他的面前。对自己来说,另外报考一所大学还是不成问题的。但是眼前的这些问题靠读几年书能解决吗?不行,绝对不行!胡陈杰决心寻求另外的道路。

"看,那就是君山!"身旁一个游人喊道。胡陈杰随着他手指的方向望去,洞庭湖中间有一个小岛,苍松翠柏之中,隐隐约约有一些亭台楼阁。啊!"遥望洞庭山水翠,白银盘中一青螺",这两句古诗把眼前的景色描绘得多么传神!胡陈杰需要找一个清静的地方仔细想一想。看来,君山正是这样一个理想的所在。于是,他走下台阶,随着一些游人和香客踏上一只准备开往君山的小船,来到了君山上的一个寺庙里,并在那里住了下来。

仲夏的君山气候,对于游人是很惬意的。但是,胡陈杰却坐不安,睡不宁。什么君山二十七峰,舜帝的"二妃墓",秦始皇的"封山印",以及附会唐代传奇小说《柳毅传》的"柳毅井",他都感到乏味。黑夜里,他坐在门口的台阶上,继续回顾自己的过去,思考自己将来该走的道路。"五卅惨案"中反对帝国主义的传单被说成是"共产主义传单"。东吴大学美国教师骂的"赤祸"和汉口那个大老板同乡骂的"过激党",也都是指的共产党。这一年多来,虽然当局查禁,但共产党的书如《先驱》和《向导》等他还是读过一些,共产党的主张他也知道一些。共产党不是提出要打倒帝国主义和封建军阀吗?这两个东西他已经多少领教过了,看来硬是非打倒不可。但是，怎样才能打倒呢？胡陈杰似乎看到了上海南京路和汉口路码头上，示威群众在英国巡捕和海军陆军战队的枪声下一排排地倒下。看来用文的一手不行，非动武不可。要拿起枪来！现在，共产党正在广东和国民党并肩战斗。那里不是有一个黄埔军官学校吗？为什么不去报考这个革命的军校呢？就这样，胡陈杰终于做出了他一生中最重要的选择。他忽地站了起来，似乎感到身上轻松了许多。第二天，胡陈杰离开了君山，在岳阳卖掉了自己身上仅有的一件值钱的东西——怀表，水陆兼程（那时粤汉铁路尚未修通），直奔广州。

三

1925年8月，胡陈杰经过长途跋涉，终于来到了日夜向往的广州。这时，沙基惨案发生不久，省港大罢工正在坚持进行，气氛热烈而紧张，声讨英帝国主义暴行的红色标语满街都是；背着步枪、戴着红袖套的工人纠察队在大街上走来走去；高呼口号、唱着歌曲的男女青年熙熙攘攘……和在北洋军阀统治下的南京、武汉等地相比，判若两个世界！胡陈杰边走边看，真是令人目不暇接。他找到了投考黄埔军校的报名处，不久就在广东大学（现在的中山大学）内参加考试。发榜时，胡陈杰名列其中。被录取后，他被编入第四期入伍生第二团。原来黄埔从第三期开始，设入伍生制，即新生入学先受3个月的入伍训练，期满经考试合格后始成为军官生。

黄埔军校训词

胡陈杰入校不久，由一名队长介绍参加了国民党。8月20日，黄埔军校的党代表廖仲恺在中央党部遇刺。消息传到军校，大家义愤填膺，决心为党代表报仇。8月31日，军校举行追悼大会，第二天，军校全体师生又参加了廖仲恺的葬礼。通过这一事件，胡陈杰清醒地认识到，广州这个革命大本营轰轰烈烈的表面现象后面，还存在严重的斗争。就是在黄埔军校内部，也是不平静的。本来，校内早就有一个中国青年军人联合会的进步组织，出版《中国军人》小报。但是，廖仲恺被刺不久，孙文主义学会办的《国民革命》周刊也出版了。这个刊物曲解新三民主义，反对孙中山制定的"联俄，联共，扶助农工"三大政策，在思想上和言论上同《中国军人》形成了尖锐对立。在这种复杂的形势下，胡陈杰坚定地赞成孙中山的三大政策，他多么想找到中国共产党的组织并争取早日投入党的怀抱呀！有一天，一个同学悄悄地塞给他一个用很薄的纸订的小本子，上面密密麻麻地油印着共产党的文件。他看了后，猜想这位同学一定是共产党，真是喜出望外，便立即向这个同学表达了加入共产党的愿望。不久，胡陈杰在一个星期日的上午，被一位同学带着登上一艘小船，船在风平浪静的江中漂着，胡陈杰在船上正式宣誓加入中国共产党。

1926年1月，黄埔陆军军官学校改为中央军事政治学校（但以后各期习惯上仍称黄埔军校），胡陈杰在升为军官生的甄别考试中被录取，分配到政治科政治大队第二队学习。政治大队队长开始是胡公冕，后来是熊雄。在政治科任教的教官，除了周恩来以外，还有恽代英、于树德、李合林等，都是著名的共产党人。所以，有人说政治科是"赤化科"。胡陈杰在这里学习了"国内外革命形势的分析""社会科学概论""经济学"和"社会发展史"等课程，更加坚定了为共产主义奋斗到底的信心和决心。

1926年3月20日，蒋介石一手炮制的"中山舰事件"在黄埔军校政治大队中引起了极大的反响。5月15日，蒋介石又提出所谓的"整理党务案"。6月7日，蒋介石在军校纪念周上讲话，提出"现在中国国民党里的共产党同志，应该退出共产党，完全做一个纯粹的国民党员"。胡陈杰向党组织请示，回答是每个跨党的党员都可以自由表态，可以退出共产党，也可以退出国民党。这是对每个共产党员的一次严峻考验。在这场考验中，胡陈杰表现得十分坚定。他主动到政治大队各队去奔走呼号，以联络左派为名，千方百计地稳定某些同志的动摇心理，并和一些坚定的同志一起，带头填表退出国民党。在他们的影响下，政治大队三个队的共产党员都一致退出了国民党。胡陈杰也在这一次斗争中赢得了同志们的信任和尊敬。

1926年6月上旬，为了组织随军北伐的政工人员，国民革命军总政治部主任、国民党著名左派领袖邓演达商得周恩来的同意，在广东大学开办了一个为时一月的政治干部训练班（又称"特别训练班"），在黄埔学生中挑选300余人训练。被选者绝大多数都是共产党员，胡陈杰也被选中了。

特别训练班学习的内容，胡陈杰是很感兴趣的。有国际形势、国内形势、长江一带的军事形势、宣传要领和方法、民政组训、农民问题等。另外，还给每人发了两个文件，一个是《吴佩孚的北洋军阀部队调查》，一个是《孙传芳系的北洋军阀部队调查》，内容都非常具体。因为时间紧，科目多，军事训练暂停了。任课教师都是临时请来的：毛泽东讲农民问题，恽代英讲宣传要领和方法，白崇禧讲军事形势。周恩来也从东江前线赶回来做了一次题为《革命军部队政工与农民运动》的讲话，其中关于"部队政工是革命军队的灵魂，是民众工作的桥梁"的概括，给胡陈杰留下了深刻的印象。训练班采取的学习方法也很有趣：每三个学生编成一个小组，每天下午开讨论会时轮流担任主席、记录和演讲人，会后互相提意见。另外，每隔几天每个人都要写一篇《为某某告民众书》的宣传稿，写后也要大家互相传阅提意见。胡陈杰学习非常刻苦、认真，结束时被大家评为学习好的30多个人中的一个。

在学习结束前几天的一个晚上，队上突然给每个人发了一个调查登记表，并且交代了在填表时不准相互交换意见。表上有"家属""通信处"等栏，特别有一栏问"是否跨党"，还注明"如果你只能参加一个党，你选择哪一个?"胡陈杰看后，毫不犹豫地写下"参加共产党"五个大字。

7月8日，特别训练班举行了结业仪式。第二天，即来到东校场举行北伐誓师典礼。胡陈杰被分配到总政治部宣传大队当宣传员。他性情豪爽、潇洒、乐观、大度、平易近人，随和健谈，不管对象是工农兵还是学商，他都能谈得拢，所以大家都说他是个天生的政工人才。

在总政宣传队里，胡陈杰做事发言都显得精明老练。在年龄上，也要比一般同学大三四岁，因此，大家都叫他"胡老大"，他也很乐意地接受了这个称呼。后来有人说叫"胡老大"不如叫"陈老大"好，因为"胡"有"稀里糊涂"之意，不足以表现他的精明。大家一致赞同，以后便叫他"陈老大"以示敬意了。在行军过程中，凡属生活上的事如打前站、找宿营地以及了解驻地敌情等都离不了他，他都干得很出色。

总政宣传队的工作是很辛苦的。每到一地，他们便立即进行广泛的宣传活动，发动群众，并在此基础上协助工人组织工会，协助农民组织农民协会，和地主、资产阶级进行一定程度的斗争，争取和维护自身的权利，动员和组织群众以实际行动支援北伐战争。7月下旬北伐军到达衡阳后，为了适应与吴佩孚主力决战的需要，总政宣传大队决定临时抽调部分人下部队担任连级党代表。胡陈杰被派到第四军的一个先头连任党代表,先头连一路上夺关斩将,势如破竹。但是攻下岳阳以后,就遇到了敌军的顽强抵抗。8月中旬,胡陈杰所在的连队进抵通城县境。在一个深夜里,连队遭到了敌人的偷袭,连长不幸牺牲。在这种紧急的情况下,胡陈杰拔出手枪,接连打倒几个敌人,指挥部队迅速泅水突围。胡陈杰这种机智勇敢的行动,受到上级的表彰。以后,他又率领这个连队参加了攻克汀泗桥的战斗。

四

1926年10月中旬,胡陈杰来到被北伐军攻克的武汉。接着,他被通知和其他30多个同学一起跟随朱德入川。

原来,朱德以前和杨森是蔡锷领导的云南护国军的同事。从苏联回国以后,党组织就派他去策动杨森脱离军阀吴佩孚,参加国民革命军。由于全国革命形势的蓬勃发展,杨森表示愿意参加国民革命军,并在朱德和陈毅的推动下,在"万县事件"前后同英帝国主义进行一系列斗争。10月初,朱德来到汉口,向国民革命军总政治部主任、国民党中央政治委员会武汉分会主席邓演达汇报。邓是他的老朋友,研究后决定委杨森为二十军军长兼川鄂边防军司令,朱德任二十军党代表,并决定由朱德带领30多名政工干部(绝大多数是共产党员)入川,以便在杨部建立政治委员制度。胡陈杰等就是被选出跟随朱德入川的。在家乡读书时,胡陈杰就听说过朱德这个护国军旅长的大名,以为他是一个威风凛凛的将军,可是一见面,就感到这个同乡慈祥得像一个老大哥一样，并且也和别人一样亲昵地称自己为"陈老大"。

11月上旬，胡陈杰等化装成商人，彼此装作互不认识的样子，跟着朱德乘船来到了万县。残破的街道、坍塌的房屋，记录了两个月前英国军舰炮轰万县的罪行。看到这些，胡陈杰的心情十分沉重。而连续几天从同学们中传来的消息，更使他感到气愤。原来，杨森这个军阀所谓"参加国民革命军"，不过是装门面的投机行为。当他看到朱德带着这么一批人，要按照三民主义的原则来教导他的军官和士兵时，简直大吃一惊。杨森宣称，这些政治工作人员对他毫无用处，因为他的士兵根本不需要教育。道理很简单，士兵的职责是执行命令，战死沙场。而如果让这些人在军队中多谈民主和改善生活，只能惹出抗命和公开叛乱的事来。为了说服杨森，朱德和他几乎辩论了几个通宵，但丝毫没有效果。最后，杨森只同意让这些从黄埔出来的政工人员到他所开办的专门训练低级军官的军事训练团上课，而且又只允许讲民族主义，不能讲孙中山的其他主义和政策。当时为了争取杨森，朱德等人经过组织上批准，作出让步。

一天晚上，胡陈杰来到朱德的卧室，要求派自己到四川的另一个军阀郭汝栋的部队里去。当时郭汝栋是二十军的一个师长，是国民政府任命的川鄂边防军副司令，驻军涪陵。胡陈杰说郭也是铜梁人，是他的同乡，这个关系对他很有利。同时据他所知，郭当时和杨森有矛盾，比较倾向革命。朱德非常支持他的建议，并且热情地赞扬了他的主动精神。第二天，就以党代表的名义给胡陈杰写了介绍信,命他到涪陵郭部报到。

胡陈杰到涪陵后,发现这里的情况比他想象的要好些。郭汝栋公开大讲革命,赞扬共产党,并且早在1926年7月份就在他的部队里建立了政治部。政治部主任是尹肇州,他曾经参加过孙中山领导的同盟会,后又加入了中国共产党。胡陈杰被安排在政治部工作,并通过尹接上了组织关系。那时,尹的工作很多,他既是共产党的涪陵特支书记,又是郭部的军支书记,加上年纪已大,行动不便,便将许多具体工作交给胡陈杰去做。因此,胡陈杰的精明和才干很快显露出来,并且受到了郭汝栋的赏识。不久,胡陈杰被任命为政治部上校副主任。

1927年10月,南京国民党报纸刊登了这样一条消息:川军师长郭汝栋的代表胡陈杰上校到京。胡陈杰此来是为郭汝栋活动二十军军长一职的。原来,杨森和刘湘这两个大军阀为了争当"四川王",多年以来一直在明争暗斗。刘湘为了削弱杨森的力量,便抓住杨森收容败退到四川的北洋军阀吴佩孚这个把柄,上告杨"勾结吴佩孚,潜谋不轨",并推荐郭汝栋取代杨为二十军军长。郭汝栋得知此事后,拟派胡陈杰等到南京活动,并许诺事情办成后,将任命胡为团长。胡陈杰及时将此情况向党组织做了汇报。经研究,党组织认为这是进一步取得郭汝栋信任、掌握兵权的大好时机。胡陈杰到南京后,通过他在黄埔的关系积极进行活动,终于促使国民党政府在1928年初撤了杨森的职。不久,就发布了郭汝栋任二十军军长的任命。郭为此对胡陈杰感激不尽,但由于郭的师旅长们大都怀疑胡是共产党员,任命他当团长的命令通不过,郭汝栋便任命他兼任副官长。在长达三年多的时间内，胡陈杰在郭部利用自己这种特殊地位，在情况允许的范围内做了大量工作，为四川的兵运和土地革命斗争做出了重大贡献。

首先是组织和发展了共产党的队伍。

1927年初，胡陈杰利用郭汝栋急于扩大自己力量，以摆脱杨森和刘湘控制的心理，促成郭在蔺石场建立一个随营军官学校，培养中下级指挥人员。郭自任校长，胡陈杰任副校长，并负责实际工作。他抓住这个机会，将黄埔军校的地下党员刘道盛（当时任郭部的军支书记）、饶绘峰、袁镜铭、徐孔嘉等调到随营学校，担任营、连长和教官，并通过他们向受训的青年军官灌输革命知识，发展党的组织。1927年4月第一期毕业的时候，已经发展了十几个中共党员。1928年1月，胡陈杰在设法得到郭汝栋的认可后，又将随营学校改为政治训练班，自任大队长，广泛吸收青年学生，为党培养了一批政工干部。如省立四中的彭天叔学习结业后，先后任郭部一师一团、二师六团的政治指挥官。其中的陶正（杨克明）后来成为四川二路红军中队长、红三十三军政委。与此同时，胡陈杰还以政治部主任的名义，将杨森驻防涪陵委派的地方学校校长一律免职，任命陆松涛为教育局长，甘再仁为省立第四中学校长，杨子原为县中校长，余锡瑕为女师校长，游动斯为县中附小校长，刘存鉴为启明小学校长，他们都是进步人士或共产党员。同时还派蔺光原、刘西元、张天喜、周仁龙、潘志襄、白云深等到以上学校做教员，在学校中建立了党的支部和小组，并开设马列主义课程，宣传革命真理，引导不少学生走上了革命道路。

其次是保护了一大批革命同志。

1927年重庆的"三三一"惨案后，重庆和下川东一带的党组织遭到了严重破坏，任白戈、邓劼刚等数十个同志到涪陵避难。参加八一南昌起义后被打散的一些同志也陆续来到这里。胡陈杰住的是单家独院，房子比较宽，这些同志便以胡的"亲戚""同学"等名义在这里住下来。那时，他家几乎成了旅馆，天天都是人来人往的，经常是十几个人吃饭，晚上就在屋子里打地铺睡觉，走时还要送路费。自己的薪水不够用了，就写信向家里要钱。所以，大家都说他有"孟尝遗风"。

1927年秋，杨森下令郭汝栋部实行"清党"，指名要逮捕地下党员陈同生等人。胡陈杰得到消息后，设法将陈等五六人安全地转移到万县、武汉等地。次年春，上级党组织决定在李渡发动农民暴动和兵变。由于泄密，当时担任团副的袁镜铭等被捕。袁是郭派往黄埔学习的七个亲信之一，郭汝栋对其十分气愤，准备处以死刑，后经胡陈杰大力援救，幸免于难。1928年6月，罗云土地会农会暴动，领导骨干钟方仪被团防局逮捕，判了死刑。后经胡陈杰疏通地方当局，使钟方仪绝处逢生，并继续参加革命斗争。同时，新庙弋阳国民师范生因反对驻军欺压人民，周笙竹、郑希贤、雷德沛等十多名教师学生被捕，驻新庙十团的指挥官周见非设法将其押到涪陵，由胡陈杰交涉释放。

地下工作要求胡陈杰在公开场合必须服从郭汝栋的安排。一次郭命他带兵搜查地下党员，他先将消息透露给地方党组织，待组织疏散后再大张旗鼓地进行搜捕。1928年9月4日，重庆《国民公报》报道："涪陵郭部政治部主任胡陈杰公开大举清共。连日在学校、铺户搜查，数日未获一人。"这就不能不引起郭汝栋对他的怀疑。同时，社会舆论也对他不利。1929年6月19日重庆《国民公报》在报道地下党活动情况时说："尤其川东特委在下川东各县活动异常，其原因盖由某君某主任系共产党，而一般共匪系为其掩护。"一些师旅长也要求郭汝栋对其加强防范。在这种困难的处境下，胡陈杰为了掩护党的组织，完全将自己的安危置之度外。1929年7月，郭汝栋震惊于四川第一路红军的"遂蓬起义"，命令胡陈杰对涪陵城镇、乡村、学校、店铺进行突袭性大搜捕，企图一举破获涪陵党组织，并暗中窥探胡陈杰是否通共。在这危急时刻，胡陈杰巧妙而迅速地传送了情报。在17日的大搜捕中，除搜到少数书刊材料外，郭汝栋要抓的共产党员一个也未抓住。

但是，胡陈杰自己也清楚，他当时最重要的工作，还是搞兵运，也就是要千方百计地影响和掌握这支武装队伍。

重庆"三三一"事件后，胡陈杰和尹肇州都认为全川已经陷在白色恐怖之中，涪陵这一小块地区"国共合作"的局面不会维持多久。因此，最要紧的是准备自己的力量。他们决定将重庆来的一部分革命青年（大都是中法大学学生，因为尹肇州曾经在该校任教）都经过师政治部派到各旅、团去建立政治工作组织，再与随营学校的毕业生互相配合，逐步掌握这支部队。胡陈杰还决定，具体工作先从混成旅团的一营入手。这个营的营长叫张才，胡陈杰是他的同乡，又是他进黄埔的引荐人，并且当过他的入伍生队长，所以他很听胡的话。在胡陈杰的领导下，政工人员首先在连队建立士兵伙食管理委员会，改善了士兵的生活，初步树立了政治工作的威望。接着又建立了戒烟所，发动了官兵戒烟。胡陈杰还通过合法手段，将随营学校的毕业生以见习排长、连副等名义派到这些连队代替那些戒烟的军官。通过这些工作，一营的面貌发生了很大变化，并且在剿灭石宝寨土匪吴大鼻子的战斗中取得了胜利。

蒋介石发动"四一二"反革命政变之后，郭汝栋的反共真面目逐渐暴露。7月初，郭汝栋因急于投靠刘湘，运用极其卑鄙的手段诱骗了他的老师——中共涪陵县县委委员、农民自卫队总指挥李蔚如，并押解至重庆杀害。尹肇州因是公开的共产党员，便请示党组织批准，辞职以示抗议，胡陈杰便接替了尹的政治部主任职务。以后，又担任地下党军（队）支（部）书记。

为了贯彻中共四川省委关于以涪陵、南川为中心，发动群众，加强郭部兵运工作，择机进行武装暴动，建立苏维埃政权的指示，胡陈杰除了上述的种种准备工作以外，还派特工干部霍恂、饶绘峰、刘施南等到驻防彭水的向时俊师，驻防丰都县和忠县的陈兰亭师组织和发展党的力量，做好暴动的准备工作。1930年2月，中共四川省委在当时中央"左"倾错误的影响下，强调不断进攻、夺取中心地带，因而决定乘蒋介石调郭汝栋出川"剿共"，士兵不愿离开家乡之机，在郭汝栋的一、六两团发动兵变，建立二路红军游击队，并派省军委书记李鸣珂前往涪陵组织特委，作为兵变的最高指挥机关。

李鸣珂到涪陵后，便以黄埔同学的名义住在胡陈杰家中。

胡陈杰作为军支书记，对情况当然十分清楚。党在郭部的力量并不很大，上面主要是各团的政治指导官和一些参谋，下面也只有个别的营、连长，直接掌握兵权的同志并不多，因而还不具备大规模兵变的条件。李鸣珂详细地检查了郭汝栋的组织，知道一般没有支部生活，士兵联合会的组织也不普遍，也认为没有把握，并以特委的名义将这些情况向省委作了报告。省特委接到报告后，严厉地批评了他们，说他们"主要的错误不以群众的情绪来估计兵变的前途，机械地去看党组织力量和士兵联合会组织的大小"，坚持要求发动兵变。结果兵变未成功，连李鸣珂亲自指挥的中心连也未能按时发动，其本人也被抓住。李脱险后召开特委会议，决定兵变暂停，等将来再举。省委仍不同意，坚持要他们在城内进行，并说："万一不能做到整个全团的兵变，也要有一、二连兵变的决心。"于是，兵变工作便在由共产党员担任连长的三连、九连、十一连进行，并以十一连连长赵启明为突击队队长。在酝酿过程中，有个姓郑的营长向郭汝栋告密，郭汝栋便派亲信将这几个连队监视起来，并下令赵启明交出该连的两个排长（均为共产党员）。在这种情况下，迫使兵变仓促举行。结果只由赵启明带出两个排共51人，在涪陵罗云坝和当地的农民土地会会合，建立了四川二路红军游击队。二路红军以赵启明为代总指挥，转战丰都等地，在国民党军队优势兵力的"围剿"下遭到了失败。

1930年4月中旬，郭汝栋奉蒋介石的命令率部出川。之后，他被步步东调，一直调到湖北阳信县，对彭德怀和黄公略领导的湘鄂赣革命根据地进行反革命内战，司令部则设在武汉。与此同时,蒋介石对这个军阀部队也加强了控制,如撤销政治部,改成政训处。这样,胡陈杰就面临一个新的转折。

"胡陈杰的政治部是赤化了的。"郭汝栋本人是心中有数的,胡陈杰等人的共产党员身份也早已是公开的秘密。一些反动军官对他们恨得要死,郭汝栋也只是因为同其他军阀的斗争要借用这一批力量,才没有同他们摊牌。国民党政工人员的到来,终于使郭汝栋这种两面派的把戏再也玩不下去了。一天晚上,郭汝栋请胡陈杰到他家赴宴。宴罢,郭汝栋将胡陈杰请入内室对他说:"老弟,你知道今天为什么请你吗?我是为你送行的!"接着郭汝栋告诉他,陈某某要胡陈杰等在报上登反共启事,不然,就要郭逮捕他们。他要求胡陈杰出国到日本留学,避一避风,等将来有合适的机会再回来。胡陈杰平静地听着,这样的事早在他意料之中。当晚,郭汝栋告诉他,出国的一切手续都由他找人负责办理。胡陈杰知道,所有这些,都不过是这个军阀做的表面文章。出国留学谈何容易,这区区600块钱够什么用?胡陈杰作为一个党培养的革命军人,真正考虑的还是另一条道路——到革命根据地去参加战斗!

五

1930年6月下旬,胡陈杰又回到铜梁故乡,准备告别这块生育他的土地。在同妻子话别的时候,他满怀深情地说:"文锦,这一次我要到一个很远的地方去。今后别说见面,就是通信恐怕也不那么容易了。我是共产党,这你知道。如果我不死,今后会有完聚的日子。两个孩子,只有靠你了。我们的辛苦不会是白费的。再过二十年一定是共产党的天下!"

7月9日拂晓,胡陈杰便由弟弟陪同离开了故乡,取道重庆前往上海。可是,军阀刘湘已经在重庆制定了暗杀他的计划。胡陈杰来到他在重庆黄家垭口家中小坐片刻,连晚饭也没有吃即匆匆离去。胡陈杰刚走,就有一个穿西装的年轻人来到他的家中,声称要找胡陈杰,并在室内到处寻找,徘徊良久。不一会,又来了一个穿便衣的中年人,也称要找胡陈杰,迟迟不愿离去。晚饭后,这位老同学出门窥探,只见街道两头都有人暗中监视。几个月以后,这个老同学才从刘湘部下一个军官那里得知,当时刘湘下令他的特委会(特务机构)不论在哪里见到胡陈杰,即用手枪暗杀,然后以"不幸遇刺"公诸社会。多亏胡陈杰警惕性高,特意住在城郊的一家小旅店中,第二天黎明即登上一艘开往上海的日本船离开了重庆。

胡陈杰到达上海以后,为了便于活动,仍然以国民党高级军官的面貌出现,下榻于爱多亚路一个豪华的旅馆之中。他一方面通过组织上规定的联络渠道请示进入革命根据地的时间和方式,另一方面抓紧时间做好行前的准备工作。他将郭汝栋送给他的路费的大部分,交给一些在上海读书的四川进步学生开了个豆花饭店,作为党组织的一个联络站。但因不善于经营,加之多数"顾客"都吃了就走,没有钱给,所以没有多久就关门了。

这时,原在郭部的地下党员邓济时、曾庆华、周见菲、王文钦等也相继到了上海。胡陈杰便安排他们住在南京路国际饭店附近,并按上级的指示,组织他们参加革命斗争,如"飞行集会"、散发革命传单等。不久，派往江西中央苏区工作的邓济时在南昌被捕。胡陈杰得知后，便专程赶到南昌，通过自己的黄埔同学进行营救，使邓获得释放。

党中央决定派胡陈杰去湘鄂西根据地工作，临行之前，他给妻子写了一封信，并且附了一张身穿僧衣、头戴僧帽、手拿佛珠的照片。背后题诗一首，诗曰：

拔出慧剑斩六根，扫荡群魔朝至尊。
慈航普度众生后，普遍天下极乐氏！

"慧剑"，佛家以利剑喻智慧，言其能斩断一切烦恼。"六根"也是佛家用语，谓眼、耳、鼻、舌、身、意六者为各种罪恶的根源。全诗以佛家隐语，曲折地表达了以解放全世界劳动群众为己任的共产主义理想。

1930年7月底，胡陈杰化名胡慎己，跟随中央指定的向导，由上海溯江而上。最后化装成渔翁，坐着小舟，进入洪湖苏区。当时，湘鄂西地区的革命运动在周逸群和贺龙的领导下，已经有了很大的发展。1930年夏，根据中央的指示，由贺龙领导的红四军（后改为红二军）和由孙德清、段德昌领导的红六军合编为红二军团，由贺龙任总指挥，周逸群任政委，贺龙和段德昌分任二、六军军长。红二军团成立后，为适应形势发展的需要，决定建立红军大学，培训中低层军政干部。胡陈杰一到苏区，被任命为红军大学校长，在华容县的焦山河——一个江边小镇上开始了筹建工作。他带领教职工因陋就简，很快地就做好了开学前的准备，并且亲自制订教学计划，兼任政治课的教学工作。苏区的生活条件是很艰苦的，工作也是十分繁重的，这对于胡陈杰这样一个长期在国民党高级军官身边生活的人来说，可以说是一个考验。但是，胡陈杰凭着自己对革命的无限忠诚，以苦为乐，以苦为荣，很快地适应了新的环境和新的工作。这个乐天派仍然是谈笑风生，什么文体活动他都带头参加，有空就拿出胡琴自拉自唱，给红大师生带来很大乐趣。就是在这个时候，党中央要求红二军团渡江南下，占领岳州，配合一方面军进攻长沙。红二军团于10月末渡过长江后，才发现一方面军早在9月份即撤出长沙外围，退往赣西活动去了，根本没有再次进攻长沙。同时，红二军团在攻打津市和临澧的战争中遭受了很大损失。胡陈杰领导的红大也被迫北渡长江，到洪湖集中。

1930年11月，蒋介石任命湖北省主席徐源泉为湘鄂川边区清乡督办，对洪湖地区开始了"围剿"。由于红二军团南征时不但没有留下部队，而且地方武装也差不多都被带走了，所以形势极为严峻。据当时特委报告称："所留之枪，好坏共80余支，集中各地武装一共300上下。"幸好这时红二军团在战斗中被冲散的1000多人返回了苏区，因此特委决定集中洪湖所有武装力量成立新六军，以段德昌为军长，陈培萌为政委，胡陈杰为参谋长，担负起粉碎敌人"围剿"、保卫苏区的重担。新六军成立后，遵照特委关于"坚决反对逃跑主义，领导群众死力保卫苏维埃政权"的指示，同占优势的敌人进行艰苦卓绝的斗争。他们运用灵活机动的战略战术，避敌之锐，转移到江南，集中兵力在鲇鱼须歼敌一个营，再次攻克华容县城，士气为之大振。接着又返回江北，恢复洪湖苏区。1931年3月下旬，掩护特委会和苏维埃机关顺利地转移到洪湖瞿家湾一带，并且逐步扭转了困难局面。5月间，两广爆发了反蒋事件，徐源泉等部相继撤出了苏区。红军乘机反攻，粉碎了敌人的"围剿"。在这次反"围剿"斗争中，新六军指战员依靠苏区人民，同敌人浴血奋斗，发挥了人民战争的巨大威力，并使自己获得了迅速发展。不久，新六军改编为红三军第九师，辖二十五、二十六两个团，仍以段、陈、胡为军事长官。

1931年夏，湖北省遇到了几十年未有的特大水灾，加之国民党军队决堤放水，实行"以水代兵"的罪恶计划，使洪湖苏区成为一片泽国。7月，蒋介石乘机对洪湖苏区进行新的"围剿"。这次"围剿"开始时，红军主力七、八师均在鄂西北，因而保卫洪湖苏区的重任落在了红九师身上。红九师遵照湘鄂西省军委《关于九师最近行动的决定》的精神，在段德昌和胡陈杰的带领下向潜江、荆门挺进，先后攻占了沙洋和荆门。接着又在潜江县城附近伏击敌人，歼灭敌人一个旅，缴获的武器和装备可以装备一个团以上，从北面打破了敌人对洪湖的"围剿"。红九师乘胜进军，9月28日与红三军七、八两师会师于荆门的刘猴集，并接应他们返回潜江，从而增强了保卫洪湖苏区的力量。12月中旬，红三军改编为七、九两师和一个独立团。1931年1月初，红九师于应城附近的龙王集、陈家河包围了敌四十八师的特务团。敌四十八师一个旅从花园、孝感前来解围，红九师便在汉川独立团的配合下，于公路两侧伏击来援之敌,全歼该旅,俘敌官兵2000多人,缴获迫击炮20余门、轻重机枪60余挺、步枪3000多支。在这次胜利的基础上,省军委决定红三军独立团与回到洪湖的红九军二十五师主力教导团合编为红八师。以段玉林为师长,胡陈杰被任命为八师参谋长。2月初,七、九两师又在天门皂市附近至钱家场歼敌四十八师的一个旅,活捉师长以下2000余人。这几次大的胜利,沉重地打击了"进剿"之敌,使洪湖苏区的面积迅速扩大。据当时省委的报告称:"此时面积,直则有当阳到汉阳,不小于五百里,横则由监利到钟祥,不小于二百余里。发展的新苏区,超过原苏区的一倍以上。"红三军也发展到三个师,总计不下1.5万人。但是这种大好形势,很快就被"左"倾冒险主义的领导断送了。

六

早在1931年1月,党内以王明为首的"左"倾冒险主义者在共产国际代表米夫的支持下,通过六届四中全会取得了领导地位,并派夏曦到洪湖担任湘鄂西中央分局书记,推行"左"倾路线。由于贺龙、段德昌、万涛、潘家辰和胡陈杰等同志的抵制,尚未造成大的恶果。1932年1月9日,党中央作出了《中央关于争取革命在一省与数省首先胜利的决议》,要求红军进攻中心城市。为了贯彻这一指示,1月22日在监利县的周老嘴召开湘鄂西省第四次党代表大会。在会上,胡陈杰和其他代表对夏曦到洪湖后半年的"左"倾错误,提出了严厉的批评。但是，在会议的第三天，中央派关向应来支持夏曦的工作，并担任红三军政治委员。关向应传达了中央的指示，使会议形势发生了急剧变化。批评夏曦的同志都被扣上"反国际、反中央正确路线"等大帽子。而夏曦提出的与鄂豫皖苏区连成一片，包围武汉，争取一省数省先胜利的"左"倾冒险主义主张则受到肯定。会议之后，夏曦为了实现与鄂豫皖苏区连成一片的任务，命令红三军向襄北发展，要求不停顿地进攻，打阵地战，与敌人拼消耗。正如段德昌指出的："夏曦毫不懂军事，只会叫我们拼命。"1932年3月21日开始的七天七夜的瓦庙战斗，就是一个突出的例子。

在这次战斗中，敌四十一、四十四、四十八师共出动了14个团两万余人，向苏区大举进攻。红三军主力则遵照省军委的作战部署，准备在汉川境内迎接敌人。但是七师尚未到达集中地点，便与敌在瓦庙集遭遇。在这种情况下，夏曦要八、九师立即前往增援，"御敌于国门之外"。这样，瓦庙集战斗就打响了。胡陈杰和八师政治部主任戴君实等一开始就坚决反对这种大规模的阵地战，不同意与敌人拼消耗的打法，认为还是应该把敌人放进苏区打游击战。但这些正确意见却遭到严厉批评。在七天七夜的血战中，胡陈杰率领八师坚守阵地，打退敌人一次又一次的进攻。一天下午，他去观察一个前沿阵地，发现在这个山头只剩下六七个人了，而敌人又发动了进攻。胡陈杰急中生智，便叫战士们把受伤的和牺牲的同志们的帽子收集起来，摆在阵地上，自己带领战士们这边打一阵，那边打一阵，使敌人摸不清我军的虚实，不敢贸然上山，待夜幕降临后，即带领这部分战士安全转移。事后大家称这种打法叫"新式草船借箭"。由于指导思想的错误，在整个瓦庙集战役中红军仅消灭敌人一个营，击落战机一架，而自己则伤亡1000多人。这是一场典型的得不偿失的消耗战。

瓦庙集战役后，夏曦不但没有从自己的指挥上进行总结和检查，反而将失利的原因归之于红三军中所谓的"反革命活动"上，接着便发布了《关于改造红三军的训令》。这个训令说："中央苏区的富田事变和红四军（指红四方面军——引者）肃反的教训，很严重地教训了我们，各种反革命的派别，如改组派、AB团、第三党、取消派、托洛茨基派、罗章龙派，他们总是想打入红军和破坏红军"，"因此就不能说红三军中没有反革命的活动，我们大家必须估计到反革命分子在部队中的捣乱"。这表明夏曦要借"肃反"之名，来打击那些敢于对自己的瞎指挥持不同意见的同志——所谓捣乱的同志。个性爽直、爱提意见的胡陈杰，理所当然地成了"肃反"的首要对象，事实也正是这样。

贺龙在《回忆红二方面军》中说，红三军的"肃反"是军部在吴堰岭时开始的。红八师的特务队长违反纪律，杀鸡宰牛吃。关向应同志把他捉来一整，他承认是"改组派"，第二天就捉了胡陈杰。为什么这么快呢？因为当时夏曦学习了张国焘在鄂豫皖大搞"肃反"的经验——刑讯逼供。他在一个报告中说，为了迅速得到所需要的口供，"均非用刑不可"。他们捉了这个特务队长以后，就严刑拷打，先要他承认自己是"改组派"，然后又指明问胡陈杰是不是"改组派"，再让他承认胡陈杰已是"改组派"的领导者。对其他和胡陈杰有过接触的人,他在红军大学带来的学生,甚至他为了工作方便在笔记本上所提及的干部,都一一照此办理。就这样,5月26日在夏曦控制下的湘鄂西省委给中央的报告中说:"红军破获改逆(即改组派——引者)最高领导机关——军事委员会,以红八师参谋长胡慎己总负责的九人组织。"夏曦在7月8日给中央的另一个报告中,胡陈杰却又变成"第三党"。报告中说红军中反革命派以第三党为主干。胡陈杰是1930年中央派来的,已经是第三党,是邓演达派来湘鄂西的。

逮捕胡陈杰,只是"肃反"的开始。夏曦在《关于同湘鄂西反革命团体作斗争和纠正肃反错误的决议》中提出了一个理论,即一批"老党员、老干部变成了反革命派的中坚",从而把矛头对准了党的骨干力量。据夏曦在7月8日的报告中说,他那时已将红三军团以上军政负责干部28人定为"重要反革命分子"。军直机关也有23人定为"反革命分子",甚至把早已在一年多前英勇献身的湘鄂西根据地和红军的主要创始人周逸群也定为"改组派"最高负责人,胡说什么周是伪装牺牲,跑到国民党那里去了,并且正在为国民党出谋划策进攻苏区。夏曦在"肃反"中独断专行,据贺龙回忆:"那时捉人都是夏曦给关向应同志一个条子,关即按照夏的指示捉人,条子根本不给我看。"逮捕的人除了一般对象在基层就地处理外,各县及红军中主要的"反革命首领",都集中到保卫局关押,苏区首府瞿家湾所有的机关都腾出来作为临时监狱。据1934年9月15日湘鄂西中央分局的报告,仅在1932年5月9日的第一次"肃反"中,夏曦"逮捕计1000余人"。

继大规模的逮捕之后,便是大规模的处决。被逮捕的干部,特别是领导干部,一般是很难幸免的。因为那时关于处决"反革命"有明确的规定,一是红军营以上的"反革命"都要处决,并且一律不允许自首(即不允许坦白从宽);二是要按照阶级的惩罚原则,即大搞唯成分论。胡陈杰既是高级干部,又出身于封建家庭,当然是在劫难逃的。1932年9月,红三军从洪湖撤退的前夕,胡陈杰和他的师长段玉林、军参谋长孙德清以及万涛、柳直荀和一大批党军政干部一起被杀害了,时年仅29岁。在此之后,夏曦又接着搞了三次"肃反",据贺龙说:"洪湖的县区干部在'肃反'中是杀完了的。红三军中,有的连队前后被杀了10多任连长。夏曦在洪湖杀了几个月,这次'肃反'中共杀了一万多人。现在活着的几个女同志,是因为那时杀人先杀男的,后杀女的。敌人来了女的来不及杀才活下来的。"后来段德昌、潘家辰等也被杀了。最后红二军团的"党员只剩下夏曦、关向应、卢冬生和我四个人,根据地搞垮了,党也解散了,干部杀了一批又一批,洪湖到现在还一坑一坑地挖出白骨……"这是多么惨痛的历史教训呀!

新中国成立后,在贺龙等老一辈无产阶级革命家的关怀下,胡陈杰被追认为烈士,遗属也得到了应有的照顾,但由于种种原因,胡陈杰仍然受到一些不公正的待遇。1958年建成的洪湖革命烈士纪念碑碑文上,就没有胡陈杰的名字,在这个时期新修的《洪湖县志》上,甚至把胡陈杰和潘家辰(又名潘克鲁)说成是"国民党派来的特务"。贺龙得知这一情况后,亲自给当时担任中共湖北省委第一书记的王任重写信，说明湘鄂西在"肃反"中遇害的大批同志，"如胡慎己（胡陈杰）、潘家辰，就不是特务，而是被错杀的"；并且指出要为他们恢复名誉，并在革命史书中写下他们的斗争事迹，以教育子孙后代。

党的十一届三中全会以后，大举拨乱反正，多年来"左"的流毒被彻底清除。胡陈杰等烈士的悲剧，再也不会重演了。烈士有知，自当含笑九泉。后来，洪湖人民又在瞿家湾为胡陈杰修建了纪念碑，文曰："胡慎己烈士殉难处"，并在洪湖革命纪念馆中展出了胡陈杰烈士的事迹。

邓萍

◎ 代文星

长夜沉沉何时旦？
黄埔习武求经典。
北伐讨贼冒弹雨，
平江起义助烽焰。
"围剿"粉碎苦运筹，
长江转战肩重担。
遵义城下洒热血，
三军征途哭奇男。

1935年2月27日，中国工农红军第三军团参谋长邓萍壮烈牺牲。当时任红三军团十一团政治委员的张爱萍怀着十分沉痛的心情，写下了这首挽诗。

邓萍倒在长征路上——遵义城头的时候，刚刚27岁，还是个血气方刚的青年。在他短暂的生命里，他为国家做出了重大贡献。

投身革命

邓萍

邓萍（1908—1935），原名邓少章，四川省富顺县凉高山（现自贡市大安区）人。1908年出生，幼年时过继在叔父家长大成人。曾在本村观音阁私塾读书数年。邓萍自幼胆大，好打抱不平。他的童年和少年时代，中国的政治、经济和社会正处在极端黑暗之中。在他的家乡，制盐井灶星罗棋布，良田阡陌。可就在这片富饶的土地上，他目睹的却是"一张围帕当衣裳，一个笆包就是床"的盐业工人生活，和面黄肌瘦、衣衫褴褛的乡亲父老。对盐业资本家、地主和帝国主义的横行霸道，以及军阀政府的腐败无能，邓萍心中填满怒火。20世纪20年代中期，国共两党合作领导的大革命运动在全国各地兴起，上海"五卅惨案"的消息在自贡盐场激起了空前的反帝斗争怒潮，这使邓萍看到了真正的希望。在大革命洪流中，1926年12月，刚满18岁的邓萍，背着家人毅然离开家乡，到数千里外的武汉，考入了黄埔军校武汉分校。学习期间，他接受了马克思主义，加入了共产主义青年团，不久转入中国共产党，成为一名正式党员。

1927年4月，武汉革命政府举行第二次北伐，主力北上讨伐奉系军阀张作霖。夏斗寅趁武汉空虚,率军进攻武汉。武汉军分校学生在叶挺的领导下,在武昌附近击退夏斗寅叛军的进攻。在这些战斗中,邓萍机智勇敢,初露才华。

平江起义

轰轰烈烈的大革命失败后,全国各地革命运动转入低潮,神州大地笼罩在一片白色恐怖之中,有的人变节投敌,有的人弃戈隐退。而邓萍却像松柏挺立,他坚信共产主义真理,蔑视蒋、汪罪恶的屠刀,谴责机会主义者的喧嚣,忠心耿耿和党一条心,坚持革命不回头。

1927年12月,邓萍和曾希圣受党的派遣去湖南南县,到彭德怀担任团长的国民党湖南陆军独立第五师第一团做兵运工作。行经溪口时遇到巡查,曾希圣被冲散,邓萍只身到达南县,由南县特派员推荐给彭德怀,先后担任营长、团长书记官和副官等职务,实际负责一团党的工作。邓萍结识彭德怀后,开始了他俩珍贵的革命友谊。在那血与火的斗争岁月里,他们朝夕相处,促膝谈心,共筹帷幄,彼此相互支持,情同手足。在彭德怀的支持下,邓萍广泛接触士兵,积极地在一团开展革命宣传活动。他在士兵中秘密组织阅读进步书刊,向士兵和军官讲解大革命失败后的国内外形势,用反动派残杀工农、克扣军饷、欺压打骂士兵等事实,对士兵进行仇视国民党反动派的教育。

邓萍到一团时,彭德怀还没有入党。1928年2月,湖南省委批准发展彭德怀为共产党员。一天黄昏时候，邓萍主持了彭德怀的入党宣誓仪式，他还为宣誓仪式绘制了马克思、恩格斯像，书写了"全世界无产者联合起来，为共产主义社会而奋斗"的标语。在秘密而庄严的气氛中，成立了一团党支部，直属南县华容安乡特委领导。党支部由邓萍、彭德怀、张荣生和李光组成，彭德怀任支部书记。1928年4月底，根据南县华安特委指示，一团成立了团党委，由邓萍负责，并规定以后凡属党内来接头的人，先由邓萍联系。

1928年4月，一团突然奉令开赴平江"剿共"。6月19日，一团到达平江，当晚即召开团党委会议。团党委讨论如何制止清乡队的烧杀抢、减轻人民的痛苦，决定：一、立即组织前沿人员分别到各营连报告当地反动统治情况；二、在清乡时，必须督促反动民团，不准他们实施残民行动；三、加强本团纪律教育，士兵委员会要起积极作用；四、把孙中山扶助农工的政策同士兵会为工农服务联系起来，就是如何保护农工实际利益，反对清乡队的捉鸡、杀猪、牵牛等土匪行为。团党委会以后，党的活动分子立即分头在士兵中进行活动，很快将团党委的决定贯彻到士兵中，领导广大士兵进行了巧妙的斗争。部队外出清剿时，总是无目标地朝天放枪，然后在偏僻处丢下些子弹、手榴弹给地方游击队，并设法放掉被反动民团抓到的游击队员，使游击队员不但没有因为清剿而削弱，反而一天天壮大起来了，后来成为起义的一股重要力量。另外，一团还考察地形，调查保安队、警察局的兵力部署和特务活动，绘制了军队和民团的兵力分布图。

一团这支由党组织领导又支持、拥护工农革命的军队，进驻具有光荣革命传统的平江，在阶级斗争极其严峻的情况下，武装起义迟早是要爆发的。1928年7月，一个偶然的事件引发了武装起义。7月18日，彭德怀去二营驻地思林巡视，在营部吃午饭时，从营长陈鹏飞亲戚的口中，得知长沙昨天抓获共产党南县华安特委负责人，搜出以黄公略部队的名义亲笔给共产党员开具的通行证，有人供出黄公略是共产党员。彭德怀立即赶回县城，直接往东广电报局查阅电报。电报局长交给他两份密电，一份是师长周磐的马夫陈玉成从长沙发给他的，此人是救济会和士兵会的会员，也是共产党的秘密情报工作者；一份是周磐发给驻平江的副师长李慧根的。前者报告南县华安特委确实被破坏的消息，后者要李慧根立即逮捕黄公略、黄纯一和贺国中三人（他们都是中共党员）。

彭德怀当机立断，截留了周磐给李慧根的电报，并立即通知开会。这时，邓萍告诉彭德怀省委特派员滕代远已到平江，安排住在君子巷镜中天旅社。彭德怀高兴地说："真巧，好！"邓萍问："怎么办？"彭德怀说："现在只有起义，决不能有任何的犹豫。"邓萍非常赞同，说："好在掌握了情况，否则被一网打尽。"下午7时，一团党委会议以看望黄纯一的病为名，在县立医院黄纯一的病室秘密举行，参加者有彭德怀、邓萍、张荣生、黄纯一、李力、李灿、李光等人。会议还邀请滕代远列席参加。

会议研究了密电，认为情况十分严重，又分析了各营及特务连、机枪连士兵的思想情况，决定领导士兵以闹军饷为名举行起义,并定于22日下午1时,趁敌人午睡时行动。会议进行了具体分工,滕代远负责政治工作和地方党组织的联系,以及筹组地方革命政府;邓萍负责起义的宣言、标语、口号、传单、布告的拟定和印制事宜;彭德怀负责组织兵力消灭军团、清乡队、警察局等反动武装,控制县署,释放政治犯,并解决师部等方面的工作。此外,立即派人通知黄公略和贺国中准备起义(当时黄、贺二人分别在该师两个团工作)。

面对新的前途,临近新的战斗和考验,几天来邓萍兴奋不已。他把对敌人的恨、对人民的爱、对反动派的声讨、对新中国的美好理想,一起凝聚在笔端,倾注在起义的标语口号和布告里。

现在,平江还流传和保存着当年邓萍拟制的一些口号和布告:

遵义城中的邓萍塑像(右为邓萍,左为张爱萍)

打倒国民党政府!

拥护中国共产党!

成立中国工农红军第五军!

成立平江县工农兵苏维埃政府!

实行不送租,不还债,不纳税,不纳粮!

没收地主阶级的土地分给农民!

工人组织工会,实行八小时工作制,增加工资,改良工人生活!

士兵组织士兵委员会,要求发清欠饷,反对军官拳打脚踢!

青年学生组织学生联合会,欢迎学生参加土地革命!

妇女组织妇女协会,实行男女平等自由!

打倒帝国主义,反对帝国主义侵略瓜分中国的政策!

反对帝国主义第二次世界大战,武装拥护苏联!

邓萍拟定的平江起义布告(毛笔书写,自左至右,均为韵文)。全文如下:

中国工农红军第五军军部布告

革命为谋解放,士兵几至绝粮。此间豪劣勾结,惨杀无数善良。此至激战反响,一时未及提防。迅雷不及掩耳,神兵来自天降。杀绝贪官污吏,此警为虎作伥。没收豪绅土地,分给贫苦农民。所有苛捐杂税,一律废除殆尽。凡尔工农商贾，生活照样进行。敢有造谣煽惑，坚决执法以绳。为此出示布告，仰各一体禀遵。

20日午饭后，团党委召集会议听取各方面的汇报，得知闹饷活动已经开始，于是提出起义官兵平等，官长包括团、营、连、排长均由士兵委员会选举；洗刷反动军官，革除旧军队的封建恶习。

21日天快破晓时，团党委再次召开会议。邓萍告诉大家，黄公略已于昨天率部提前起义，部队开进了嘉义镇以南大山中。接着根据上级党组织指示，讨论军队起义后的名称番号、干部配备等问题。决定建立工农红军第五军，原一团属之一、二、三营扩编为一、四、七团；红五军实行党代表制。

经过几昼夜的筹划准备，激动人心的一天终于来到了。22日上午11时，国民党湖南独立第五师第一团在平江县城东门外天岳书院广场上举行了起义誓师大会。彭德怀团长对起义队伍慷慨激昂地宣读了誓词。最后发出了战斗口令："现在就向平江反动县政府、民团、清乡队、清共委会进攻！坚决消灭他们！我们起义了！为工农兵服务开始了！"

这时广场上群情激奋，大家高呼"我们起义了！为工农服务开始了！"的口号，其声响响彻云霄。

下午1点多，邓萍和起义官兵一道分别向预定的目标发起进攻。不到一个半小时，便将全城反动武警肃清，活捉了不可一世的县太爷刘作柱和省清乡委员、挨户团大队长李铁恒。警察局长黄次度,叛徒高岑楼和潜伏在县城的大部分土豪劣绅也被起义武装逮捕。

起义胜利了。鲜艳夺目的镰刀斧头红旗,在古老的平江城楼上空招展,高高飘扬。从监狱释放出来的革命干部和群众一起在街上宣传、游行示威,标语和传单街头巷尾处处可见。群情振奋、喜气洋洋,全城充满了欢乐的人群,邓萍挟着一捆红纸标语走到彭德怀身边,激动地说:"胜利了!比预想的要顺利!"彭德怀高兴地回答说:"有点革命高潮气象!"邓萍紧接着说:"国民党屠杀人民,人民恨国民党!"

24日上午,士兵委员会在团部召开会议,选出彭德怀任红五军军长兼十三师师长,邓萍任红五军参谋长,滕代远为军党代表(会议湖南省委同意)。与此同时,成立了由邓萍、彭德怀、滕代远、黄公略、黄纯一、李灿、贺国中、李光、张荣生、贺夷等组成的中共红五军委员会,邓萍任书记。

同一天上午,中共平江县委代表胡筠率领一批干部进城接头。以邓萍为首的红五军军委即与平江县委举行联席会议。会议讨论了肃清县内反动势力、防堵外来敌人、武装工农群众、恢复党的组织等问题,决定红军和地方游击队混编,主力保持11个大队、3个纵队,每个大队150到180人,其余编为地方游击队、赤卫队。根据湖南省委的决定,由彭德怀、滕代远、邓萍、贺国中、李灿组成红五军军委,率领第四、第五两个纵队和直属部队的800多人,向南冲破敌人包围,进军井冈山与红四军会合。红五军在彭德怀、邓萍带领下,跋山涉水、餐风露宿、昼夜兼程,于12月在宁冈的新城与毛泽东、朱德领导的红四军胜利会师。从此，红五军与红四军一起，投入了保卫井冈山、建设革命根据地的伟大斗争中。

根据地的斗争

根据地的斗争，完全是军事斗争。在残酷的战斗中，红军指战员伤亡很大。为了补充新的力量，提高军事干部的素质，1929年邓萍受命担任红五军随营学校教育长。其后，又与何长工在瑞金创办了中央工农红军学校，担任副总队长兼教育长。他任劳任怨、艰苦工作，利用战斗的间隙，培养了不少中下级指挥员，对提高部队的战斗力起到了重大的作用。邓萍不仅善于发现和培养军事人才，而且善于做士兵的思想政治工作。在根据地的艰苦军事斗争中，对团结战士、巩固部队、坚持斗争起到了重大作用。他生活简朴、作风踏实、态度和蔼、平易近人，同志们都非常喜欢和他接近。他思维敏捷、见解深刻，又善于言谈，士兵们听他讲革命道理，常常会像听有趣的故事那样入迷。他文理通达、能书善画，是我党优秀的政治工作人员。1928年12月中旬党的"六大"决议送达井冈山，红四军召集了扩大会议，红五军军委常委都参加了这次会议。红四军前委书记毛泽东主持会议，逐条详细讨论了"六大"决议。扩大会议以后，为了向士兵做通俗易懂的宣传，邓萍编写了"六大"十大政纲顺口溜，使"六大"精神简明扼要地贯彻到广大的红军战士当中。

现在湘赣地区一些老革命根据地群众中，还流传着邓萍当

时编的十大政纲顺口溜:

打竹板,响叮当,大家快乐听端详。伟大的中国共产党,颁布了十大纲领。帝国主义真恶毒,瓜分中国来立足,要把它一齐驱逐。外国资本与市场,很多企业与银行,齐没收坚决主张。统一中国也不难,承认民族自主权,齐努力不要空谈。

国民政府倒了台,政府成立苏维埃,工农兵自由开怀。增加工人工资,八小时工作制,失业者政府救济。地主阶级的土地,一起把他没收起,农民大家分配。改善士兵的生活,退伍归来都安乐,分土地自己耕作。取消杂税与苛捐,减轻人民的负担,累进税统一不难。无产阶级求解放,要以苏联为榜样,全世界联合坚如钢。

1930年6月,根据中央和全国红军代表会议决定,在湘赣边区活动的红五军、红八军组成红三军团,彭德怀任军团长,滕代远任政委,22岁的邓萍任命为红三军团参谋长兼红五军军长。同年7月下旬,邓萍协助彭德怀指挥攻打长沙的战斗。红军胜利占领长沙后,他被任命为长沙市警备司令。邓萍担任长沙市警备司令后,立即发出布告,惩治反革命分子,市镇秩序井然,贫苦人民热烈拥护。

1930年到1934年,蒋介石集中强大兵力对中央革命根据地进行了五次大"围剿"。在那数不清的大小战斗中。邓萍奔走于前沿阵地,出入枪林弹雨,为粉碎敌人的"围剿"付出了巨大的心血。在"富田事变"中，他和彭德怀、滕代远始终和毛泽东站在一起，揭露了敌人妄图分裂党分裂红军的阴谋。

第二次反"围剿"胜利后，三军团转移到江西黎月发动群众筹款，准备粉碎蒋介石的第三次"围剿"。这时蒋介石委任黄公略的堂叔父黄汉湘为宣抚使，妄图勾引黄公略叛变，阴谋分裂红军；并以黄梅庄（黄公略的大哥）为说客，来到三军团。彭德怀将其安置后，即找滕代远、邓萍、袁国平商议处置办法。最后议定，对黄梅庄采取诱骗手段，得到证据后将其处决，然后再告诉黄公略，断绝蒋介石的幻想。于是彭德怀置酒相待，诱出了蒋介石、黄汉湘给黄公略诱骗信，当即按原计划杀了黄梅庄。邓萍以黄公略的名义，给蒋介石写了一封回信，大意是：蒋贼卖国，屠杀工农，罪当处剐，汉湘附逆，亦将引颈受诛；梅庄甘当走卒，还尔猪头，以儆效尤。然后将黄头密封，附信其间，交黄梅庄随从带回，粉碎了蒋介石的反革命痴心妄想。

1934年1月22日至2月1日，中华苏维埃第二次全国代表大会在瑞金召开。大会选举中央执行委员会委员175人，候补中央执行委员会委员36人，邓萍当选为候补中央执行委员会委员。

长征转战，血洒遵义

六届四中全会以后，在王明"左"倾冒险主义统治下，排斥毛泽东的正确领导，致使第五次反"围剿"遭到失败。1934

年10月，中央机关和红军被迫转移，开始了史无前例的二万五千里长征。

1935年1月，遵义会议确立了毛泽东在党和红军中的领导地位后，毛泽东指挥红军扭转了被动挨打的局面，转战在黔北、川南一带。当时蒋介石在长江沿岸处设防阻止红军北上的时候，红军突然由扎西挥戈东进，从太平渡二郎滩再度赤水河，进抵娄山关下。敌人晕头转向，慌了手脚。贵州军阀王家烈气急败坏，急急忙忙派了四个团的兵力抢先占领娄山关，妄图阻挡红军回师遵义。再克娄山关，为红军重占遵义打开北上道路的光荣任务，又落到了久经战火考验的红三军团身上。

激战前夜，春寒料峭，细雨蒙蒙。山坡上临时搭起的指挥所里，邓萍穿着单薄的灰布军衣与彭德怀等紧张地进行着准备工作，邓萍深感重任在肩，心里不断地提醒自己，这是长征路上扭转危局、重振红军声威的一仗，党中央在等待着胜利的消息啊！

进攻的时候到了。顷刻间，高耸入云的娄山关弥漫在炮火硝烟中，喊杀声、军号声震天动地。多少年来，邓萍在战斗中养成了这样一种指挥的习惯，他要亲眼看到每个作战方案怎样由战士变为现实，他要在阵地上亲自发现问题、解决问题，时刻和冲锋陷阵的战士在一起，因而他不顾身边同志的劝阻，始终坚持在前沿阵地上。当红军迅速攻占了制高点，又接连几次粉碎了敌人的疯狂反扑后，邓萍兴奋得高声呐喊："同志们，冲呀！追呀！打到遵义去，活捉王家烈！"红军攻势凌厉，势如破竹，一口气把抱头鼠窜的"双枪兵"追到遵义城下，接着一鼓作气抢占了新城。为了迅速拿下遵义老城，邓萍冒着危险，在敌人密集的炮火下匍匐前进，一直追到城北门外，隐蔽在一个小土墩的草丛中，与十一团政委张爱萍等一起观察敌人的守城部署。

他边观察边对张爱萍说："你们先钳制住守城之敌，待军团主力到达后今夜发起总攻，一定要在明天拂晓前拿下遵义。情况紧急，明天增援遵义的敌人薛岳部就可能赶到。"话还没说完，他的头突然倒在张爱萍的右臂上，敌人罪恶的子弹，夺去了这位才华横溢的年轻将领的生命。此时，他年仅27岁。

军团指挥所里，正握着电话筒的彭德怀听到这晴天霹雳的消息，悲愤地对着话筒吼道："拿下遵义城，为参谋长报仇！"

邓萍不幸牺牲的消息，很快在部队中传开，指战员们十分悲痛，高呼着"为参谋长报仇！"的口号，端起寒光闪闪的刺刀，勇猛冲杀，再次占领了遵义城。

邓萍同志之墓

邓萍,这位忠诚的共产党员、红军的优秀指挥员和杰出的青年将领,在北伐战争的烽火、平江起义的枪声、井冈山上的号角和长征路上的悲歌中,都留下了他的英勇足迹和卓著战功。这位出色的军事参谋工作者,为中国劳苦大众的翻身解放事业,在创建中国工农红军和红军革命战争胜利的斗争中,不畏艰险,身体力行,洒尽了最后一滴血,以身殉国,无愧为彭德怀得力的助手,无愧于共产主义战士的伟大英名。邓萍是红军长征途中牺牲的最高级军事将领。2009年9月14日,他被评为"100位为新中国成立作出突出贡献的英雄模范"之一。

旷继勋

◎ 永向前 黄季康 温贤美

离乡从军 投身革命

旷继勋

旷继勋（1897—1933），号集成，1897年6月16日出身在贵州省思南县城一个贫民家庭，兄弟姐妹7人，他排行第三。父亲旷广甫终年辛劳，以串乡卖药维持全家生活。由于家境贫穷，旷继勋只读过几年私塾。在父亲的教育下，他刻苦自学，读了不少古书，练得一手好字。他中等个子，较瘦，因天天使拳弄棒，坚持锻炼身体，所以体质很好，武艺高强，膂力过人。由于辛亥革命以后新思想的影响，旷继勋对当时的社会很不满意，曾几次外出寻找工作，做些有益的事。19岁那年，四川有人到思南募兵，他即应募入伍。到成都后，旷继勋乃投军阀赖心辉部当兵。

入伍后，旷继勋勤钻苦学，军事技能提高很快，不久即被提拔为排长教官，以后被逐级提升为连长、营长、团长等职。1923年，为抗击吴佩孚侵川与参加四川"讨贼之役"，旷所在部队曾一度划归川军东路军刘伯承指挥，因而旷继勋与刘伯承时有接触，并建立了亲密的友谊。1925年，旷继勋所在的旅脱离了赖心辉指挥，被编入国民革命军第二十八军邓锡侯部，旷继勋任江防军第二师第四旅旅长。后江防军第二师改编为第七混成旅，旅又降为团，旷继勋任第二团团长。1926年12月，为策应北伐战争，刘伯承根据中共四川省委指示，发动驻泸州、顺庆（今南充）的部队起义。旷继勋闻讯，立即表态支持。

旷团是第七混成旅的主力团。旅长刘丹五因与中共搞地下工作的同志时有接触，思想比较进步，对旷继勋的革命活动比较支持。由于旷继勋曾经得到刘伯承的帮助，受到大革命的影响，因而在驻防彭县初期，便同刘丹五、黄孔乡等几个志同道合的旅团军官歃血为盟，决心把部队带成像叶挺独立团那样的"铁军"，为人民干一番事业。

1926年，当旷继勋他们知道黄埔军校有"中国青年军人联合会"的组织以后，当即决定派钟克戎前往广州联络，同时成立"中国青年军人联合会四川分会"。钟到广州加入了共产党。这年夏秋之交，党组织派曾留法勤工俭学的共产党员秦青川

(四川人）与钟一起回到彭县。秦来后即任第七混成旅政治部主任（以后秦离开部队，钟克戎接任该职。钟后在广汉起义时牺牲）。

经过党的培养教育，旷继勋觉悟不断提高，于1926年底，由秦青川、王文鼎介绍，光荣地加入了中国共产党。中共川西特委为加强在第七混成旅的工作，又陆续派去一些共产党员，同在该旅发展的党员一起组成了党的领导核心旅委会，团、营、连中的党组织也相继建立，各级政治指导员多由共产党员担任，部队政治工作大大加强。

在党组织的领导下，通过党员干部对部队进行了必要整顿。团、营、连各级成立经济委员会，实行经济公开，改进官长领导作风，改善官兵关系。旅政治部下设宣传队（即军事政治学校），培养部队中下级军政干部，又在崇宁县（今成都市郫都区唐昌镇）开办团练学校，为逐步掌握地方团练培养人才。部队宣传工作十分活跃，在崇宁、彭县驻地到处张贴"耕者有其田"的标语，宣传队还经常深入人民群众作革命的宣传。

1927年初，盘踞成都华西坝的帝国主义分子鉴于汉口、九江的外国租界被中国人民收回，也准备撤离四川，但提出要赔银200万两，激起了成都人民的强烈反对。旷继勋当时率部驻防成都凤凰山。他积极参加了接收华西坝的谈判，同二十八军政治部主任黄紫谷等两次前往交涉，对帝国主义分子进行了针锋相对的斗争。旷继勋理直气壮、大义凛然地指出，华西坝是中国的领土，外国人必须无条件离开。

旷继勋一贯十分重视部队的军事训练和军纪。第七混成旅曾一度调往川北，既无固定防区，粮饷又经常被江防军司令黄隐克扣，官兵军饷无法发出，军衣破烂，给养困难。但是，由于该旅有党的坚强领导，部队官兵革命目的比较明确，所以士气仍较旺盛，军事训练从未放松。旷继勋团坚持清晨跑步、爬山。部队上午跳远，练习爬树、爬城、投弹、刺杀；下午开展文娱活动，说评书，演新戏、打围鼓等。旷继勋除以身作则，参加士兵的严格训练外，还在夜间用双枪打香火，苦练射击技术。为了使皮肤变黑，便于到农村进行革命活动，旷继勋白天专门到河坝去晒太阳。旷继勋等对部队的军纪要求很严，不准随意侵犯百姓利益，即使是他的亲信勤务兵违反纪律，损害群众利益，他也依规处置。当时，第七混成旅即以军纪良好、战斗力强这两个特点区别于其他的军阀部队。

率部起义震动全川

1927年春，随着北伐战争的发展，国民党新右派蒋介石加紧了对共产党人和革命势力的猖狂进攻。"四一二"反革命政变前夕，四川反动军阀刘湘秘密勾结蒋介石，在重庆市制造了震惊全国的"三三一"惨案。4月11日，蒋介石指示各省一致实行"清党"。24日，国民党反动派在成都召开了所谓的"农工商学兵清党示威大会"，蒋介石的爪牙向育仁、黄季陆在会上发表反共演说，电赞蒋介石"彻底清党"，要求军阀刘文辉、邓锡侯明令逮捕刘愿庵等人"归案惩办"，否认武汉革命政府委任吴玉章、朱玉阶（即朱德）等组织四川省党部的命令。同月29日，向育仁致电省内各军、师、旅，声称"四川登记委员会成立，并在成、渝各设办事处"，反动气焰十分嚣张。

1928年，四川反动势力扑杀革命的活动步步加紧。2月16日，军阀邓锡侯、田颂尧、刘文辉的"三军成都联合办事处"制造了一次捕杀共产党员袁诗尧等13人的惨案，成都笼罩在一片白色恐怖之中。这时，旷继勋所在的第七混成旅的种种革命活动，引起了四川军阀的注意和不满，他们放出"第七混成旅是带红色的部队"的空气，阴谋予以整肃，以瓦解党所掌握的这支部队。

同年秋，四川军阀邓锡侯、田颂尧、杨森、赖心辉等组成的"四川同盟军"与军阀刘湘之间爆发了下川东之战。江防军总司令黄隐命令第七混成旅开往川东参与战争，意图借此削弱该旅。部队中党的旅委会和旷继勋分析了当时所面临的复杂形势，认为可乘此时机离开川西，逐步摆脱军阀邓锡侯和黄隐的直接控制，保存实力，再求发展。于是，经中共川西特委批准，第七混成旅遂进驻潼南县双江镇。这时，旷继勋已感到今后的斗争必然更加艰巨和复杂，所以，他离开成都以前，在各方面都做了充分的准备。他对妻子邓伯玉说："今后，你对外面就说我们已经离婚了，我走后可能改名换姓，不要听说我死了就哭。你要保重身体，带好孩子。"旷继勋给家里留下一笔生活费，就义无反顾地踏上了征程。从那时起，一直到成都解放，邓伯玉从未得到有关旷继勋的信息。

中共四川省委十分重视第七混成旅的工作。早在党中央"八七"会议以后,省委即遵照会议确定的土地革命和武装反抗国民党的总方针,积极进行武装暴动的组织准备,加强党在该旅的工作。在旷部驻防彭县、崇宁、潼南和广安期间,刘坚予(刘愿庵)、秋霞(程子健)、方策(刘披云)、李鸣珂等临时省委的负责同志,曾多次到部队视察和指导工作。1928年冬,中共四川临时省委和川西特委联合在潼南县双江镇第七混成旅驻地召开了四川主要地区党的负责人的重要会议。会上讨论了加强省委领导、决定省委由重庆迁到成都与川西特委合署办公等问题。旷继勋所部保证了这次会议的安全。

第七混成旅在双江镇驻防三个月后,东开合川,到江北配合"四川同盟军"作战。当时旅长刘丹五已回成都治病,旷继勋即任该旅指挥官。这年冬天,部队由江北转移到广安,正值杨森被刘湘打击,偏驻渠县,情形相当困难。旷继勋叫秘书给杨森去信,乘机促其向左转,信中说:"你同朱玉阶是老朋友,应该走老朋友的道路。"这个劝告虽未达到目的,却为旷继勋发动起义创造了一些有利条件,杨森对后来旷继勋所领导的红军,从未进行拦阻和袭击。

1929年初,曾在第七混成旅当过营政治指导员,后来叛党的刘幼甫从南京来到广安,妄图诱骗旷继勋率该旅直隶国民党中央政府,接受蒋介石给予的独立旅番号。旷继勋断然拒绝了刘的诱骗,并予以严词斥责,表现了一个共产党员坚定的革命立场。

不久,"四川同盟军"又在资中、内江一带发动了攻击军阀刘文辉的上川东之战。"同盟军"战败,第七混成旅乃从广安移驻遂宁县射洪嘴。其时,黄隐到达简阳,命令第七混成旅开回成都整编。旷继勋识破黄隐借整编部队打击革命力量的企图,便和全旅党员军官商定,拒不听令。黄又要旷亲自到简阳面谈,旷只派了一位指导员前往敷衍。黄回到成都十分恼恨,命令旅长刘丹五按照邓锡侯和他的旨意到遂宁就地整编部队。刘丹五明知第七混成旅党的组织和进步力量强大,无力整编,只好托词离开成都,交代由旷继勋代理旅长,之后就躲回老家江津去了。旷继勋拒绝邓、黄的整编命令,黄隐就完全停发了旷旅的粮饷,全旅官兵生活更加困难。同时,李家钰等军阀也积极活动,企图乘机吃掉旷旅,部队处境非常险恶。在部队党组织的领导下,旷继勋加紧了部队军事政治训练和起义的准备工作。同时,向中共四川省委报告情况,要求批准旷旅立即发动起义。

四川省委接到旷旅报告以后,先后派军委书记李鸣珂和罗世文到旷旅了解起义的准备情况。省委书记刘愿庵又亲临射洪嘴旷旅视察了半个多月,从上到下详细了解部队工作情况。刘愿庵和旅委旷继勋等同志多次开会,研究起义准备工作以及城市工作、农村工作如何与起义密切配合等问题。决定部队起义以后,争取在川陕鄂边区与李家俊领导的游击队会合,建立大巴山根据地。原来旅委领导之间对起义意见分歧很大,相互间争得面红耳赤,各不相让,经过刘愿庵一番语意感人、入情入理的分析,大家心服口服、心情舒畅,李伯平拍手叫好,旷继勋朗朗大笑。大家统一了思想,加强了团结,加紧了起义的准备工作。

4月中旬，旅委派文莱之到重庆向省委详细汇报起义的准备工作。根据李鸣珂的意见，起草了旷旅暴动计划书。计划经李鸣珂修改后，报省委讨论批准予以实施。接着，省委指派罗世文和邹进贤等到射洪嘴，加强对起义工作的领导。罗世文等到达旷旅，立即举行会议，传达和讨论了有关起义的计划、组织领导等问题，并成立了前敌委员会：前委书记邹进贤，旅党代表罗世文，前敌总指挥旷继勋，参谋长王金铭。起义后的行动计划是：部队向下川东进发，在梁山、达县农民协会的配合下，经开江与李家俊的游击队会合，建立城（口）、万（源）、宣（汉）、达（县）为中心的根据地。在此以前，旷继勋已派人加紧对遂宁、蓬溪等地敌情的侦察，绘制了作战地图。同时，从遂宁城请来成衣、刻字和印刷工人，集中在射洪嘴天主堂内，加紧缝制有镰刀、斧头的红旗，制作臂章、帽徽，刻制师、团、营、连以及"四川工农革命委员会"和各级党代表的印信，编制起义后全军花名册，印制各色标语和布告。布告的落款为"四川工农革命委员会"，委员会主席是吴玉章，委员有刘伯承、恽代英等一二十人，他们大都不在四川。这样宣传的目的在于迷惑敌人和扩大政治影响。

1929年6月29日，旷继勋指挥部队离开了已被李家钰、陈洪文部队严密监视的射洪嘴地区，向遂宁、蓬溪交界的大石桥聚集。部队到达大石桥后，立即召开全旅官兵大会，树起了"中国工农红军四川第一路总指挥部"的大旗，李伯平（新中国成立后任成都工商联秘书长）宣告了前敌委员会的组成，旷继勋同全体官兵报告了起义的目的和进军路线，进行了政治动员，使大家明确红军是工农的队伍，任务是为工农求解放。他说："弟兄们，想起我旷继勋赤膊大刀地拼杀了这么多年，想给老百姓办点好事，想为工农大众打江山。我们再不能为蒋介石和封建军阀卖命了！我愿意和大家一起，为工农的利益而革命，为工农解除痛苦而牺牲。从今天起，我们就是工农红军，就是工农的武装了！"一时间红旗招展，会场上一片欢腾，前敌委员会当即将全旅改编为两个师。

部队改编就绪，旷继勋立即指挥全军乘夜急进，攻取蓬溪城。蓬溪守敌李家钰部尹克诚骑兵团（两个营）见红军力量强大，势不可挡，一经接触，即仓皇弃城向象山逃窜。红军进城，惩办了反动官吏和土豪，销毁伪县署和征收局的全部文卷档册，释放在押的全部囚犯，成立了县苏维埃政府。刘汉秋任县苏维埃主席，并就地筹集了一批现款、粮食和布匹。宣传队沿街宣传群众，遍贴"工农朋友组织起来暴动""推翻国民党政府""红军是为民众的真正武力""抗租、抗粮、抗税""杀尽贪官污吏""杀尽土豪劣绅""建立苏维埃政府"等标语。劳苦群众欢天喜地，迎接起义军。

李家钰闻报蓬溪失陷，从遂宁急调两个团前来争夺。按照起义行动计划，旷继勋率红军于次日离开蓬溪向西充转移，进驻西充、南部交界之古楼场。在古楼，前敌委员会举行了临时军事会议，决定转移到南坝场，然后分两路绕道南部县城，到达新政坝。新政是南部的一个分县，县长作恶多端，民愤极大。红军解放新政后，成立了县苏维埃政府，何庸任县苏维埃主席。苏维埃政府召集群众大会，烧毁县署一切案卷，没收团总的家财，把粮食、衣物分给穷苦农民。同时，红军接受群众意见，在南部流马场公审和枪毙了新政分县的县长，群众无不拍手称快。红军在新政休息两天后，即向营山、梁平进发。

　　红军时刻铭记为劳动人民求解放的使命，所到之处对人民群众秋毫无犯，深得广大人民的欢迎。据《蓬溪近志》记载，旷继勋的起义部队"纪律颇严，公家（按，指反动政府）虽饱受损失，尚无一兵敢入民房携取财物者"。成渝一些报纸也说，起义部队"军纪严肃"，"沿途不骚扰贫民"，"沿途宣传庇力，多受人民欢迎"，因而"沿途依附日众。考察这些依附的人，却又大都是由于佃农破产，断绝生路的农民"。过渠县时，红军人枪已"五千有余"了。在渠县，红军对军阀官僚、土豪劣绅的财产"尽量抄没，以一半散于贫民，一半发给士兵"，人民对之非常欢迎。后来，红军作战失利，到达县境内时，后勤供应十分困难，已没有东西可以充饥了。在此艰难困苦的场合，部队仍严守军纪，战士们掰老乡地里的苞谷来吃，掰一个苞谷，就在苞谷枝丫上卡一个铜圆，使群众利益不受损失。从新镇到梁山，红军过处，农民云集，慰问欢迎红军。起义失败，有人在路边设站致送路费，有的冒着生命危险掩藏护送掉队战士，军民关系真如鱼水之情。

　　在红军转战至营山、渠县以后，军阀和一些地方团防均派出部队前后袭扰。为了迷惑敌人、摆脱纠缠，前委决定由梅子乾任游击司令，率两营部队在敌人之间穿插游击，掩护主力东进。在游击队的掩护下，红军主力很快渡过渠河，在大竹县安吉场休息两日后，进军达县南獭场。在南獭场时，当地农民协会会员大量参军，充当向导。前委接受农民协会的建议，部队进入梁山县境，直向猫儿寨前进。

猫儿寨地势险要、易守难攻，寨内土地广阔、出产丰富、有水源，所储的粮食、钱财也不少。寨内有党的地下组织，旷继勋曾和寨内党组织取得联系，约定红军攻寨，寨内开门响应。红军从蓬溪出发10多天来，一路上急行军，在军阀防地之间穿插战斗，没有休整，人困马乏，粮食和武器弹药消耗很大。7月30日，旷继勋率红军到达猫儿寨准备进寨稍事休整，补充给养。不料红军攻打猫儿寨时，寨内的地下党员临时发生动摇，寨门紧闭，刘湘部许尧卿旅又会同团防扼守，红军两次硬攻未下，旷继勋手提双枪率敢死队强攻，仍未奏效。战斗异常激烈，红军伤亡很大。同时，长江一线亦被刘湘所部截断，前往湘鄂西已不可能，前委遂决定撤退，向开江东进，以便与王维舟、李家俊的游击队靠拢。其时，敌人被旷继勋起义震动，大小军阀极为惊恐。达县的刘存厚、涪陵的郭汝栋，纷纷派兵防堵。二十一军刘湘则派出王陵基所属范绍增、张邦本、许尧卿等部从梁山、大竹等地围攻红军。二十九军田颂尧也派罗伯常、曾南夫从北向南形成包围态势。由于红军长途行军、精力疲惫、敌我众寡悬殊，只好从猫儿寨撤退。撤退中一、二两师被敌人隔断，又与前委失去联络，大部进到开江县马鞍山夹槽时，被敌人包围击溃，余部从唐家槽到达县万家坝，被刘存厚收编，梅子乾领导的游击队因与大队脱离，亦被罗泽洲收编。起义失败后，旷继勋和多数重要党员干部，被迫离开四川，少数中下级党员干部，只好分散隐蔽，到一些军阀部队中继续做兵运工作。

旷继勋领导的这次起义,得到四川人民的热烈响应和紧密配合。自流井、荣县、威远、涪陵、丰都、石柱等地革命浪潮蓬勃高涨。巴县革命力量发出快电,抨击反动政府,响应旷军,各场镇都张贴"工农朋友组织起来暴动""杀尽土豪劣绅""四川红军是为民众的真正武力""拥护我们的武力四川红军""打倒一切反动军阀"等标语,闹得反动政府心惊肉跳,不得安宁。忠县有千余农民武装打出红旗,喊出"打倒军阀土豪""解放被压迫民众"等口号,与旷继勋率领的红军遥相呼应。但是,由于红军前敌委员会的领导不够坚强和统一,攻猫儿寨失利时,前委成员随即失散;战略目标不够明确,未能深入发动群众建立根据地,有依托地向前发展,而是忙于不停顿地向东急进;党的组织工作薄弱,响影了党的基层组织和党的核心骨干作用的发挥;再加以敌人力量强大和红军军事指挥的某些失误,因而当红军在猫儿寨受到挫折时即出现群龙无首的局面,余部又不能聚集而完全失去战斗力,以致终于失败。后来,旷继勋在上海曾沉痛地对黄孔乡说:"起义失败,教训很深哪!"1929年10月刘愿庵在成都召开的一次党的会议说:"最主要的教训是起义后没有在群众中生根,拖起到处跑,成了没水的鱼。"起义虽然失败了,但它在白色恐怖笼罩的四川,点燃了一把熊熊的革命烈火,打击了国民党军阀和地主阶级的反动统治,鼓舞了人民的革命斗志,在四川革命的历史上写了光辉的一页。"中国工农红军四川第一路"这面革命旗帜,一直在四川人民的心中飘扬。

同贺龙会师　转战洪湖苏区

1929年秋,旷继勋由中共四川省委介绍到达上海,由党中央分配工作。在此之前,党的中央机关在上海常遭叛徒、特务和青帮歹徒的破坏。为了排除威胁,中央军委成立了特工科,由周恩来直接领导。任务是打击对党危害最大的叛徒和敌特分子。旷继勋胆大心细,勇敢机智,双枪百发百中,其外表又像个文人,便于隐蔽,中央乃决定他暂时参加特工科的工作。

旷继勋在特工科,积极参加了惩办上海市公安局白鑫和青帮头子黄金荣的行动,在保卫党的中央机关方面做出了应有的贡献。1929年冬,为了发展洪湖苏区的革命形势,党中央派旷继勋到湖北省江陵、当阳等地进行兵运工作。旷继勋打入敌军后,经过艰苦的努力,很快就组织了三连白军士兵起义,进入洪湖地区参加了红军。

在党的领导下,洪湖地区游击队的活动有了很大的发展。1930年春节,监(利)河(阳)、江(潜江)石(育)两支游击队在监利西北汪家桥会师,组成红六军,任命孙德清为军长,周逸群为政治委员。1930年春,军长孙德清因病到上海治疗,党中央乃派旷继勋到洪湖任红六军军长。2月,中央派人分别给贺龙指挥的红四军和红六军下达指示,两军到洪湖地区合编为红二军团。6月,旷继勋为执行迎接红四军的计划,率红六军渡江南下,突袭华容县城,不到两小时即全歼守城民团。攻克华容以后,旷继勋又指挥红六军接连解放了石首、南县、安乡、津市、石门等县城,在荆江南北开辟了大片根据地,部队发展到四五千人。当得知贺龙已率红四军从鹤峰经长阳东下,即将到达五滋、公安一带时,旷继勋即回师向西接应,一举攻下公安县城。

7月4日,红六军和红四军在公安县城胜利会师了。那天下午,旷继勋、段德昌等红六军领导同志亲自到公安城西迎接红四军的贺龙、贺炳炎等同志入城。第二天,两军全体指战员在公安召开了红二军团成立大会。会上宣布贺龙任红二军团军团长兼红二军(红四军改)军长,周逸群任军团政治委员,旷继勋继任红六军军长。红六军政治委员是中央派去与湘鄂西特委联系的代表柳克明(柳直荀),副军长是段德昌。同时组成了以周逸群为书记的党的前敌委员会,领导整个军团的工作。根据前委的决定,军团主力迅速扫除了龙湾、熊口之敌,解放了潜江县城。旷继勋指挥红六军由沙市附近的陡湖堤渡江东上,接连解放了岳口、仙桃、天门、皂市、应城、京山、安陆等城镇。红二军团的节节胜利,把洪湖、湘鄂边、(秭)归巴(东)兴(山)鄂北和鄂西北等根据地连成了一片。

这年11月初,旷继勋奉调回上海党中央军委工作。

指挥红四军 战功卓著

1930年11月下旬,旷继勋受党中央派遣,前往鄂豫皖革命根据地,准备担任红四军军长。同行的还有余笃山,准备担任红四军政治委员。12月初,旷继勋和余笃山到达苏区,与鄂豫皖边临时特委书记曾中生和红十五军会合。

1931年1月中旬,红十五军和红一军在商南长竹园胜利会师,按照党中央的指示合编为中国工农红军第四军。旷继勋任军长,政治委员余笃山,参谋长徐向前,政治部主任曹大骏。全军12500余人,由鄂豫皖特委直接领导。

红四军组建以后,旷继勋坚决贯彻执行特委"有阵地地向敌人进攻,在巩固的基础上发展根据地"的方针,和红四军其他领导同志一起,寻找根据地周围敌人的弱点,调动和歼灭敌人。1931年1月26日,旷继勋指挥红军包围麻城北面磨角楼守敌十三师的4个连,敌十三师副师长朱怀庆率四团兵力从麻城来援。经3天战斗,红军攻克了磨角楼,敌人被歼500余人,缴枪千余支。这次战斗,在实施"围城打援"的战术方面,取得了初步的经验。

接着,旷继勋又指挥红四军十师等主力部队,进行了攻打新集(今河南新县)的战斗。新集是敌人的坚固堡垒,它是鄂豫边和皖西革命根据地之间的一个重要据点,拔掉这个据点,鄂豫皖革命根据地就可以连成一片了。但新集围寨坚固,易守难攻,以前红军曾两次攻打,都未拿下来。这次围攻,指战员决心很大,都表示:再攻不破,誓不罢休!攻城开始,四门迫击炮一齐怒吼,炮弹阵阵落在城内,但命中很少。炮轰不行,红军强行爬城,伤亡很大,也没有奏效。干部战士十分焦急,人人盼望新来的旷军长拿出有效的战斗方案。旷继勋视察了新集的地形,进行了调查研究后又运用他在四川的战斗经验,制定了开挖地道、炸药炸开城墙的方案。命令下达后,指战员情绪高昂,立即开始坑道作业。红军在附近群众的大力支持下,从离北城脚五六十尺的一个山沟旁边挖进去,经过半月的日夜奋战,把地道一直挖到北城底下。用棺材装填黑色炸药300多斤,再把迫击炮弹、废铁、秤砣等混合在里面,把棺材埋到城墙下面。

1931年2月10日黄昏,一声惊天动地的巨响,坚固的新集老墙,终于被炸开两丈多长的缺口,攻城部队冒着硝烟立即攻入城内。经过三个多小时的肉搏巷战,将敌人全部歼灭。这是鄂豫皖红军首次采用坑道作业爆破,攻占敌人坚固据点的重大胜利。卡子被拔除了,鄂豫皖根据地连成了一片。新集,从此成了根据地的政治中心。

2月中旬,红四军召开党代表大会,传达贯彻2月初召开的鄂豫皖临时特委扩大会议精神。会后,旷继勋指挥红四军主力,采用"飘忽战略"向京汉铁路沿线的敌人发动了新的进攻。3月1日夜袭李家寨车站,次日凌晨突袭自信阳南开出的一列兵车,全歼车上敌军,敌旅长侯振华当场被击毙,缴获大量军火。5日,又袭占了柳林车站。

红军在京汉线上的胜利,使敌人十分恐慌,急忙从南北两翼调动军队,向红军活动地区推进。驻花园、小河溪一带的敌三十四师也向红军反扑,3月8日进抵双桥镇地区。红四军在五十里外的大新店、三里城得到此消息,立即决定乘敌立足未稳之机,集中主力向双桥镇突袭。8日,旷继勋即率领部队向双桥急进,10日拂晓向敌人发起进攻。敌三十四师师长岳维峻指挥敌军在飞机大炮掩护下拼命反扑,战斗极为激烈。旷继勋命令预备队以迅速勇猛的动作,通过溪水沿岸敌人防守薄弱的开阔地,一举突进双桥镇，插入敌人指挥中心，使敌人军心动摇，全线溃乱。红军和赤卫队将敌人团团围住，纵横穿插，捕捉俘虏。人民群众纷纷涌来助战，红旗飘舞，遍布各个山头。敌师长率溃兵南逃，被追歼于溳水两岸。这次战斗前后仅7小时，红军即将敌三十师全部歼灭，俘敌师长岳维峻以下官兵5000余人，缴获长短枪6000余支，迫击炮、山炮14门。这是鄂豫皖军民在粉碎敌人第一次"围剿"后所取得的一次空前大捷。

红四军首次歼敌一个整师的巨大胜利，鼓舞了军心民心，发展了大好形势，扩大了红色根据地鄂豫皖苏区，向南恢复到黄安、麻城以南，北面发展到光山、罗山城郊，东部恢复了六安、霍山、英山，向北扩大到霍邱、固始南部，根据地人口达到20余万，红军也壮大到了1.5万人。

双桥镇大捷之后，根据地内一片欢腾，到处都掀起了劳军、参军的热潮。鄂豫院特委于3月下旬，将活动于皖西的教导第二师改编为红四军第十二师，军委警卫团和光山、罗山、黄安三县独立团改编为警卫师。也在这时，敌人对鄂豫皖根据地第二次"围剿"开始发动了，蒋介石妄想在5月底"完全肃清"红四军。为了打破"围剿"，旷继勋和军部其他负责同志灵活机动地指挥红四军主力，东西往返，寻敌弱点，给予致命打击。4月上旬，红军出商南向皖西开进，25日全歼独山守敌，消灭府埠援兵一部，毙伤俘敌2000余人。5月9日，旷继勋又回师西进，在新集北面的浒湾突袭敌五十八师4个团，毙伤俘敌近千。5月下旬，为进一步打破敌人"围剿"，保卫麦收，红四军又回师向南，桃花据点守敌大部被歼，从黄安来援之敌一个旅被歼一个多营。在特委领导下,全区军民经过近两个月的战斗,敌人发动的第二次"围剿"被完全粉碎,根据地形势一片大好。

组建红二十五军　配合主力打破第三次"围剿"

旷继勋到达鄂豫皖苏区以后,就在特委的领导下,大力协助曾中生开展各方面的工作,对苏区在曾中生领导下所取得的巨大成绩十分高兴。他在1931年4月15日给党中央的报告中,充分肯定了根据地党委和红军的革命功绩,并高兴地说:"……中生同志在此,实际工作的确更有大踏步的进展。"

1931年初,六届四中全会后的党中央,为了贯彻王明"左"倾机会主义路线,把张国焘等人派到了鄂豫皖根据地。5月1日,张国焘宣布撤销中共鄂豫皖边特委,成立中共中央鄂豫皖分局和新的革命军事委员会,张国焘任分局书记兼军委主席,曾中生、旷继勋为副主席。红四军领导成员也有改变,旷继勋仍为军长,曾中生为政治委员,陈定侯为政治部主任。同时,张国焘无视根据地的大好形势和红军的巨大功绩,对军政负责同志百般挑剔,无理否定根据地工作成绩,指责红军在立三路线时期遭到了完全的失败,强令各地重新平分土地和执行各项极左政策,曾中生、旷继勋对此十分不满。6月28日,分局召开第一次扩大会议。会上,张国焘再次全盘否定鄂豫皖苏区过去的工作成绩,以"反右倾机会主义""反立三路线残余"为名,打击迫害坚持正确意见的曾中生、陈定侯等同志。不久，能征善战的旷继勋军长也被免职，调任十三师师长。旷继勋以大局为重，不计较地位高低、个人得失。当徐向前军长指挥的四军主力在英山一带作战，取得巨大胜利的同时，旷继勋在根据地内指挥红十三师进行了一系列战斗，击退了敌人对苏区的进犯，拔除了光山西南的打银尖、大山寨等十余座反动的地主堡垒，有力地保卫和巩固了苏区。

不久，旷继勋又奉命到皖西活动，组建红二十五军。由于旷继勋忘我地工作，发动和依靠群众，组建工作极为迅速。1931年10月，红二十五军在麻埠宣告成立，旷继勋任军长，兼独立师师长，王平章任军政治委员。11月7日，旷继勋奉命率红二十五军到达黄安七里坪与红四军会合，按照党中央的指示成立了中国工农红军第四方面军。徐向前任总指挥，陈昌浩为政治委员，刘士奇为政治部主任。旷继勋担任红二十五军军长。

红四方面军建立以后，在总部的统一指挥下，旷继勋率红二十五军回皖西活动。1932年1月和3月，他奉命率七十三师参加了商南战役和苏家埠战役，为彻底粉碎蒋介石发动的第三次"围剿"，进一步扩大革命根据地做出了应有的贡献。

反对错误路线　为革命献身

苏家埠大捷之后，红四方面军主力回师豫南，旷继勋指挥七十四、七十五师继续在皖西坚持斗争，于5月初解放了霍邱县城。鄂豫皖苏区第三次反"围剿"的巨大胜利，使蒋介石十分恐慌。1932年7月，蒋介石亲任"鄂豫皖三省剿匪总司令"，下分左、中、右三路军，中路军司令长官由蒋兼任，动用兵力26个师另5个旅约30余万人。根据地的形势十分严重。然而，张国焘却被第三次反"围剿"的胜利冲昏了头脑，鼓吹"偏师说"的谬论。他不让红军休整，积极准备粉碎即将到来的新的"围剿"。

7月7日，敌右路军第一纵队指挥官徐庭瑶，率领所部从正阳关南下围攻霍邱县城。霍邱东临城东湖，西临城西湖，北去不远即是淮河，只有南路可以进山，敌人大兵压境，岂能去争一城一地之得失！如果敌人卡住南路，我军前途不堪设想。可是，张国焘却高喊"保卫苏区""不让敌人占领一寸土地"，强令旷继勋率领教导团（只有4个连）坚守县城，旷继勋一面派专人进山向张国焘请示，同时把老弱人员精简送到根据地，加强防御工事和兵力。从7日战斗打响，他就指挥红军和地方部队顶着敌人飞机大炮的强烈轰击，与敌人血战五昼夜，指战员伤亡惨重。最后，终因众寡悬殊，北城被敌人突破，旷继勋期望的援兵也被敌人隔断难于救援。敌人似潮水一样从三面涌进城内，众多红军、赤卫队员死于敌手。旷继勋抱着与霍邱共存亡的决心，冒着枪林弹雨，继续指挥反击。干部战士们心急火燎，只好强抬着军长向西门突围，县城陷落。以后，张国焘竟给旷继勋加上战败失利的罪名，撤了他红二十五军军长的职务。此后，旷继勋即随红二十五军和皖西地方武装，在南起英山、北到麻埠的广阔地区内，与各路进犯之敌战斗。9月底，红四方面军主力再次到达皖西金家寨与红二十五军会合，旷继勋即随总部一起行动。后来，红十二师师长陈庚负伤，旷被任命为红十二师师长。1932年10月红四方面军在强敌的"围剿"

下被迫撤离鄂豫皖根据地。在西征途中，旷继勋调任红十师代理师长，不久，又调至红四方面军总部工作。

西征以来，红四方面军广大指战员在与敌人的围追堵截进行艰苦战斗的过程中，还对张国焘的错误领导和军阀主义作风进行了抵制和斗争。1932年12月9日，当部队到达陕南城固县小河口时，旷继勋和原任鄂豫皖特委书记曾中生、原任红四军政委余笃山等同志，计议派人到党中央揭发张国焘的错误，要求中央迅速采取措施加以纠正。后因派人去中央有困难，便改为推举曾中生向张国焘书面陈述大家对过去领导上存在的问题和当前行动方针的意见。张国焘得知这一情况后，为了缓和大家的不满情绪，便于次日在小河口召开师以上干部会议。会上，曾中生、旷继勋、余笃山、刘杞、王振华等对张国焘的错误进行了尖锐的批评，强烈要求停止西进，迅速入川建立革命根据地。张国焘口头上表示欢迎大家的意见，并决定红军入川，但暗中却怀恨在心，伺机对这些同志进行报复打击。

1932年12月下旬，红四方面军进入川北，解放了通江县城，成立了川陕省临时革命委员会。因旷继勋在四川很有影响，对情况又熟悉，被任为临时革命委员会主席。当时，四川军阀混战正在激烈进行，旷继勋主张利用军阀之间的矛盾，与一些军阀搞统一战线，以分化瓦解、击破主要之敌，使红军在通、南、巴立足，建立和发展革命根据地。旷继勋的这些正确意见，与张国焘到处树敌的孤家寡人政策针锋相对。张乘此机会对旷继勋进行残酷打击，先是将旷由川陕省临时革命委员会主席降为通江县军事指挥长。接着，1933年6月，在"肃反"

旷继勋纪念馆

中将旷继勋诬蔑为"改组派",并派人用绳子秘密将其勒死于通江县洪口场。旷继勋死时年仅38岁。

  旷继勋是中国共产党的优秀党员,坚强的无产阶级革命战士。在第二次国内革命战争时期,他抛妻别女、一心一意干革命,能上能下、毫不计较个人得失,坚决服从组织分配。作战中他身先士卒、出生入死,指挥红军同敌人浴血奋战。他把毕生的精力完全献给了中国人民的解放事业。1937年2月,党中央在延安召开了清算张国焘错误的大会,清算了张国焘的罪恶行径。毛泽东在会上说:"旷继勋是好同志,被张国焘错误迫害,应作烈士待遇。"旷继勋被张国焘迫害的冤案终得昭雪,并被追认为烈士。千秋功罪,应由人民评说,旷继勋高尚的革命精神和英雄业绩,将永远铭记在中国人民的心中。

赵一曼

◎杨自田

赵一曼

赵一曼（1905—1936），原名李坤泰，字淑宁，乳名端女儿。在报刊上发表文章时化名李一超。赵一曼是她参加东北"抗联"时的化名。

1905年10月25日，赵一曼出身在四川宜宾县徐家乡（今黎明乡）伯阳嘴的一个地主家庭。父亲李鸿绪是个有识之士，曾花钱捐了个"监生"。他自学中医，免费为乡邻看病，深得乡邻信赖。母亲蓝明福，操持家务，生了6个女儿和2个儿子，赵一曼排行第七。在一曼的五个姐姐和一兄一弟中，尤以二姐李坤杰与她志趣相投。

革命启蒙,光荣入团

赵一曼的大姐夫郑佑之,给赵一曼当了半年家庭教师,经常给她讲各种道理。1919年五四运动的爆发,1921年中国共产党的成立,使郑佑之很快接受了共产主义思想,成为四川早期的革命者,中共宜宾地方组织的创建人,第一任宜宾特支书记。在郑佑之的影响下,赵一曼很早就接触了《向导》《中国青年》《妇女周刊》《觉悟》《前锋》等进步刊物。这些书刊,使她逐渐认识了这个世界和灾难深重的中国,为她日后的革命斗争打下了坚实的思想基础。她敬仰大姐夫郑佑之的人品和渊博的知识,决心像他那样去抗争、去生活。

郑佑之除了亲自给赵一曼订阅书刊,还把自己学习的书籍《中国共产党宣言》《女子参政之研究》等一些革命理论书托人或邮寄给一曼阅读。因不能常与一曼见面,便用信函指导。在三年多的时间里写了上百封信,谈学习体会,谈思想认识,谈革命形势及如何对待人生。

赵一曼虽被哥哥严格地管束着,但她的思想却已飞越到另一个世界里,在知识的海洋中遨游。郑佑之经常收到赵一曼寄给他批阅的心得体会和文章。他捧着一篇篇流畅激越的文字十分激动。他在给一曼的一封信中写道:"我看见你激烈的性情,过人的聪慧和近来压迫的痛苦,我已觉得你是一个改造社会的得力人了……"1923年秋,郑佑之在成都与何珌辉用通信方式介绍赵一曼加入了社会主义青年团(SY)。赵一曼迈出了革命的第一步。

奋起抗争

赵一曼在家自学受到哥嫂的限制，就想外出到宜宾城里读书，但她的要求遭到哥嫂的强烈反对和训斥。她痛苦，她愤怒。她拿起了笔，决定把受哥哥封建思想压迫的情形公布于社会。3000多字的文章写好后，她寄给了大姐夫郑佑之。郑佑之看后激动不已，立即寄往上海和天津。1924年8月6日和18日，上海向警予主编的《妇女周刊》和天津以邓颖超为首主编的《女星》以《被兄嫂剥夺了求学权利的我》为题，先后登出，同时刊出多篇声援文章。

文章的发表，使兄嫂更加愤怒。但赵一曼并没有怯懦，更加认识到自己的力量与价值。她的眼界在不断扩大，认识到自己的生命与全体妇女的命运和中国的命运紧紧相连。她经常偷着走出家门，到一些农家串门，帮他们摘菜、照看孩子、烧火做饭、谈家务，对妇女的各种遭遇也有了更深的了解和同情。

1925年初，赵一曼学习完郑佑之寄给她的有关召开国民会议的材料，感慨万千，即刻写成了《青年女子与国民会议》的文章寄到上海。《妇女周报》于4月19日登出。文章写道："……社交公开，男女平等的呼声，早已灌注于一般人的耳鼓，但至今犹未见诸实行，并且还有大多数的女子——尤其是青年女子，深深感受无穷的悲哀，无穷的痛苦（我也是其中之一）。……（一）废除一切束缚我们女子的东西，尤其是压死青年女子的旧礼教。（二）社交公开，女子有通信的自由，蓄发、剪发、择业、结婚离婚,种种绝对的自由。(三)……(四)男女身份平等……须有执政权,不单是参政……(五)普及女子教育,特别要注重青年女子。……(六)有志求学而力不足的青年女子,国家或地方,均当供给以入学的费用。(七)禁止蓄童养媳,禁止纳妾……(八)……(九)女工与男工作同样的工当得同样的报酬……(十)女工月经期内,厂主当加以优待……(十一)女子妊娠期内,不得做工……(十二)废除娼妓制度,禁止穿耳、缠足的恶习惯……(十三)……"

接着,在郑佑之的启发诱导下,赵一曼积极在妇女中开展宣传工作,建立妇女群众团体。她约二姐李坤杰成立了"白花场妇女解放同盟会""义务女子学校",积极为妇女办事。正当赵一曼干得热火朝天的时候,李家族人向她发起了围攻。哥哥决定马上把一曼嫁出去。赵一曼多次向哥哥提出,她决不嫁人,要到城里去读书,但都遭到哥哥的痛斥和拒绝。赵一曼只得找二姐商量,决定私自逃走。当她找母亲诉说时,母亲哭了。她疼爱自己的幺女,但却无力挽留住女儿。赵一曼也同样舍不得离开母亲,一直到过了1926年春节,才不得不向母亲告别。

在郑佑之的事先安排下,赵一曼住进了郑家院子。这里是宜宾党、团组织集会和学习的地方。赵一曼的到来,使郑家几个小女子特别高兴,加上年岁相近,又都是共青团员,大家都喜欢她。赵一曼要报考女子中学插班生,郑家几姊妹便日夜帮她复习功课。她聪慧敏捷,又十分用功,没费多少劲就顺利地考进了女子中学。

新的生活,给一曼带来了新的希望,她充满信心。

赵一曼没有上过正规学校,只读过几年"私塾"。数学、英语比别的同学要差些,又加上她是乡下来的姑娘,好些同学就歧视她,背后讥讽她。但她不在乎,只是暗暗下功夫赶上去。碰上难解的题,晚上宁可不睡觉,也定要彻底弄通不可,早上起来就读英语。她衣兜里放了个小本子,有空就掏出来念。最终,赵一曼以自己的优异成绩,改变了自己在同学们眼里的形象。

由团转党,努力工作

老师的表扬,使那些瞧不起赵一曼的同学改变了看法,班里的团结气氛加强了。赵一曼主动去接近那些瞧不起她的同学,有空就和她们聊天,讲白花场妇女解放同盟会的斗争故事,还借给他们一些进步书刊阅读。同学之间发生摩擦,赵一曼从中调解。对有严重缺点的同学,她就当面委婉地帮助。由于她性情爽朗,待人诚恳热情,同学们遇到困难都愿意找她谈心,求她帮助。她和同学的关系日渐亲密,大家越来越信任她。学校成立共青团支部,她被选为支部委员;学生会成立大会上,她被选为学生会常委兼交际股长;还代表女中学生会出席叙府学联,担任学联常委,分管宣传工作。

1926年春天,赵一曼加入了中国共产党。

6月的一天,大雨滂沱。"五卅"惨案叙府外交后援会得到消息,"川北号"轮船载着亚细亚美孚煤油,顺长江而上正向宜宾码头开来;后援会立即通知学联,决定通过学生掀起抵制"仇货"的爱国运动,不准"川北号"靠岸。赵一曼当即和女中的同学们,向大南门外王爷庙码头奔去。雨越下越大,连伞也顶不住,她们全身都湿透了。"打倒帝国主义!""反对经济侵略!"的口号声和风雨声交织在一起。赵一曼和女生们到达码头时,男中的同学也已到达。霎时码头挤满了2000多名学生。当"川北号"轮靠近码头时,学生们拣起石块,向船上砸去,势如暴雨。接着,赵一曼和一些男女同学冲上船去,把上百桶洋油推入江中。顿时五颜六色的浮油似彩虹般漂浮在江面上。慑于同学们的威力,仇轮吓得赶紧解缆起锚欲逃。突然,枪声划过长空,原来"黑煞神"杨仲才奉川南王刘文彩和驻军司令辜勉之的命令,带了一营城防士兵手持明晃晃的刀枪向码头冲来,学生队伍顿时一片混乱。

杨仲才一边向天上放枪,一边吼道:"马上都给我滚,不滚老子就叫他脑壳开花!"

赵一曼迎面冲上去,怒视道:"开枪吧!你们杀吧,你难道不是中国人吗?为啥子不把枪口对准帝国主义,对准军阀……"学生们立即围了上去,紧握拳头,怒瞪双眼,高声喊叫。杨仲才见情况不妙,带着士兵撤离了码头。

回到学校,赵一曼这才感到四肢无力、浑身发烧。她病了。这时传来不好的消息,城防司令辜勉之扣留了外交后援会派去谈判的3名代表,抓走了在江边监视"川北号"行踪的十几名学生,同时还冲散了街头宣传的女学生。根据党团组织的决定,下一步的行动是坚持斗争、营救被捕代表和学生。赵一曼强撑病体率女中宣传队上街讲演、喊口号、贴标语、散传单。此时,全城沸腾起来了,罢工、罢课、罢市,游行示威,加上各地纷纷来电声援,反动势力终于妥协了:所有煤油7折拍卖,3天卖完,保证不再贩运"仇货",并迫于压力释放了谈判代表和扣留的学生。

考入"黄埔",雾海辨向

反"仇货"斗争虽然取得了胜利,但赵一曼、郑蜀雄等13名学生被学校牌告退学。党团组织决定,由赵一曼领导组织退学团,以示抗议。霎时三个班的绝大部分同学跟随赵一曼涌出女子中学,住进了西门外的禹王宫。在几个党员老师帮助下,生活、学习安排得井然有序。他们每天轮流上街宣传讲演,得到各学校和进步团体的声援。后来在党组织的帮助下,另办了所学校,命名为中山学校,招收了退学团的全体学生及男中被开除的代表和进步学生。

1926年为适应国民革命的发展与需要,广东黄埔陆军军官学校在武汉设立分校,面向全国招生。这时,宜宾党组织接到黄埔武汉分校招生的通知。赵一曼听到消息后决定报名应试,开始大姐夫郑佑之不大同意,认为出门太远,身体又不好,怕军训吃不消,但赵一曼坚持要去,最后党组织决定推荐她去。

到重庆后,经军校初试,赵一曼被录取。1926年12月赵一曼与被录取的300名男女生登上了开往武汉的"其春号"客轮。到了武汉，经过复试，赵一曼和全国200多名被录取的女生编成了政治女生队。赵一曼编入一区队。12月25日这天，她和女生们一起脱掉了旗袍和短袄，换上了军装，剪成了平头，一个个变成了英俊的假小子。赵一曼高兴得不知说什么是好，和游曦、陈德芸等同学到黄鹤楼照相馆照了一张纪念照。从此，完全正规化的军事生活开始了。

  1927年，"四一二"反革命政变后，原驻湖北西部的十四师师长夏斗寅在蒋介石策动下，勾结四川军阀杨森从宜昌向武汉进攻，打到了纸坊，形势危急。军校决定女生队和男生队一起编为中央独立师，由叶挺率领"西征"。女生队一部分编为救护队，一部分编为宣传队。此时，赵一曼正在住院治病。当她听到这个消息，立刻从医院偷跑回学校。在她的再三要求下，队长才同意编她进战地宣传队。她高兴极了，和同学们一起，全副武装踏上了奔赴战场的征途。经过两天的急行军，傍晚到了咸宁待命。一天，赵一曼、陈德芸、游曦等女兵奉命逮捕一个土豪。她们赶到土豪的大院，土豪已没了踪影。她们立即发动群众四处搜寻，终于发现土豪。狡猾的土豪企图夺路而逃，赵一曼和游曦开枪警告，土豪为了活命，扑通一声，趴在地上连声告饶。赵一曼和几个女兵将土豪送交农会。接着，又把土豪平时从穷人们那里剥削的东西分给了众乡亲。

  "西征"的学生队回到武汉，形势已发生了急剧变化。首先是湖南的许克祥叛变，接着是汪精卫公开叛变。学校顿时混乱起来。国共两党的学生开始了公开对抗、谩骂，甚至械斗。不少原拥护蒋介石的学生，要去南京投奔蒋介石。地方上的反革命也出面拉拢学生。面对混乱局面，学校党组织及时召开会议，组织党团员疏散。同乡和家人都劝赵一曼回老家。她却毅然坚持要战斗下去，她对同乡段福根说："不，我决不回头，我要战斗下去，我不相信革命就这样完了，共产党就这样失败了。……我要在原来的路上继续奋斗下去。"

赵一曼把段福根送上了返川的轮船，又回到纷乱的学校，被编入"东征讨蒋"的教导团，连夜向江西九江进发。行军途中她突然病倒了，不得不脱下军装，换上便衣，暂时隐蔽到一个老乡家里。

8月1日，党领导的南昌起义战斗打得十分激烈。这时的赵一曼正化装成一个逃难的农妇，乘船去白色恐怖的中心——上海。

革命伴侣

赵一曼在上海一个四川同乡家里当了一段时间的佣人和家庭教师。这时，党组织决定派她去苏联学习。1927年9月的一天凌晨3点，她和四十几个青年人登上了一艘苏联商船。上船后，每10人编为一个小组。赵一曼的小组长叫陈达邦，湖南人，共产党员，与赵一曼同是武汉军校6期学生。他对人十分热情、诚恳。赵一曼是第一次乘坐海轮。由于船在海浪中激烈颠簸，使她不时地呕吐。陈达邦总是精心地照顾她，为她端茶送饭。在共同的战斗生活里，他们都心照不宣地爱上了对方。

赵一曼和陈达邦共同进入了莫斯科中山大学学习。1928年

4月,她和陈达邦结婚了。同学们为他们的幸福结合表示祝贺。

由于临近暑期考试,功课复习过于劳累,赵一曼的肺病又复发了,吐了不少血。陈达邦替她请假休息,她不让,要坚持考试完。

暑假中,学校送她到克里米亚海滨疗养院疗养。这里临黑海,环境优美,身体很快有了好转。开学前她又回到莫斯科。然而不久,她怀孕了。这对她是个沉重打击。肺病加怀孕,她的身体更糟糕了,无法再坚持上课,只得停学休息。陈达邦也不得不放弃上课在家看护。为此,赵一曼很烦恼,常常淌着泪,叹着气,后悔自己真不该在学校学习时结婚。

赵一曼苦恼得睡不着觉。她深知这样下去,两人都会完不成学业。经过反复思考和斗争,她毅然决定离别丈夫回国。她没有和陈达邦商量,就去请示党组织。这时国内正急需女干部,组织上同意了她的请求。

回国参加革命斗争

10月上旬,赵一曼在起程回国的路上,遇到了暴风雪,道路封闭。赵一曼和另外几个同志不得不化装前行。赵一曼怀有身孕,身体又很虚弱,行动十分困难,有时同志们只好将她架着走,一步一步地向前迈进。她和同志们在几十天的行程里吃尽了苦头,最后总算越过了国境线回到祖国。

11月,赵一曼回到上海。这时,党组织准备在湖北宜昌建一个交通联络站,决定派赵一曼去那里工作。赵一曼来到宜昌，在一条狭窄的街上租了一间木板屋住下。工作虽然不算很多，但很琐碎：分发文件、购买邮票、转换组织关系。这一切都要做得很秘密。两个月过去了，工作很顺当。可是，春节临近，赵一曼要临产了，这可急坏了房东老太太。因为按这里的风俗，外人是不能在家里生孩子的。老太太终于开口催促

赵一曼与儿子的合影

赵一曼搬出去。如果是平常时间，她一定会提起藤箱一走了事。但她考虑到，这里是党组织好不容易才建立起来的联络点，走了，党的工作会遭到损失。再说，她也确实没处去，于是她再向老太太求情。老太太却毫无怜悯之心，多亏隔壁的工人见了不忍心，才把赵一曼接进自己的家里，由其妻子照顾。几天后，赵一曼生了小孩。赵一曼给孩子取名叫"宁儿"。

赵一曼生了小孩以后，一直住在那工人家里。为了减轻工人家的经济困难，她忍痛卖掉了她珍藏的一只金戒指。不幸的是，就因为那只金戒指，联络站被暴露了，赵一曼遭到了反动当局的追捕。一天深夜，她悄悄出了城，连房东都没惊动，就上了开往上海的船。

回到上海，正碰上郑家小院的同伴郑琇石也到了上海。两

年多不见，好不亲热。她们住在一起照顾宁儿，开展地下活动。1929年9月，党组织又派赵一曼和一个姓王的同志去南昌江西省委机关工作，他们以"家庭"的名义应付外界。赵一曼白天操持家务，晚上抄写或油印文件。3个月后的一天夜里，小王去省委机关开会，半夜已过，突然跑回家来，冲到床前，抱起睡熟的宁儿塞到正在工作的赵一曼手里，说："快走！出了叛徒，省委机关已被破坏，敌人追来了！"不等一曼说话，他就把赵一曼推出了后门，自己再回到屋里烧毁文件。赵一曼在门外停了一会儿，想等小王一起走，可此时敌人已追到前门，砸倒了板门。接着，一阵枪响……见此情况赵一曼再也不能犹豫了，抱着宁儿钻进了黑暗的风雪中。天很黑，辨不清方向，看不清道路，她只顾往前奔跑。路很滑，不时摔倒，一只鞋掉进水田里，也顾不得去捞。她感到敌人在向她追来，她不能停下来，要摆脱危险，火速赶回上海报告党中央，营救被捕的同志。也不知道跑了多长时间，跑到了什么地方，她只感到腿脚越来越沉重，甚至有些麻木，几乎要迈不动步了。这时，她才停下来辨别一下方向。她发现身旁有一垛稻草，便一头钻进了草堆。直到天亮，才从草堆里爬出来。宁儿因为饿了，拼命啼哭。幸好这时一农妇经过，看到赵一曼母子俩的窘况，把他们带回家里，烧火给他们烤干衣服，又煮饭给他们吃。

别子出关

在艰险的斗争环境中，赵一曼深深地体会到，自己怀里的宁儿虽然对地下工作起了些掩护作用，但更多的是对工作的拖累和影响，行动起来极不方便。同时，也由于生活的不安宁，孩子得不到很好的照顾。1930年，赵一曼被调到中央机关工作，碰巧认识了丈夫的妹妹陈琮英。姑嫂相见别有一番情感。赵一曼向她道出了自己想把孩子送回陈家抚养的想法，陈琮英表示支持。于是，她们俩就决定把宁儿送到武汉哥哥陈岳云家里，托他抚养。此时的赵一曼，想到自己的孩子要长久地离开自己，心里顿时感到难过。两年多奔波日子里抚养下的宁儿长得很乖，他已学会走路了，经常望着妈妈笑，还呀呀咿咿地学语，十分可爱。再说，这一离别以后又是怎么样的结果呢？她不敢去设想，也难以预卜。想到这些，赵一曼感到揪心，禁不住哭了……但是，为了党的事业，为了有利于革命工作，也为了宁儿有一个安静的生活环境，一定要把宁儿送出去。第二天，她抱着宁儿坐在高背藤椅上照了张相，珍藏在自己身边，作为纪念。同年4月，经组织同意，她带着宁儿到了武汉哥哥陈岳云家里，硬着心肠，流着泪，把哭喊着的宁儿强留了下来。

1931年9月18日，日本侵略者挑起事端，武装袭击沈阳，制造了"九一八"事变，继而东北变成了沦陷区。党中央为了加强东北的反帝救国斗争，决定派一批干部去东北工作。赵一曼主动要求前往，投入新的斗争生活中去。赵一曼到了沈阳，组织上安排她在大英烟草公司和纺纱厂搞工人运动。

1933年初，赵一曼被派往哈尔滨做地下工作。为便于掩护，应付敌人的盘查，省委决定她和满洲总工会书记老曹组成

"家庭"。这是赵一曼继江西南昌以后,又一次以"家庭"的形式开展地下工作。老曹曾被敌人捕去受过刑,腿跛,行动不大方便。他们在南岗租了一所白俄人的房子住下。由于他们是新近迁来的住户,所以平时邻居们很少来串门。因此,这里是一个较理想的秘密工作点。白天,赵一曼仍然以家庭主妇的模样上街去买菜,回到家里做饭、洗衣服和操持一切家务活以掩人耳目。老曹外出做工,在邻居的眼里,他们是一个和谐的家庭。晚上,他们不顾一天奔波的疲劳,又投入紧张的刻印文件和宣传品的工作,一直工作到深夜。

1933年4月2日傍晚,日本警备司令部一个营长身着便衣登上了一辆电车。售票员张鸿渔要他买票,这个营长认为丢了他的面子,就掏出手枪把张鸿渔扭送到宪兵队,打了个半死,然后才将其抬回电车公司。此事激起了电车公司工人的极大愤慨,强烈要求罢工抗议。赵一曼和老曹立即给予支持,领导成立了以党团员为主的罢工委员会。第二天,300多名工人聚集在食堂宣布罢工。罢工一开始,赵一曼就直接参加活动。罢工坚持了两天多,终于迫使日本领事馆接受了工人提出的赔偿医药费、惩办凶手等几项要求。

到珠河打游击

哈尔滨市的工人和市民,在地下党组织的频繁活动和宣传下,反满抗日情绪日渐高涨。罢工、罢课、罢市此起彼伏。敌人被弄得不安宁,加紧了对地下党的搜捕和围剿。不少的基层党组织被破坏了。老曹同志也突然被捕牺牲，一曼的处境更危险。为了保存力量，组织上决定派一曼到游击区去。

1934年7月的一天，赵一曼化装成农村妇女，同医生张险涛和工人老魏登上了去珠河的火车，离开了哈尔滨。

赵一曼到了珠河县，担任了中共珠河县委常委、县委特派员和妇女会负责人。她住在滨绥铁路商的三股流地区。她和群众同吃同住。一边和妇女们一起纺线、搓苞米、烧锅做饭；一边组织妇女们进行抗日活动，做军鞋、军衣，站岗放哨，给游击队送给养、送情报。因为她的个子瘦小，群众都亲切地喊她"瘦李子"。随着抗日活动的不断深入和扩展，"瘦李子"的名声越来越大。她渐渐成了各个抗日群众组织的"主心骨"。出主意、定决策都少不了她。危险性很大的任务，她亲自去完成。

一天晚上开完会，已是月沉星稀。赵一曼拖着疲惫的身体回村，一头倒在炕上睡着了。不一会儿，村外突然响起了枪声。房东大娘见赵一曼还没醒来，急忙摇喊道："瘦李，瘦李，快，鬼子来了！"赵一曼从梦中惊醒，忙把一捆文件塞到炕洞里，抽转身往外跑。刚跑到村口，猛然想起区委宣传部长周伯学还在村东头，他两眼高度近视，万一没出村咋办？于是她又跑了回去。她刚跑到周伯学住的家门口就被两个伪军阻住，问道："站住，你是哪家的？""东头李家的。"浓重的四川口音引起了伪军的怀疑。再逼问，一曼便不说话了。一个伪军举手向她脸上打来。她一躲闪，打落了头上的假发髻。她被捕了，但敌人并不知道她的身份。后来，她用强有力的政治攻势，说服了伪军连长，把她给放了。

组织上考虑到赵一曼不能继续留在三股流工作了，便派她去铁北区任区委书记。

铁北地区没有正规抗日部队活动，敌人经常到这里骚扰。为了保护群众打击敌人，赵一曼集中了一些土炮、快枪、大刀和红缨枪，组成了一支农民武装自卫队。一天，赵一曼得到情报，鬼子兵要到铁北的关门嘴子一带去"讨伐"，她决定让自卫队打一次伏击战，一来让部队在实践中锻炼成长，增强信心；二来用夺得的敌人武器装备自己。她把队伍带到关门嘴子附近敌人必经之路旁，隐藏在树丛中，巧妙地将使用枪炮的队员集中埋伏在前面，把使用大刀、长矛的队员埋伏在后面。一直潜伏到正午时分，敌人才耀武扬威地走了过来。赵一曼告诉拿快枪的队员集中火力先干掉前面骑马的指挥官，然后再冲上去。当日本鬼子走到离她们只有十几米远时，赵一曼一声大喊"打！"一阵快枪射向敌军，骑马的指挥官应声滚下马来，群龙无首，日军队伍顿时一阵混乱。赵一曼接着高喊"冲啊！"自卫队一起出击，前后夹攻，日军不知虚实，仓皇溃逃。这一仗，消灭了十几个鬼子，缴获了20多支枪。

张连科营长带着抗联一个营的兵力，驻守在候林乡，突然被日军两个团的兵力包围了，情况十分危急。主力部队离得很远，一时也赶不到。张营长领着战士们奋力抵抗，激战了一天一夜，也未能打开突围的缺口，且敌人还不断地增加援兵。赵一曼得知这一情况后，立即集合游击队30多个队员，他们一律佩戴着红袖章，打着一面写着"哈东游击队第一支队"的红旗向候林乡增援。半夜三点多钟,赵一曼带领游击队赶到候林乡,直抵敌人后背,突然间冲进了指挥所,把敌指挥官击毙在睡梦中,然后又集中火力从北面向敌冲击。由于火力猛烈,敌人误认为赵尚志的主力赶到,又加上失去后面指挥,在两面夹击中,慌乱溃散。

不久,沈阳、哈尔滨等地的《盛京日报》《哈尔滨日报》《大北新报》都相继用显著标题惊呼:"共匪女头领赵一曼红枪白马猖獗于哈东地区。"

受困被捕

抗联第三军(即赵尚志部队)为了扩充力量,汇集地方游击队,新编了二、三两个团。赵一曼被任命为二团政委,王惠同为团长。这时,敌人已知抗联第三军司令部已远征,只留下二、三团原地坚持战斗,便加紧了战略围剿。就在此时,赵一曼和王惠同带领的二团在转移途中暴露了目标,被围困在密林中。已是11月,大雪封山,十几天后,储存的粮食吃光了。战士们只得去搜树洞、打熊、打野猪、打狍子,放在火堆上烤着吃。这时,日本鬼子已在整个北满地区实行了残酷的集屯政策,游击区的房屋烧光了,居民被赶到铁路沿线的"集团部落"里。大火烧毁了一个个村寨,割断了群众与抗日联军的联系。天寒地冻同样也威胁着战士。战士们每次打着野兽,烤熟后,都要先撕下一块好肉给赵一曼,但她总是又把肉转送给伤病员吃。赵一曼的身体在一天天地消瘦。

1935年11月15日,日军横山炮兵预备队、吉田部队、珠河县伪警察队,共500余人,分别从乌吉密、一面坡、梨树镇及珠河县城向左撇子沟和二团驻守的山头围进。二团战士们在王惠同、赵一曼的指挥下,一直战斗了6个多小时,打退了敌人一次又一次的进攻。战斗中二团战士击毙了日伪军30多名,但是敌人仍在继续围击。赵一曼命令王惠同带领同志们突围。她则和留下的十几个战士一起,分配好防守位置,在山头上到处燃起一堆堆篝火,迷惑敌人,掩护战友们撤退。

敌人再次发起疯狂的进攻,最后留守战士只剩下4个人了。敌人越逼越近。这时,赵一曼的左腕突然感到一阵剧痛,她负伤了,可她仍咬紧牙关,向敌群扔出了最后一个手榴弹便滚下崖去。

赵一曼从山沟里醒来,挣扎着往前爬。先后与负伤的战士老于、16岁的妇女会员杨桂兰、交通员刘福生碰在一起。他们来到小西北沟一间窝棚藏身。

这时的敌人,加紧战后搜山。几天后,一个汉奸偶然间进山发现了那窝棚里冒出的烟火,便立即报告了日本搜山队。搜山队迅速扑向窝棚,包围了窝棚。这时赵一曼身边的老于正起身准备出去买药和探听消息。刚出门,敌人的枪就响了。他应声倒在了雪地上。赵一曼闻声冲了出去,扶起老于。不料,一颗"七九"步枪子弹射进了她的左大腿骨,伤口裂开很大,血流如注。但她还是坚持向敌人射击,战斗持续了两个小时。老于牺牲了,子弹打完了,赵一曼因流血过多,昏了过去。敌人攻进窝棚,抓走了幸存的赵一曼和杨桂兰。

搜山队用牛车将赵一曼和杨桂兰拉到珠河县公署大院,把她们甩进一间结满冰霜的马料房里。从哈尔滨赶来的特务科外事股长大野,见一曼流血过多脸色惨白,生命垂危。他怕一曼死了,得不到口供,失掉可能得到的重要情报,便连夜进行审讯。他抖动着手里的钢鞭,吼道:"起来!"赵一曼坚毅地抬起头来轻蔑地看了大野一眼,又低了下去。大野突然紧咬牙,用钢鞭梢野蛮地戳赵一曼的伤口,她疼痛难忍,但又毫不作声,只是向大野投去愤怒的目光。稍后,赵一曼按事先想好的办法,从容地回答了敌人要问的姓名、职业、籍贯等假情况,并坚决要求大野把杨桂兰放了。大野不理睬,继续问关于赵尚志部队的情况,她是不是共产党员,担任什么职务,为什么进行抗日活动等。赵一曼忍痛提高声音说:"我是中国人,如果你是中国人,对于日本目前在珠河县的行动怎样想,怎样行动呢?中国人民反抗这样的日军难道还用得着解释吗?我的主义,我的信念,我的目的,就是抗日。……"大野顿时感到自己倒成了她审判的对象,突然恼怒起来,将鞭梢捅进了赵一曼左手伤口里。剧痛几乎使赵一曼昏过去,杨桂兰跳起来去护着她,却被警察拉开。大野狞笑道:"还是把你的共产党员身份说出来吧!"赵一曼怒道:"我没有什么共产党身份,强迫一个人说自己不知道的事情,未免太蛮横了吧!"大野遭到赵一曼的严厉斥责以后更加恼怒了,他把钢鞭再一次向赵一曼的脸上抽去。赵一曼被打得皮开肉绽,鲜血涌流。大野怕赵一曼死去,命令医生急救。

第二天,大野又摧残了赵一曼一整天,但什么也没得到。

尽管大野仍没有搞清赵一曼的真实身份，但他确信赵一曼是以珠河为中心，把3万多农民组织起来的领导者，于是立刻报告哈尔滨司令部，将赵一曼押送哈尔滨。赵一曼当即表示，一定要把杨桂兰放了，否则宁死不走。在赵一曼的坚持下，杨桂兰被释放了。

特务科经过激烈争论，决定暂不杀掉赵一曼，要先为她治好伤，使她就范。负责治疗的中国医生张柏岩给赵一曼照了片，片上显示出她的腿枪伤后，造成了粉碎性骨折，伤势在恶化，而且严重地威胁着赵一曼的生命。大野和医生向赵一曼提出锯腿，但她坚决反对。大野只好作罢，命令张柏岩医生一定保住她的生命。3个月过去，在张柏岩医生的精心治疗下，赵一曼的伤势恢复很快。敌人见她伤势好转，为了便于审讯，便将赵一曼从大病房转到单人住的6号病房2号室。

赵一曼的伤势好转，但她的心情更加沉重了。她清楚知道，敌人是不会轻易放过自己的，她下定决心，一息尚存就要抗日到底！这一点，在伪滨江省公署警务厅给伪满洲国政府民政部警务司的一份报告中也得到了证实。报告中说："赵一曼在其经过治疗日渐好转的时候，在她的脑子里时时刻刻想着的事情，就是在退院后被处刑的问题，认为总难免于死刑或是无期徒刑，那么她一生所希望的打倒日本帝国主义，毁灭满洲国的事情，将永远难以实现。所以要在退院以前，排除万难而逃脱，再投到赵尚志的麾下去，做一个抗日战线的斗士。她日日夜夜地苦心于寻求这一机会。"

3个看守警，一刻不离地轮流看守着赵一曼。时间一长，赵一曼主动和他们搭话，拉家常。了解他们以后，赵一曼认为董宪勋是一个可以培养的对象。在赵一曼的帮助启发下，董宪勋进步很快，成为赵一曼逃出虎口的得力帮手。后来，赵一曼又结识了看护韩勇义，韩勇义从赵一曼那里懂得了很多革命道理，思想进步很快。在赵一曼的精心培养教育下，董宪勋、韩勇义两人都先后被争取了过来。此后，董宪勋和韩勇义都表示要听赵一曼的话，愿意为抗日救国贡献自己的力量。

1936年5月17日，警察厅突然指令各报记者前往医院，对赵一曼进行采访。20日各报便以显著位置登出了赵一曼如何被捕、被审以及躺在病床上的照片。有的报纸还详细介绍了一曼在丛山密林中的抗日活动和她百折不挠的忍耐性。尽管这些报纸都称她为女匪首，但人们从理性上产生了对她的敬佩。由于赵一曼伤势逐渐好转，敌人更加迫切地想要从她口中得到他们想要得到的东西。于是，他们便又开始对赵一曼进行严酷审讯。为了尽可能减少敌人对赵一曼的摧残，董宪勋和韩勇义想方设法阻止敌人对赵一曼的审讯。但是，赵一曼深知，董宪勋和韩勇义的保护是有限的，而且董宪勋和韩勇义的行为，敌人终有一天是会察觉的。于是，她决心团结董宪勋和韩勇义一起逃出虎口。

要出逃首先是经费问题，韩勇义不假思索地毅然把自己的两个金戒指、两件呢子大衣和几件衣服全卖了，作为路费。董宪勋立即到道里王道衡定做了一顶轻便小轿，准备在路上抬赵一曼，同时安排好了出行路线及出城的汽车。在经过周密细致的准备工作以后，赵一曼他们三人于6月24日商定，决定在6

月28日这个星期天晚上9点行动。这晚,天下着瓢泼大雨,虽给他们的行动带来了一些困难,但却又给他们增加了保护。6月29日早上7点,换班警士发现不见了董宪勋、赵一曼,立刻报告了警察厅。警察们在下午两点多,查到了拉赵一曼出城的白俄汽车司机,知道了赵一曼逃走的方向。中午,赵一曼在王永汉屯附近再次落入魔掌。

最后的斗争

赵一曼被关进了警察厅刑事科的一间拘留所里。这次是由日本的大特务外号"林大头",亲自出面对赵一曼进行审讯。赵一曼与"林大头"展开了激烈的舌战。"林大头"有些沉不住气了,便叫来凶手吴树贵。咬牙切齿的吴树贵用钢条猛刺赵一曼腿上的伤口,又往她嘴和鼻子里灌汽油。结果,野兽们除了把赵一曼折磨昏死过去外,其余什么也没得到。

一个月后,经伪警务厅批准,赵一曼被押回珠河县"示众",并处以死刑。8月2日,赵一曼被押上了去珠河的火车。赵一曼知道自己为国捐躯的时刻到了。在火车上,她思绪万千。她相信,不管日本帝国主义多么凶残,它注定是要失败的;人民的抗日运动,不管要付出多大的代价,但终究是会胜利的。她毫不动摇,坚信不疑。但是,最使她放心不下的是宁儿。在奔向刑场的火车上,她饱含深情,给自己的爱子——宁儿写下了遗书。

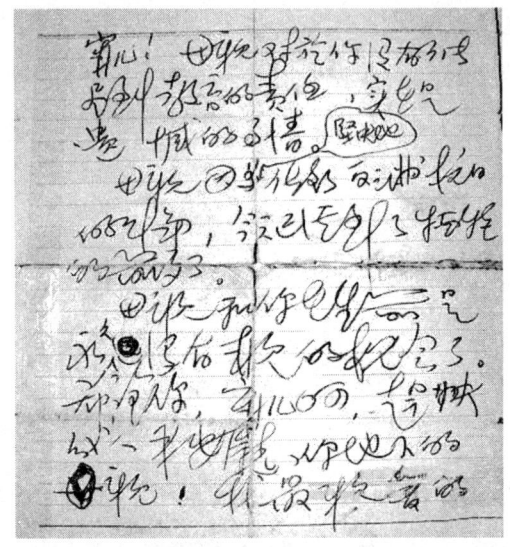

赵一曼遗书

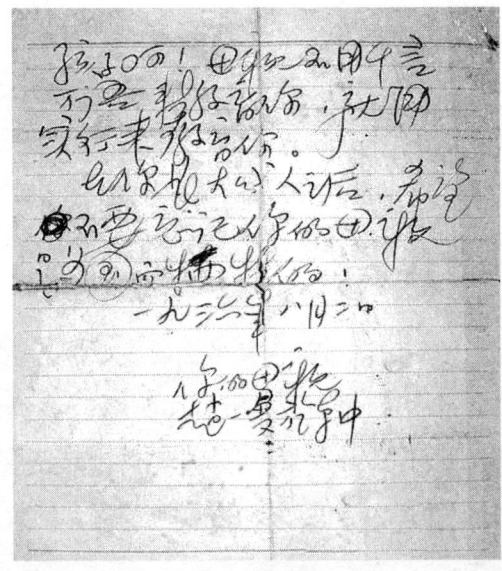

赵一曼遗书

宁儿：

　　母亲对于你没有能尽到教育的责任，实在是遗憾的事情。

　　母亲因为坚决地做了反满（满洲国）抗日的斗争，今天已经到了牺牲的前夕了！

　　母亲和你在生前是永久没有再见的机会了！希望你，宁儿啊！赶快成人，来安慰你地下的母亲！我最亲爱的孩子啊，母亲不用千言万语来教育你，就用实行来教育你！在你长大成人后，希望不要忘记你的母亲是为国而牺牲的。

一九三六年八月二日
你的母亲赵一曼于车中

　　到了珠河以后，敌人把赵一曼放在马车上"游街示众"。赵一曼沿街哼着她最爱唱的《红旗歌》，表现出她对敌人的藐视和对自己正义事业的向往。最后，黔驴技穷的日本侵略者残忍地将伟大的抗日民族英雄赵一曼杀害了。

　　聂荣臻评价赵一曼："赵一曼同志早在二十年代就参加了我党领导的轰轰烈烈的革命斗争，并为民族解放献出最宝贵的生命！表现了中华女儿的英雄气概和共产党员的高贵品质。她的伟大的英雄形象和光辉业绩永远激励着中华儿女坚忍不拔开拓前进，为全人类的解放奋斗不息！抗日民族英雄赵一曼烈士永垂不朽！"

　　董必武为赵一曼赋诗："革命潮声杂鼓鼙，宜宾儿女动深

赵一曼雕像

闻。焉能照旧营生活？奋起从军弁易笄。北伐旗开胜未终，叛徒决策反工农。招来日寇山东阻，民族危机迫再逢。北去南来党命御，不因负病卸仔肩。工农解放须参与，抗日矛头应在先。抗倭未胜竟成俘，不屈严刑骂寇仇。自是中华好儿女，珠河血迹史千秋。"

陈毅评价赵一曼道："生为人民干部，死为革命英雄。临敌大节不辱，永记人民中。"

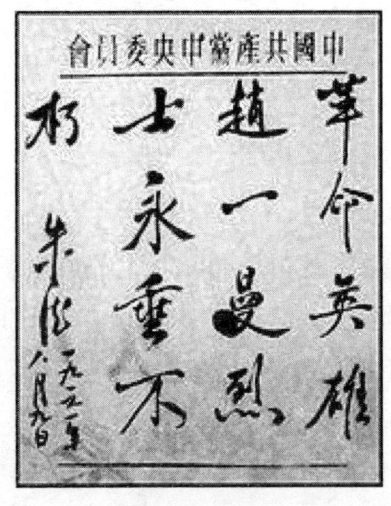

朱德为赵一曼的题词

赵一曼被哈尔滨人民尊称为"白山黑水"民族魂。

1959年5月,为纪念赵一曼,四川省宜宾市在翠屏书院修建了赵一曼纪念馆。2010年赵一曼被评为"100位为新中国成立作出突出贡献的英雄模范人物"之一。赵一曼的精神是不死的,她的高大形象将永远活在人民的心中!她伟大的爱国主义精神,将永远激励着人民去奋进!

牛正声

◎ 王 斌 向绍义

"炮弹穿过心胸,好似清风吹过胸中,劳苦兄弟们的胸窝,就是我的归宿地!"这是牛正声烈士临刑前留下的遗诗。牛正声(1906—1930),是中国共产党的优秀党员,曾先后担任过中共四川省委秘书长、省监委委员和四川工农红军第三路游击队前委书记等职。1930年9月,在重庆被军阀刘湘逮捕,壮烈牺牲,年仅24岁。他是时代之英豪,后辈学习的榜样。

一

牛正声,又名刘大明,牛大鸣,1906年出身在四川重庆一个城市贫民家庭。父亲牛青山,年轻时代当轿夫,给有钱人抬大轿,后开水桶栈房;母亲替人穿草鞋耳子,挣得一点钱以维持其全家四口人的生活。牛正声幼年时聪明诚实,勤劳朴素。虽家庭境遇不佳,但父母仍克勤克俭,竭尽全力供牛正声兄弟俩上学读书。后因帝国主义和封建军阀掠夺加剧,物价上涨，家中经济极度困难，牛正声仅读完小学就失学了。为生活计，经人介绍牛正声考入一所邮电所当工人，一面做工，一面自学，刻苦努力，进步甚快。

1925年8月，老同盟会员、教育家吴玉章由国民党中央派回重庆，整顿四川的国民党组织。吴玉章是国民党有声望的前辈，也是中国共产党派往国民党党内贯彻执行国共合作政策的重要人物。为了培养革命骨干，吴玉章在党组织的领导下，同杨闇公等一道积极筹办学校。9月4日，中法大学四川分校正式开学，吴玉章任校长，共产党员杨闇公、童庸生、杨伯恺、冉钧、周贡植、肖华清等担任教员。第一批招收进步学生300余人。牛正声因常与邻居、共产党员陈宵等交往，受到启发指引，考入了中法大学。

牛正声进入中法大学后，在党的关怀和老师的教育下，通过学习社会发展史、唯物史观和阶级斗争理论，阅读《共产主义ABC》等马克思主义基本知识的书刊，逐步懂得什么是阶级剥削和阶级压迫，认识到中国共产党是为中国人民谋利益的，是为打倒帝国主义、打倒封建军阀，在中国实现共产主义而奋斗的政党。他积极参加学校组织的各种社会活动，上街宣传孙中山的联俄、联共、扶助农工的三大政策；讲述国民革命和打倒列强除军阀的重大意义；揭露国民党右派和国家主义派在孙中山尸骨未寒的时候就叛变革命的可耻行径。牛正声在校是个活跃分子，他秉性忠厚、重感情、善演讲，被一些同学称为有文学家的风度，他还爱唱歌、会讲故事。由于他努力学习了共产主义理论，并积极参加革命活动，阶级觉悟不断提高，因而

广州农民运动讲习所

很快加入了中国共产主义青年团,以后转为中国共产党党员。

1925年至1926年春,全国各地工农运动空前高涨,特别是农民运动在广东、湖南等地蓬勃兴起。由国民党中央农民部出面,于1924年7月在广州举办农民运动讲习所,以培养农民运动的骨干。1926年春,毛泽东担任第六届农民运动讲习所所长后,进一步扩大了招生范围,通知四川派人报考。中共重庆地委和国民党四川省党部(左派)为推动四川的农民运动,经决定,从重庆、合江、綦江、江津、宜宾、南充等县选派了牛正声、梁伯龙等25人去广州讲习所学习。

1926年4月,牛正声等赴广州进入了全国农讲所这个革命大熔炉学习。当时的广州，革命志士云集，农讲所的教职工多为共产党员和国民党左派人士，课程内容都是革命理论。毛泽东、周恩来、恽代英、萧楚女、彭湃诸位革命家曾在所内担任主讲。农讲所还把课堂学习与军事训练结合起来，把学员按军事编制分组，进行正规军事训练。牛正声在这样的培养教育下，更加坚定了为中国劳苦大众的解放和共产主义事业献身的决心。

同年9月，毛泽东在为《农民运动丛刊》写的序言《国民革命与农民问题》中，号召大批同志立刻下决心到农村去，做组织农民的浩大工作，发动农民向土豪劣绅作斗争，积极参与反帝国主义和封建军阀的国民革命运动。10月，农讲所第六期结业，党中央派牛正声等22人回川，中共重庆地委安排他们分赴重庆、成都附近各县开展农民运动。牛正声满怀壮志，去到巴县农村。他面对着残酷的封建军阀、团阀、土豪劣绅和土匪，与战友喻克猷、程攸生、向希平（不久后去彭水县工作，后牺牲）等一道，坚持战斗。盛夏时顶着酷热的太阳，严冬时冒着刺骨的风雪，走家串户，向贫苦农民问寒问暖，宣传打土豪、分田地，宣传国民革命和北伐军节节胜利的消息。在不断提高农民群众觉悟的基础上，建立农民协会，进一步发动群众，开展反对军阀、团阀和土豪恶霸的斗争。

早在1926年上半年，中共重庆地委就通过国民党四川省党部（左派）农民部出面，先后派出共产党员、共青团员和国民党左派人士去巴县动员群众，散发翻印的农民协会章程和农民自卫军组织大纲，农民群众已开始觉悟。牛正声等去后，因势利导，在八仙的高店、铜罐同兴和崇文等乡建立了农民协会，还建立起农民自卫武装，领导农民抗捐抗粮，揭露军阀刘湘和团阀申文英、邹汉卿等鱼肉乡亲及横征暴敛的罪行，斗争十分尖锐激烈。在国共合作的大革命洪流面前，团阀、军阀不敢公开缉拿牛正声，但他们派人盯梢，想在暗中乘机加害牛正声。由于广大农民迫切要求废除剥削制度，拥护中国共产党，他们对共产党员牛正声极力保护，所以军阀、团阀四处寻机仍不得手。

二

1927年3月31日，重庆两万余群众在打枪坝举行"重庆各界反对英帝炮击南京市民大会"，中共重庆地委和国民党省党部的领导人杨闇公、李筱亭、冉钧、陈达三等出席大会，牛正声也带领群众参加了大会。军阀刘湘、王陵基、蓝文彬和团阀曹燮阳、申文英等丧心病狂，不仅破坏大会，还派士兵和团丁开枪挥刀，打死革命领导人漆树棻、陈达三及工农群众、市民学生等130余人，伤千余人，接着先后杀害中共重庆地委书记杨闇公、组织部长冉钧等。同时党的机关、国共合作的国民党省党部、中法大学和中山中学等均被敌人捣毁，白色恐怖笼罩着整个重庆。在严峻的历史关头，牛正声没有被敌人的屠刀吓倒，没有退却，而是化悲痛为力量，将怒火埋藏在心头，誓为死难者报仇。他在中共重庆党团临时特委领导下，积极处理善后工作，与詹正圣、黄中元、罗孝慈等一道，掩埋战友的尸体,安置烈士的家属,逐步联系恢复了原有党的基层组织,接待外来同志、搜集敌人的情报、研究对策、继续坚持革命。

继重庆"三三一"惨案后,蒋介石、汪精卫也先后在上海、武汉发动了反革命政变。至此,全国轰轰烈烈的第一次大革命失败了。中共中央为了加强四川党的工作,派傅烈、周贡植等在1927年7月到重庆(刘披云于8月中旬带着党的"八七"会议文件赴川)建立了中共四川临时执行委员会,书记傅烈、组织周贡植、宣传刘披云(方策)、秘书长刘愿庵,牛正声、朱芳淮等参加省委机关工作。牛正声在工作中兢兢业业,团结同志一道工作,出色地完成党交给的各项任务。为适应秘密工作的需要,他同傅烈、周贡植、朱芳淮等时而住在一起,时而分开居住,此时将名字改为刘大明。

四川党的工作,经傅烈、周贡植、刘愿庵、牛正声等的艰苦努力,组织恢复很快,党员数量也大幅度上升。1927年底止,四川已恢复、建立起党的市委2个、县委5个和特支13个,全省党员通过清理登记共有442人。特别是省委所在地的重庆市郊,党组织的恢复和发展更快一些。与此同时,团组织也得到了发展,建立了共青团四川省委,并于1928年1月在重庆南岸鹿角场召开了共青团四川省代表大会,选举出以徐活莹为书记的省团委。

在革命向前发展的形势下,中共四川省临委于1928年2月在巴县铜罐驿周贡植家召开了临委扩大会议。会上正式传达并印发了"八七"会议文件。临委扩大会议根据1927年1月临时中央政治局扩大会精神,讨论了春荒暴动,制定了《四川暴动行动大纲》。会议选举了正式省委，由傅烈任省委书记兼省军委书记，周贡植任组织部长，刘披云任宣传部长，牛正声任秘书长。

根据党的工作需要，决定建立中共巴县县委，以加强对重庆市区和郊区党的基层组织及广大党员的领导。1928年3月9日，中共巴县县委在重庆兴隆巷八号召开成立会议，牛正声与省委书记傅烈、组织部长周贡植等12人出席会议。因缺乏地下斗争经验，大门口无人放哨，被两名收工巡捐的警察上楼发现；而当其中一名警察前去呼唤武装警察时，他们又没有采取应急措施，致使傅烈、周贡植、周玉书、程明海、黄中元、吴永初、刘俊明、张冠常等11人被捕。在万分紧急之际，牛正声机智勇敢，巧妙地混入一群孩子中，参加丢手巾的游戏，得以脱身。他逃出险境后，立即将情况告诉省委领导人刘愿庵、张秀熟等，他们立刻积极筹划、大力营救，并迅速通知战友们转移，安排去路和住地等。牛正声很快奔赴江北告诉负责工运的游动斯，要游搬到十八梯永兴巷内他家中去安身。4月9日，傅烈、周贡植等9人英勇就义。战友倒在血泊中，牛正声悲痛万分，怒火满腔。

傅烈等被捕后，由刘愿庵代理省委书记，共同肩负起领导全川党组织的重担。此时，省委派朱芳淮去川西传达兴隆巷事件的经过，并留川西特委工作。1928年3月，刘愿庵离开重庆经上海去莫斯科出席党的全国第六次代表大会，在上海向党中央汇报了四川的工作，要求派干部到四川参加省委领导。刘愿庵走后由张秀熟代理省委书记。为了省委的安全，此时另租了一处房子做省委机关，张秀熟与牛正声等同住，扮作一个家庭，牛正声夫妇做户主，住在楼下；张秀熟以长辈的身份住在楼上，以此作掩护。牛正声工作任务重，十分辛苦，每天除办理日常事务外，还得外出与分住各处的省委有关部门联系工作。他办事井井有条，成效显著。

刘愿庵离开上海不久，党中央先后派穆青、李鸣珂等到四川工作，以加强省委的领导力量。牛正声非常尊重穆、李两位老大哥。因两年前，当牛正声入广州农讲所时，穆青任中共广东区委组织部长；李鸣珂为黄埔军校第四期学生，青年军人联合会的骨干。他们既是革命同志，又是同乡，经常见面，共同的理想将他们紧紧地联系在一起。现在战友重逢，格外亲切。李鸣珂曾经参加南昌八一起义，在中央军委工作过，文武双全，斗争经验丰富。穆青曾留学法国、苏联，有较高的马列主义水平，足智多谋。他们来到四川省委工作，力量倍增，很快打开了工作的新局面，给牛正声以鼓舞和支持。

1928年秋，以李鸣珂任书记的省军委决定处死蒋介石的亲信戴弁。戴系黄埔军校第三期学生，孙文主义学会的干将，1927年被蒋介石派往四川策划了"三三一"惨案，后任刘湘第二十一军政训部主任，干了大量的坏事。经省委代理书记张秀熟同意，于1928年9月24日处决了戴弁。此事惊动了蒋介石等人，命令缉拿"正凶"，重庆时局顿时紧张起来。张秀熟考虑到牛正声接触面宽，认识的人较多，不宜多人再住一起，于是就和其他两名工作人员搬到另一处住下，牛正声仅在白天去省委机关办公。10月1日晚，由于原团省委书记彭兴道和代理团省委书记、组织部长廖时勉先后叛变，加之军阀刘湘采取报复行动，党团省委机关遭敌破坏，代理书记张秀熟被捕，仅剩省委成员穆青、李鸣珂、牛正声等。正在川南视察工作的穆青得知省委被破坏，未能与刘愿庵等会面，就急经成都赴潼南双江镇，于10月25日召开川西、川南等几个主要地区的干部会议，成立中共四川临时省委：书记穆青、组织刘披云、宣传张春帆、工委程子健、秘书程志筠。临时省委机关设在成都，与川西特委合署办公。在重庆，刘愿庵出席党的六大回来后，于10月13日召开省委紧急会议，又成立了一个临时省委。12月，两临时省委在成都联合召开紧急会议，成立统一的临时省委，以穆青为临时省委书记兼省军委书记。

三

1929年2月12日，中共四川临时省委扩大会议在成都召开，刘愿庵传达了党的六大精神，会议讨论了六大的各项决议。会议认为四川革命高潮有到来之可能，必须加紧争取群众，准备武装暴动，并总结了四川革命的经验，提出要纠正盲目暴动的错误倾向。会议之后，临时省委的大部分领导成员，分别到各地指导工作，传达党的六大精神。牛正声到安岳县召集县委主要领导成员，传达六大精神和听取工作汇报，明确指出安岳的革命方向是深入民众工作，全力争取群众到党的旗帜之下。6月7日至11日，临时省委在成都召开第二次扩大会议，选举成立了中共四川省委：书记刘愿庵、组织部长穆青、宣传部长刘披云、省军委书记李鸣珂，牛正声被选为审查委员兼省委秘书长。此后，牛正声一直在刘愿庵身边工作。他忠实于同志和战友，是刘得力的助手。1929年，是土地革命时期四川党组织贯彻执行党的六大决议，健康发展的一年。省委新班子，也是富有斗争经验、水平较高的一届。在1929年初至1930年春这段时间内，四川各地的党组织普遍得到恢复和发展，党员的数量增多，质量提高。到1929年冬，全省党员增至近3000人。全省工农运动蓬勃发展，武装起义的烈火燃遍巴山蜀水，先后掀起了万源固军坝起义、旷继勋兵变、涪陵起义等几次大的斗争。土地革命的兴起，在党的领导下革命群众在不少地区建立了农民协会和苏维埃政权。这些可喜的成就与刘愿庵、李鸣珂、牛正声等的勤奋工作是分不开的。

当各地武装起义兴起后，省委主要领导人刘愿庵、李鸣珂、穆青等分赴各地进行指导，牛正声留省委肩负工作重担。他作风迅速敏捷，忙而不乱地向党中央报告工作；给下级组织布置工作时，不忘提供经验教训，要求各级组织稳重行事；有时亲自与来省委报告工作的同志接头、安排食宿，或回函答复问题等。同时，他身为省监委委员，对省委巡视员和各地负责人汇报的党员情况，进行分析研究，报告给省委。对积极工作而又坚强的共产党员予以表扬，对违反党纪、畏缩不前和工作消极的，给予批评或处分。1929年下半年至1930年春，四川军阀千方百计地妄图扑灭革命火焰，军阀刘湘采取所谓的"自首"政策，利用党的叛徒充当内奸，阴谋瓦解破坏党的各级组织。他在第二十一军军部设立特务委员会，随后在他防区的各县市政府机构中又建立起清共组织,组建以叛徒为主的"侦缉队",专门搜捕共产党人和革命志士。如原江巴兵委秘书长易觉先和游曼谷、游洪钧兄弟等一些动摇分子均先后叛党充当刘湘的走卒。面对着严峻的形势,牛正声镇定自若,为了纯洁党的组织,保证党的安全,他领导省监委配合省委组织部和省军委,仔细地进行调查了解,逐个审查,然后决定:对那些好的和比较好的党员继续联系,加强教育,对靠不住的采取隔离而不再联系的方式;对少数叛党而去充当敌人鹰犬的,由省军委处决。这项工作非常艰巨,而牛正声等在敌人白色恐怖之中,冒着坐牢杀头之险,出色地完成了这一任务。

1930年春,时局再度逆转,山城重庆阴云密布。3月22日,省委组织部长吕维新(穆青)在重庆被叛徒出卖遭到军阀刘湘逮捕,5月英勇就义;4月18日,省军委书记李鸣珂在朝天门打死叛徒易觉先后被捕,19日英勇牺牲。鉴于敌人对革命加紧镇压,党组织连遭军阀破坏的严重状况,省委派牛正声去上海向党中央汇报工作、听取指示,请求中央派干部到四川充实省委班子。牛正声一贯忠于党的事业,明知荆棘满途,仍毅然接受任务。此时,正值国民党反动派在江南,在鄂豫皖、湘鄂西等地围剿中国工农红军,四川军阀于各地建卡设哨搜捕共产党人和革命者之际,要由重庆赴上海是很艰险的。他化装上路,时而扮作学生,时而充当富商,或走路,或乘船,克服种种困难,终于到了上海,向党中央详细汇报了四川党的组织状况及其他工作。

牛正声走后,由邹进贤继任省委秘书长。5月5日,省委机关又不幸遭敌破坏，书记刘愿庵、工委书记程攸生和秘书长邹进贤被军阀逮捕，全部壮烈牺牲。牛正声第三次幸免于难。同年6月，牛正声带着党中央的指示，怀着思念牺牲战友的悲痛心情，从上海急回重庆。7月，中央派余乃文来四川任省军委书记，向省委传达了6月11日中央政治局《关于新的革命高潮于一省，或几省的首先胜利》的决议，以及以武汉为中心的全国总暴动，集中红军进攻中心城市"会师武汉，饮马长江"的计划。中共四川省委根据中央指示将党团工会合并成立行动委员会，在党的力量比较强的几个川军部队发动士兵暴动，于一些群众基础较好的地区搞武装起义，配合全国暴动。

7月，省委派牛正声去梁山县（今重庆市梁平县）领导武装起义，组织农民武装去围攻武汉。早在1930年春，省委就派覃文去梁山虎城场和达县南岳场等地发动群众，组织农民协会，建立农民自卫武装，准备暴动；并派人到梁山巡视，举办了支委以上党员训练班，向党员讲授党的性质、任务及其奋斗目标，提高党的战斗力，以利于领导群众运动。牛正声去到梁山后，与覃文、王维舟等配合工作。

7月27日晚，牛正声、覃文、王维舟、李次华等人在李光华家开了紧急会议，研究如何将虎（城）、南（岳）、龙（沙）太（平）的壮丁组建成游击队，会攻武汉。会上，一些同志认为虎城、南岳的农民武装，经历过训练和战争的考验，素质较好，但龙沙、太平这两支壮丁队伍，没有经过游击战争的锻炼对革命认识不足、觉悟不高，如果贸然宣布武装起义，立即行军打仗，恐不合适。于是会议决定以外出打"土匪"为名，拖到路上再进行动员，然后宣布起义。牛正声对起义的编组和领导成员名单发表了意见。会议根据牛正声的建议做出了决定。7月29日傍晚，虎城、南岳、龙沙、太平四支农民队伍1300余人，汇集到忠县黄金坝。夜10时左右，总部召开全体武装人员大会，由李光华宣布成立"四川工农红军第三路游击队"，公布游击队的行动纲领和领导人名单，总指挥李光华、副总指挥王维舟、政治部主任覃文、副主任王炎离，下辖三个大队。游击队党的组织为前敌委员会，牛正声任前委书记。

游击队成立后，立即向群众做广泛的宣传动员，打富济贫、开仓分粮、与地主团防武装作战。31日到达忠县的花桥寺，部队决定在此休整。此时，二路红军余部也赶到花桥寺参加三路红军游击队。游击队领导人利用间隙召开会议，研究是否进攻忠县县城和东征参加攻打武汉等两个极为重要的问题。牛正声首先提出游击队可以攻打忠县县城，他认为：忠县上游属于丰都县的高家镇，仅驻有军阀陈兰亭的一个团，而忠县城内只有敌一营兵力，仅几百人，游击队则有1000多人，可以拿下忠县，东进川湘鄂边会师贺龙部，进攻武汉。而原在二路红军中工作，刚来花桥的省委军事干部邓止戈，有一定的军事斗争经验，则提出相反的意见。邓认为忠县城内虽只有一营敌军，但可以凭险固守，如我军攻城不能速胜，驻高家镇的一团敌军在几小时内就会赶赴忠县，造成我军被动。因而意见未能统一，攻忠县一事作罢。对于是否东征武汉的问题，王维舟提出："游击队刚建立，未经过很好的训练，加之缺乏思想基础，一时难于远征，最好再向省委请示。"牛正声则说："这是上级的命令，下级党应该服从，一定要执行省委的决议。"鉴于此，王维舟又建议："是否可去一部分人，一部分留下，一来可就地坚持游击战争，二来能牵制敌人的兵力。"牛仍坚持省委的错误意见，没有采纳王维舟的合理建议。会议通过反复讨论，按省委指示继续东征，改由石室寨过江去"会师武汉，饮马长江"。

游击队于8月3日从花桥寺出发东进，横渡长江经西界沱到达石柱县的西乐坪。前委和总指挥部派出宣传队，沿途向群众宣传党的土地革命政策，宣传消灭剥削压迫和人人平等的革命主张，四处张贴书写"打倒帝国主义""打倒蒋介石""打倒封建军阀，土豪劣绅""开仓济贫，分田分地"等标语口号。由于游击队长途东征、天气酷热，指战员十分疲惫，加之对部队的政治教育和军事训练不够，战斗力不强等，致使在军阀派重兵包抄"围剿"中，因力量悬殊，被敌军打散。总指挥李光辉和大队长李次华受伤被俘，后在丰都县城英勇就义。游击队余部回到虎南地区，由王维舟、蔡奎等领导继续战斗。

三路红军游击队在石柱县作战失败是"左"倾路线造成的不良后果，牛正声作为省委代表，坚持省委的错误意见，也是有一定责任的。8月下旬，牛正声返回重庆。9月2日，他被叛徒贺蜀钧出卖而在通远门街上被捕，先拘押在城防司令部，后转敌第二十一军特务委员会。刚被囚禁在特委会监牢时，牛正声就向看守的士兵开展宣传，讲述反帝反封建、工农大众团结战斗、求得翻身解放的道理。士兵们受到教育，准备将牛正声放走，但被监狱当局觉察，严加防范，连牛正声妈妈送去的鸡蛋都要敲碎检查，甚至在一段时间内也不准探监。军阀刘湘接特委会报告称："牛大鸣，巴县人，现年二十四五岁，着蓝布卡机衫（系麦子市某栈主人），学生头，黄色皮鞋，目微失明，逆党四川秘书长也。复查临时省委报告伪中央书，有自维新被捕，常委极不健全，特派牛大鸣同志前来面述一切，并请派员来川督促指导，从速组织……则牛大鸣在党中地位之重要，已可证明。"刘湘知道牛正声是省委的秘书长后，想获得更多的情况，以便进一步破坏四川的党组织，于是对牛正声施以引诱拉拢之策略，许以参谋、秘书等官位，给以高俸禄。而共产主义战士牛正声，早视官位利禄为粪土，对刘湘的许诺付之一笑。牛正声向反动当局提出：你们可派人与我谈判、辩论，若能说服我则屈从，否则誓死不从。去参与谈判辩论者，均被牛正声驳倒，军阀刘湘非常憎恨。

牛正声临刑时，壮志豪情、视死如归，他写下了遗诗，并嘱咐妻子不要悲痛，不要采用迷信的方法办丧事，一切从简，只用白布裹了尸体埋了就行。9月26日，牛正声被脱去上衣，绑着坐在一乘无顶的轿子里，从敌第二十一军军部押赴通远门外罗家湾刑场。他神态自若，面无惧色，一出军部大门就高呼："打倒封建军阀！""打倒蒋介石反动派！""中国共产党万岁！"等口号。街道两旁围观的群众，无不为之感动。就连押运牛正声的士兵也佩服他的革命气魄。牛正声被军阀杀害后，他的父亲和妻子遵遗嘱将他埋葬在重庆南岸铜元局墓地，与那些为人民流尽鲜血的先烈们长眠在一起。

蔡奎

◎廖提双　王永清

猫儿寨，又称虎城寨，在梁山（今重庆市梁平县）虎城场西北突兀而起，悬崖峭壁，龙盘虎踞。在那军阀混战的年代，梁山虎城、达县南岳、大竹石桥一带的豪绅纷纷挤到寨上为非作歹，正如当地民谣所说："虎城好像大猪圈，远近肥猪圈关满。"山寨周围的贫困农民与寨上"肥猪"不共戴天，终于在第二次国内革命战争初期掀起了武装斗争的浪潮，"造成初期的赤色区域，群众情绪高涨，斗争日更尖锐"。

1932年5月5日，中共四川省委明确要求虎南赤区和川东党组织"积极的领导群众各种斗争，夺取敌人武装，建立游击队和红军，更进一步的任务——发展游击战争，启发农民建立川东苏维埃"。为了川东苏维埃的壮丽事业，无数革命先烈出生入死、前赴后继，进行了艰苦卓绝的斗争。大竹人民的优秀儿子蔡奎（1907—1932），就是其中的杰出代表。他先后担任过中共梁山县委秘书、中共梁山中心县委书记、四川工农红军第三路游击大队政治委员、川东红军新编游击队第一路政治委员等职。他短暂的一生，闪烁着共产主义战士的光辉。

一、走上革命道路

蔡 奎

蔡奎，原名蔡德才，又名蔡直、蔡少光、刘道光，号志道，1907年3月8日出生在大竹县永兴场蔡家祠堂（今永胜乡清溪村十一组）。父亲蔡显金忠厚老实，拖着一家九口，靠租地与织布艰难度日。1918年，他离乡背井，带着蔡奎兄妹来到猫儿寨上。

蔡显金朦胧觉得穷人受气吃亏，是因为祖坟未开圻，家无读书子。老实的庄稼汉含辛茹苦，把长子蔡奎送进了学堂。蔡奎先后在蔡家祠堂、柑子坪小学堂读书；举家迁往猫儿寨后，又进入虎城高级小学继续学习。

蔡奎学习刻苦，成绩优异。先生器重他，同学羡慕他，虎城石氏子弟更是有求于他。石姓乃虎城望族，猫儿寨周围的良田美地几乎全被几家石姓大地主霸占。人们说："猫儿寨的石头绊（挪动的意思）不得"。石氏纨绔子弟不屑于苦读诗云子曰，往往拿出几个钱来，请蔡奎代为应试，蔡奎因而不愁学费无着。石氏少爷石子安、石轻尘、石怀宝等，也颇有正义感与同情心，与蔡奎成了莫逆之交。他们联络其他同学筹款资助，供蔡奎念完了高小，又助他进梁山师范继续深造。1926年秋，蔡奎考入杨森在万县办的军事政治学校。在这里，蔡奎学了文化，长了见识，练就了一笔好字，能写流畅的文章，能即兴发表引人入胜的演说。然而，军阀与官僚的种种腐败，在军校也暴露无遗。蔡奎愤世嫉俗，他不愿与醉心在这条路上向上爬的人为伍。不久，便愤然离开军事政治学校，回到了猫儿寨。

老父大为惊愕，指责儿子"不孝"，同学们也认为蔡奎不该放弃向上的机会，辜负了父亲的一片苦心。蔡奎微微一笑，淡淡地说："父母是林中的果树，儿女是树上的花果，树子总要开花结果，花果不能专为树木啊！"

1927年初，经原小学老师邓映才举荐，蔡奎到母校虎城高小执教。这年秋天，蔡奎儿时的好友石子安、石轻尘、石怀宝等也从北京回到了猫儿寨。此时的石子安和当年的石氏阔少判若两人。他和石轻尘、石怀宝等在北京受到了革命的洗礼，接受了马列主义，加入了中国共产党。此时回归故里，肩负着中共梁山党组织交给的使命，要在猫儿寨一带燃起革命的烈焰。石子安等在虎城乡小学组成"教育研究会"，和乡小学教师金治平、刘湘臣、邓映才、蔡奎等频繁接触，探讨时局，学习马列主义，研究党的主张。石子安带回来的书籍和讲出来的道理，使蔡奎茅塞顿开。他懂得了仅仅愤世嫉俗，无损于旧社会一根毫毛，勤谨执教也不能救民于水火，要图国富民强，应该沿着马列主义指引的道路，向整个旧世界宣战。他向石子安提出了入党申请。不久，就被批准加入中国共产党，成为虎城、南岳地区的首批共产党员之一。

从此，蔡奎的生命焕发出光彩。花朵不为树木，芳香要留人间。

今日猫儿寨

二、组织农会

虎城豪绅一大群，住在寨子坪，办起"精选模范队"，光整乡下人。20世纪20年代末期，每当红日西沉、玉兔东升，总有一群衣衫褴褛的青壮年汉子在虎城乡小学进进出出。他们脸上焕发出庄稼汉少有的兴奋与激情，有时还情不自禁地哼哼着。他们白天在坡上耕耘，晚上便到这里学习文化，蔡奎和虎城党组织的其他同志在这里办起了"贫民夜校"，教农民识字、向农民讲革命道理,庄稼汉心明了、眼亮了。"贫民夜校"不仅办在虎城高小,而且办到了猫儿寨周围的农家院落。蔡奎和石子安等走村串户,和农民、手工业工人广泛接触,亲亲热热地闲话家常。

"一年到头都在累,够吃不?"

"够吃啥?放了镰刀就饿饭!"

"谷子到哪里去了呢?"

农民激愤起来,纷纷责骂地主老财。于是蔡奎他们因势利导,向农民讲明劣绅吸干了血汗,穷人要翻身,只有团结起来,组织起来……

他们结合斗争形势的需要,编了许多通俗易懂、充满乡土气息的歌谣。《庄稼佬歌》《工农兵大团结歌》在猫儿寨一带广为传唱。易心谷编的莲花词《五月里来端阳节》,更是雅俗共赏,妇孺皆会:

五月里来端阳节,土豪劣绅稻米白。
三角粽儿包得满,穷人想吃又莫得!

蔡奎他们边教歌,边解释歌词大意。农民能唱能懂,大大提高了阶级觉悟。虎城和毗邻的南岳场一带的农民纷纷组织起来了。

在虎城乡小学,蔡奎团结学校教师,教育学生起来与校长石元甫斗争。他把石元甫的种种劣迹搜集起来,编了一首顺口溜:

虎城高小校，校长石元甫。
下流像母猪，守鸡窝也建团防局。
当得个校长，只想"抬"包袱。
乱抓学校款，买枪守私屋。
被人告了告，吓得抱头哭。
大家起来哟，努力一声吼，去捉石元甫。

小学生咿咿呀呀地背着顺口溜，小脸蛋红扑扑的，小拳头攥得紧紧的。蔡奎领着他们机智勇敢地和石元甫斗争，并且在斗争中成立了自己的组织——儿童团。他们的团长王文全，少年气盛、毫无惧色，多次当面怒骂石元甫，后被石元甫残酷杀害，献出了幼小的生命。

青壮年汉子起来了，妇女起来了，儿童也起来了。他们纷纷要求加入农民协会，各地农会组织迅速发展起来，"虎、南区农协组织先后共八个"，"共计成年、青年、儿童、妇女二千余人"。党在这一带开展土地革命，有了较为坚实的群众基础。

三、创建革命武装

1927年底，中共梁山县委成立。次年9月，蔡奎任县委秘书。梁山党组织的工作方针是：在农村搞武装暴动，闹土地革命，推翻国民党反动政权，建立自己的政权。

负责县委组织工作的石子安，在虎南地区积极贯彻党的指示。他和石轻尘、蔡奎等精心部署，在发动群众的同时，着手组建革命武装。

石子安多次找到虎城的团总胡映堂，劝他重整壮丁队。石子安对他说，孔子在鲁国为相，几个月就做到夜不闭户而名传至今；明达乡古克纯办好了壮丁队，土匪不敢再去骚扰，百姓为他在三墩坡立碑颂德……胡映堂幻想着人们的顶礼膜拜，眉开眼笑了。石子安进一步向他介绍说，金治平、蔡奎、李云程、袁树森四人年轻有为、能文能武，若重用他们，一定能把虎城场的壮丁队办得有声有色。在北京上过学堂的石氏少爷向胡映堂拍着胸膛担保：他们是真正有用的人才！

胡映堂上当了。于是，蔡奎和金治平等分别担任了壮丁队的中队长，掌握了虎城壮丁队的部分领导权。

1928年冬，虎城壮丁队中队长蔡奎开始训练壮丁。他把年轻力壮的庄稼汉集中到猫儿寨，立正、看齐、跑跑步；持枪、瞄准、打靶子……三操两练，很有章法。寨主石文蛟和团总胡映堂颇为满意。他们偶尔也把壮丁队集合起来训话，意在抖抖淫威，可是诌上几句，便觉肚内无辞，只好尴尬地笑笑："请蔡先生讲话！"

"蔡先生"娓娓道来，说只有搞好治安才能安居乐业，只有练好枪法才能维持治安……寨主听了点头称是，壮丁们也知道蔡奎的弦外之音。

胡映堂们不在，蔡奎就正面向壮丁们灌输革命道理，实施革命军队的政治教育，努力提高农民武装的政治素质。不久，石子安、蔡奎等又巧妙地领导了打倒壮丁大队长曹德斋、推翻团总胡映堂的斗争，并把土豪劣绅的武器全部集中起来，成功地控制了虎城的乡政权和武装力量。

在昔日"精选模范队"为非作歹的猫儿寨，一支新型的革命武装成长起来。

四、"蔡奎吆鸭儿下河"

有党的领导，有革命武装的参与和保护，虎城一带的庄稼汉何等胆壮气豪！他们闹减租、分积谷，反对苛捐杂税、惩办豪强地主，打死过到乡下催租的豪绅恶少、轰跑过到虎城逼债的提款大员，还把欠款花名册和各种契据拿到关庙去焚烧。1930年1月16日，又把大土豪石文蛟杀死在虎城文昌宫。

土豪劣绅警觉了。他们调兵遣将、磨刀霍霍，扬言要为石文蛟复仇。虎城党组织乃将农民武装分散转移到各农协会，并于1930年2月18日把手枪队拖到猫儿寨交蔡奎领导。蔡奎开始了游击战争的生涯。他带领手枪队在梁山小峨眉山、百里槽和达县顺风山一带神出鬼没，传奇般地和刘存厚以及国民党地方武装周旋着，打击敌人、保护人民，成为虎南赤区赤卫队之模范基本中心武装。

麇集在猫儿寨的土豪十分嚣张。他们乱捕滥杀，还将担任壮丁大队长的党员石轻尘捆绑在石文蛟的灵前残酷折磨后杀害。虎城党组织发动1000多个农民为石轻尘送葬，随后又集中全乡武装围攻猫儿寨。猫儿寨上土豪石玉楼和高升寨恶霸胡映堂勾结起来，企图镇压农民武装。胡映堂蠢蠢欲动，意欲解散武装队。

蔡奎率领手枪队突然出现在胡的住宅。胡映堂仓皇出逃,从此龟缩在寨上,再也不敢为非作歹。

1930年夏初,达县南岳一带闹夏荒,饥民数以千计。党发动农民数千人,涌到南岳团局借积谷。蔡奎的手枪队以及虎城、达县大树坝的农民武装前往保护。团总杨希炯矢口不借。愤怒的农民捣毁了团局。群情激愤,吼声震天。刘存厚步兵二团徐代才营跑步前来镇压。蔡奎指挥农民武装迅速撤退,掉了队的刘篾匠(刘大发)被敌人杀害,并且暴尸荒野。三天后,徐营撤回大树。蔡奎随即组织了一次声势浩大的公葬示威活动。手枪队以及虎城农民数百人前往南岳,用"金匣子"抬着死难战友的遗体,一路上吹吹打打、鞭炮齐鸣,并在旱田坝举行了上千人参加的追悼大会。蔡奎在会上慷慨陈词,历数国民党反动派的罪行,教育大家进一步认识敌人的残暴。他挥着胳臂、声音洪亮而且激动地号召大家:团结起来、勇敢战斗,为死难烈士报仇!

接着,党又发动农民停场罢市,抗议国民党反动派的暴行。偌大一个南岳场,萧条冷落,一派凄凉景象;过去无人问津的安乐桥、旱田坝却格外繁华起来。农民在这里自立市场,进行临时交易。

停场罢市搞得国民党地方当局在政治上和经济上极为难堪,他们派兵前来驱赶另立市场的群众。1930年7月中旬的一个赶场天,刘存厚部高尚志连,又杀气腾腾扑向旱田坝。时值盛夏,酷热难当,敌兵不得不把枪架在一边,赤臂露体地瘫在桥上。

蔡奎得到情报,立即把手枪队员埋伏在旱天坝周围的山头上,然后找到儿童团长张及甫,附耳低言。他拍着儿童团员王世荣的肩头,诙谐地说:"莽子,看到起,等我把鸭儿吆到河头……"他提着双枪,背着背篼,和易心合、吕在和沿小河快速向敌人靠近。来到距敌人仅10米的庄稼地里,敌人发现了。

"干什么的?"

"割草的!"蔡奎话一出口,立即开枪向敌人射击。易心合、吕在和与周围的手枪队员一齐开枪,密集的枪声响了。

儿童团跟着雀跃起来,一颗接一颗地燃放着鞭炮,山头上噼里啪啦响个不停。农民武装、儿童团员一齐呐喊,四方八面都响起了"冲啊""抓活的"的吼声。

枪声、吼声、鞭炮声响成一片……

敌人晕头转向,仓皇逃命;人多桥窄,纷纷滚到河里。

这次战斗,毙敌20余人,伤敌数十人;获枪数十支,子弹数百发。蔡奎的手枪队大获全胜。

当地人民绘声绘色地描绘着这次战斗的壮观。"蔡奎吆鸭儿下河"在虎南一带传为美谈。

刘存厚不肯善罢甘休,调兵到旱田坝"清乡",杀人放火,疯狂报复。在人民群众掩护下,蔡奎等昼伏夜出,袭扰敌人。敌人不敢轻举妄动。

7月下旬,蔡奎、金治平等数十人去向家嘴、赵家沟开会回来,在施家河与刘存厚部徐营遭遇。敌众我寡,蔡奎等且战且退,撤至离施家河四五里路远的联坠寨和邻近的三角寨内。

敌立即增派到玉玲、严静秋两个营,将寨子团团围住。蔡奎等据险固守,捕捉战机。7日后,已是弹尽粮绝,仍然无法突围，形势严峻。

为解联坠寨之围，中共梁山县委把李云程、杨勃等从太平乡调回虎城。7月26日黄昏，李云程等率部向围寨之敌发起进攻，附近农民亦在各个山头虚张声势。号声、枪声、呐喊声浑然一体。蔡奎立即率众从寨内冲击。敌人不知道农民军有多少兵力，丢盔弃甲，狼狈逃窜。

五、饮恨西乐坪

联坠寨之围刚刚解除，虎南游击武装又面临着新的考验。

1930年6月，"左"倾错误危害全党。"那时的省委和下东特委仍为立三路线的承继者"，"幻想以下东为中心发动游击战争"。7月下旬，中共梁山县委接到省委指示，要将虎南农民武装拖往龙沙，与龙沙、太平两地的武装力量会合，到鄂西与贺龙领导的工农红军会师。

7月28日，虎南农民武装600余名，在大队长石怀宝、政委蔡奎率领下，分四个分队向东挺进。经过105里的长途跋涉，于下午6时许抵达龙沙。次日，虎南、龙沙、太平三支农民武装约1300余人在大梁子会合，浩浩荡荡抵达忠县黄钦坝。

当天晚上，黄钦坝庙内挂起了镰刀斧头旗。李光华庄严宣告："四川工农红军第三路游击队正式成立！"顿时，掌声四起，军号齐鸣。三路红军由李光华任总指挥，王维舟任副总指挥，分三个大队。蔡奎任第一大队政治委员，并参加党的前敌委员会。

7月30日，李光华、蔡奎等率队从黄钦坝出发，一路上打富济贫，不断击溃民团武装，声势浩大地向石柱挺进。8月15日，游击队抵达石柱西乐坪。

军阀陈兰亭部咬住三路游击队，穷追不舍。他们从忠县追到石柱，并和六个区的团阀组成军团联合队，对游击队实行围追堵截。8月10日凌晨，陈兰亭部向固守在西乐坪隘口的游击队发起猛攻。当地团队亦从小路包抄过来。游击队腹背受敌，二、三大队相继受挫，总指挥部亦被敌人包围。担任预备队的一大队多次从敌左侧发起进攻，以图掩护指挥部和警卫队撤退。然而寡不敌众，未能冲破敌军的包围。蔡奎等只好率队撤退。敌人乘机攻占了山头，用机枪、步枪一齐向游击队射击。数以百计的游击队员壮烈献身。总指挥李光华受伤被俘，不久即在丰都被敌杀害。

四川工农红军第三路游击队失败了！从7月29日到8月10日，仅仅存在了10多天，从黄钦坝到西乐坪，征程不过400里。蔡奎没有掉泪。他默默地将从西乐坪突围出来的几十个同志组织起来，辗转回到了小峨眉山、百里槽一带。

六、重整旗鼓

1931年春，为恢复虎南地区的工作，省委决定成立梁山中心县委，由曾莱任书记，王希伯任组织部长，金方勋任宣传部长，杨锡蓉任妇女部长，蔡奎参加中心县委为常委，后为书记；中心县委机关设在虎城沙石坎汪国清家。蔡奎专事武装斗争。中心县委与王维舟取得联系后，即组建了"川东红军游击队新编第一路"，王维舟任总指挥，乔典丰任副总指挥，蔡奎为政治委员。

梁山、达县、开江边境的虎城南岳一带，重新燃起了农民武装斗争的烽火。

南岳团总伍鹏程，派一个分队前来刺探军情。蔡奎即派人伏击，把走在前面的几个敌兵打死。后面的见势不妙，转身就跑。

刘存厚驻麻柳的周绍武团到虎南一带"清乡"，蔡奎依靠妇女会、儿童团了解情况，牵着敌军在山沟里转来转去，把敌人拖得精疲力竭，敌军处处扑空，最后只好撤走。

如果来犯的是王陵基的部队，游击队就到刘存厚的防区去隐蔽；如果来的是刘存厚的部队，游击队就到王陵基的辖区去隐蔽；如果来犯者人少或晚上来，蔡奎就领导游击队相机打击敌人。神出鬼没，灵活机动。敌人奈何不得。

中心县委把开展武装斗争和发动农民结合起来，游击武装一天天壮大，群众斗争也有了新的起色。

1931年5月1日，蔡奎和曾莱等在南岳场开展纪念活动。他们发动农民上街游行，鼓励农民学习无产阶级的革命精神，反对苛捐杂税，实行减租斗争。他们还到纸厂、小煤窑中去揭露老板克扣工资的罪行，号召工人和老板进行斗争。

稻子熟了。蔡奎等把贫雇农组织起来，风风火火地涌到田间。一阵叮叮咚咚的响声之后，农民散了，田里光了，黄澄澄的稻谷装到了农民的柜子里。割谷斗争锻炼了农民，鼓舞了农民。蔡奎等乘胜前进，又以游击队为骨干，发动农民破仓分粮。在游击队保护下，七八十个农民打着灯笼火把，挑着箩筐，威风凛凛地直奔南岳大土豪李培元的院子，砸开粮仓，把谷子分给了受苦的农民。

游击队声势越来越大。他们严惩了罪大恶极的土豪胡映堂和南岳场一个姓李的大恶霸，大长了农民的志气，灭了地主的威风。经过几个月的艰苦工作和激烈斗争，那里地主的权威大大地下降了，无疑地，将很快地发展成为苏区……

七、"撵不到的飞毛腿"

曾莱、蔡奎等为建立虎南赤区紧张地工作着，混入革命队伍内部的敌人也在疯狂地施展鬼蜮伎俩。

革命者高度地警惕着正面的对手，却没有提防背后的奸贼。金方勋，绰号金长毛。曾经是个盘剥农民的富农分子，后混入革命，窃取了中心县委宣传部长职务。他暗地抢人，乱搞男女关系，在肖家院子受到中心县委的严厉批评。他越发对党不满，遂勾结吴光辉、金太华等组成阴谋集团，大肆进行破坏党的罪恶活动。1931年8月，金长毛和吴光辉、金大发经过一番密谋，把中心县委组织部长王希伯骗到石关门杀害。不久，又把中心县委书记曾莱骗到梁山秘密枪杀。之后，他们便公开投靠敌人，被南岳精选模范大队长伍鹏程委为南岳清共大队长，带着100多个爪牙专门从事破坏虎南游击区的罪恶活动。

形势急转直下，虎南区党和人民的事业再次受到严重损失。中心县委书记兼游击队政委蔡奎力挽狂澜，一面派人锄奸，一面疏散有关人员，保存革命力量。

中共四川省委得悉曾莱等被害的消息后，立即派张云禄、盛希平到梁山同蔡奎等再次组成梁山中心县委，由张云禄任书记，盛一平为宣传部长，蔡奎任组织部长兼游击队长。省委要求梁山中心县委"巩固目前的赤色区域，发动群众斗争，加紧反日反帝运动，发展组织，除健全已有的虎、南、黄、大、万等的群众组织外，应以很大力量：（1）秘密的恢复长毛叛徒区域及其附近组织；（2）向东西两山的两面发展；（3）向元坝、石市、永兴等地发展……"此外，还要求"夺取敌人武装"，"要在敌人的军队和精选模范队中建立工作，梁山、达县、开江、大竹等地的兵运工作是万分重要的"，省委明确提出了"建立苏维埃政权，巩固苏维埃区域"的要求。

省委提出的目标是那样的明确，任务是那样艰巨，蔡奎和张云禄等四处奔忙着。他们整顿组织，发动农民，扩大武装……今天山上，明天山下；忽东忽西，忽南忽北。梁山、达县的地主武装四处"追剿"，却没有碰着游击队的一根毫毛，哀叹蔡奎领导的游击队是"撵不到的飞毛腿"……

八、血染达城

贫农出身的青年知识分子蔡奎，成为创建川东苏维埃的著名英雄。虎南地区的人民崇敬他、颂扬他，敌人也在诅咒他。当时刘湘派出的特务巡视员谢孟樵和许绍宗部团长李芳联名给刘湘的报告中写道："共党首要蔡奎、汪国清等十余人，勾结绥定王维舟、乔典丰等胁迫各场乡民入党","农民入党者几遍各场。如军队莅临,则此清彼窜","进来复着手枪决议案,实行破仓放粮,组织游击战争,拟据虎城场组织苏维埃政府。职军到后,即潜匿交界之处,讯之一般居民,众口一词咸称良民","职等俯思再四,因共产党普及过遍,杀不胜杀……"

蔡奎是平易近人的,脸上总挂着和善的微笑;有时还爱拍拍孩子们的肩头,乐呵呵地逗他们玩耍。但在敌人心目中,蔡奎简直成了青面獠牙的魔鬼。虎城、南岳的土豪劣绅纠集一群和尚、道士,仿照蔡奎的模样扎成纸人,贴上蔡奎的生庚,抬着纸人游街示众,把纸人押到大树坝"枪毙"……装神弄鬼,闹得乌烟瘴气。不过,敌人清楚地知道,愚蠢的巫术毕竟不能损坏蔡奎的一根毫毛。"清剿"不行,巫术更不行。他们又开始了新的阴谋。

这期间,刘湘的反共特务组织在四川横行,"反共自首"政策正威胁和引诱着意志薄弱的投机分子下水。敌人相中了王惠廷。王惠廷过不惯游击队的艰苦生活,又几次不执行到坝下发动农民的任务,受到了蔡奎等领导人的批评,遂怀恨在心,"每见该党残酷,久欲反共,未得其时",乃与南岳团总伍鹏程、恶霸胡映堂和叛徒金方勋(长毛)、邓刚太勾结起来,"暗通消息,密报共匪首要蔡奎等行迹"。

1932年7月,蔡奎甩掉从南岳追来的敌军,率队转战在小峨眉山水碾子一带。时王惠廷的面目尚未充分暴露,蔡奎否定了开除王惠廷的决定,留他担任游击队炊事员。7月16日,王惠廷上街买肉。伍鹏程和余及元又给他100块大洋。王惠廷便和地主孙自德勾结起来，"密备毒药，招宴共党，意在一网打尽。遂于做饭之际放毒……"游击队员毫无防备，中毒者计数十人，汪国清等当即牺牲。王惠廷作案后，"是夜飞奔南岳场，又奔虎城镇，报告地方首人"。余及元和叛徒金方勋等立即率队将水碾子团团围住。蔡奎和中心县委书记张云禄迅速掩埋好死难战友的遗体，把中毒较轻的同志分散转移，然后且战且退，奋力突出重围，隐蔽在一个农民家里。

当时开江游击队（又称"川东游击军第二支队"）负责人乔典丰亦在队中，他向蔡奎建议：把剩下的游击队带到开江，把病治好后，再拉回南岳铲除叛徒。蔡奎、张云禄犹豫着：还有许多游击队员没有收拢来，我们走了，剩下的同志怎么办？蔡奎身边的游击队员刘兴科（诨名科儿棒）趁机凑到蔡奎耳边，奸笑着："乔典丰当过土匪……"蔡奎顿时有了戒心，没有采纳乔典丰的意见。乔典丰遂率开江游击队员离去。蔡奎即令游击队员分散转移，并约定于次日凌晨在万新寺会合，徐图良策。

刘兴科伙同苏吉轩、黄光红等，当天晚上即向伍鹏程、金方勋告了密。次日凌晨，伍鹏程、金方勋率兵包围了万新寺。蔡奎知道情况有变，指挥游击队员迅速突围。他隐蔽在一块石头后面，阻击着紧紧追赶的敌兵。在枪林弹雨之中，蔡奎负伤了。他愤然跃出，豪迈地宣称："蔡老子在这里！狗崽子不要伤害群众！"

蔡奎被俘了，同时被俘的还有中心县委书记张云禄。蔡奎被解到大树坝。敌团长周建辰要他下跪。蔡奎怒目而视，神态十分威严："堂堂共产党员，哪有向反动派下跪的道理！"周建辰令兵士乱棒毒打，蔡奎昂首挺胸，顶天立地，直到被打得摔倒在地，双膝仍不弯曲。伍鹏程、周建辰等惧怕游击队组织营救，急将蔡奎送往达县监狱。狱中，蔡奎带着五斤半重的铁镣，双手被铁铐扣得发紫，但激情并未稍减。刘存厚企图从蔡奎口中探知王维舟的点滴情况，严刑拷打，残酷折磨，但除了受到蔡奎一次又一次的痛骂之外，什么也没得到。

1932年8月下旬的一个晚上。几个彪形大汉出现在蔡奎面前。他们提着麻绳，狞笑着，恶狠狠地说道："两条路，任你挑——说出王维舟来，是生路；不说，死路一条！"蔡奎满怀豪情地眺望着夜空，神态自若地告诉刽子手："不要在我身上打主意了！要杀要剐，全在你们。我有死而已，别无他求！"当天晚上，蔡奎即被刘存厚部秘密绞杀，年仅25岁。

蔡奎墓

蔡奎牺牲了，张云禄牺牲了，创建川东苏维埃的壮丽事业再次受挫。但是，烈士的血培育了川东英雄儿女。"叛徒做事太无耻，既然来革命，那就该忠诚。为什么，又在途中来背叛啦？不是为升官，就是想发财呀！致使多少同志遭杀身。万众齐心，清除叛徒们！"他们深情地掩埋好同伴的尸体，愤怒地鞭挞着可耻的叛徒。在烈士战斗过的虎城、南岳、大梁子等地，1948年又掀起了武装起义的高潮，随着人民解放军的胜利进军，"川东苏维埃"的土地上终于插上了鲜艳的五星红旗！

万涛

◎ 冉光海 李代宣

湘鄂西和川东南人民怀着十分崇敬的心情，缅怀湘鄂西苏区革命先烈，怀念与"左"倾错误坚决斗争，为创建湘鄂西革命根据地和革命武装做出巨大贡献的万涛同志。

一

万涛

万涛（1904—1932），原名万诗楷，号铁民，化名王德，土家族。1904年1月20日出生于四川省黔江县（今重庆市黔江区）马家坝一个叫桂花村的地方，家境颇富。

万涛是独生子，父亲万远屿渴望儿子长大成器，先后让其投几位塾师门下就读，后又将万涛送舅父张箓均家，请远近有名的私塾先生给万涛讲旧学。1920年,万涛到县城高等小学堂读书。

高小校长陈宿航曾留学日本宏文师范,他感于边远山区教育事业的落后,立志办好家乡的教育事业,效力桑梓,毅然回到家乡,四方奔走,办起了高小,并办得生气勃勃,深得县人的称颂。万涛能在陈先生门下读书,自然有说不出的高兴,"头悬梁、锥刺股"发奋读书的故事,激发他刻苦攻书,使他的学习成绩一直在同学中遥遥领先,国文尤为见长。

万涛旧居

陈宿航对中国的贫穷落后,统治者的保守有诸多感慨。他对学生进行严格教育,讲他在外奔波求学的所见所闻,讲日本侵略者的蛮横无理,讲祖国长期受侮辱、受欺凌的历史,对学生进行爱国主义的教育。已进入青年时期的万涛为中国遭到列强欺侮愤愤不平，对腐败无能卖国求荣的封建军阀极为痛恨。万涛的民族自尊心，青年人沸腾的热血，拯救中华民族于苦难之中的意愿，流露于言行。一次，陈先生以"爱国"为题，叫学生作文，万涛的文章富于思辨、情感奔放、议论有据、雄劲有力，陈先生倍加赞赏，认为其文"思想辽阔，立意新奇"，并当作范文在课堂上诵读。

万涛相信科学，不信鬼神。十五六岁时，他害了一场大病，家里请巫师给他驱鬼收魂，巫师拿一个烧得焦煳的鸡蛋给他吃，还要在他双手和脖子上套上根"七色线"，口中念念有词，扬言只有这样才能把魂魄收回来。万涛见巫师一派胡言乱语，非常气愤，把鸡蛋摔得粉碎。还有一次，他还把屋侧边的土地菩萨也砸了。

高小毕业后，万涛回到家里，与三门滩人冉启秀结婚。结婚的欢乐并未使他求知的欲望泯灭，他喜书成癖，见书就读，有时连饭都忘了吃。

1923年7月，万涛到重庆求学深造。这时，萧楚女任《新蜀报》主笔，宣传马列主义，以五四运动民主与科学的精神，引导青年关心社会、改造社会，重庆的革命空气逐渐浓厚起来。在这些日子里，万涛追求真理、追求进步，得到非常有益的锻炼和提高，并于次年加入中国共产党，和重庆学联负责人张锡畴等积极参加学联、平民学社等进步组织的活动，为重庆地区不断高涨的青运、学运做出了努力。自此，万涛作为一名无产阶级革命战士，走上了职业革命的道理。

父母写来家书,要他早日建功立业、衣锦还乡、探视父母,但万涛却给父母回信,动员他们把家里的"押金全部退掉,佃户交多少租就收多少,不要多收"。1926年,万涛和一些革命青年到上海,积极参加群众斗争。一段时间里,他在党中央机关工作,在周恩来的直接领导下从事革命斗争。

万涛同志妻子冉启秀

二

1927年冬,为贯彻"八七"会议决议,中央派万涛任中央巡视员,到湖北指导农运农暴工作。由于当时缺乏领导起义的经验,湘鄂西地区的农民在暴动中,虽然捕杀了一批土豪劣绅、反动军警、官吏,冲击了反动势力,打击了反革命气焰,鼓舞了群众的革命斗志,但革命力量亦遭到相当损失,特别是鄂西地区的起义,因三易起义计划,远远未达到预期目的。在这艰难时刻,万涛以中央鄂西巡视员身份到鄂西地区,加强对该地区农运农暴工作的指导,深入发动群众进行土地革命。1928年1月,鄂西特委在沙市成立,万涛任特委委员。5月,特委被破坏,书记张计储牺牲。7月,周逸群到宜昌重建鄂西特委,周逸群任书记,万涛担任副书记。当时,鄂西特委所辖各县党组织损失很大,特别是基础好的公安、长阳等县党组织全遭敌人破坏,敌人正在进行残酷的"清乡",大肆捕杀共产党人。万涛和周逸群认真总结失败教训,克服一度出现的盲目主义和地方主义倾向,加紧清理、恢复、整顿各县党组织。特委要求党员以灰色面孔出现,用各种社会职业作掩护,深入群众;要设法打入敌人内部,为保护组织、保护同志创造较好的条件;要把工作重点由城市转农村,发展农村游击战争等。同时,特委发动各县展开反"清乡"斗争,发动农民普遍开展抗捐抗债活动,使革命形势出现了新的转机。

在反"清乡"斗争中,万涛在华容巡视指导工作,不幸被敌抓捕。在敌人威逼利诱面前,万涛坚贞不屈、视死如归,机智勇敢地和敌人斗争。在党组织营救下,于1928年冬获释,又继续领导鄂西地区的革命斗争。

1929年春,鄂西党的工作得到一定的恢复和发展。在反"清乡"斗争中,党员和群众得到锻炼,党的组织得到巩固和发展,若干小块的游击根据地不断出现。特委为进一步发展革命事业,于1929年3月6日,在江陵县沙岗召开了第一次扩大会议,总结工作经验,贯彻六大决议,明确规定游击战争的任务,不仅是打仗,更重要的是发动群众,并从组织上加强和健全了特委领导机构。会上,万涛仍当选为副书记,并负责宣传工作。

为了使农村游击战争迅速发展,特委规定每隔一定的时间,特委成员都要集中讨论政策、策略问题,了解和研究各县

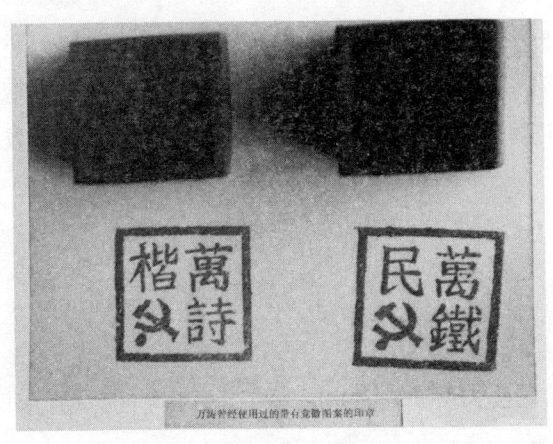

万涛使用过的印章

工作情况，然后分散到各县巡视工作，直接指挥该地区的群众工作和军事斗争。万涛在游击战争的实战中，认真探索、研究土地革命、游击战争的规律，正确解决游击队和群众的关系，游击队的自身建设以及游击战争的基本任务等一系列问题。万涛认识到，游击队要从群众的切身利益出发，不断改进工作方法，以教育群众，把扩大游击队在群众中的影响作为宣传工作的目的和任务。当时游击队每到一地，就运用群众喜闻乐见的歌谣、标语、传单口号等形式，向群众灌输革命思想，发动群众起来革命。

1929年3月，蒋桂战争爆发，驻鄂西的桂系军阀外调与蒋介石作战，一时，该地区反动力量比较薄弱。特委抓住这个有利时机，迅速发展游击武装，实行农民武装割据，打土豪分田地，将没收土豪劣绅的财物分给穷人。群众纷纷要求参加革命。在这些斗争中，万涛深入群众，调查研究、指挥斗争。到夏天，江陵、石首、沔阳、监利等县交界的洪湖、白露湖沿岸的一大片区域，形成了工农武装割据的形势；在河湖港汊交错的江汉平原上，初步形成了一块红色区域，后来逐步发展为洪湖苏区。

三

万涛不仅为洪湖苏区的创建付出了艰辛的劳动，而且为巴（东）兴（山）秭（归），鄂北襄（阳）、宜（城）苏区以及湘鄂边苏区的创建和发展做出了贡献。1929年秋冬，他以中央巡视员身份，深入鄂西宜昌、钟祥、潜江、松滋、枝江、宜都、当阳、长阳、兴山、秭归、巴东，以及恩施、鹤峰等地巡视工作，帮助各县建立、恢复党的基层组织，组建游击武装，并将工作中带普遍性的问题，及时向中央报告，提出符合革命斗争需要的建议。在敌人"清乡"中，一些县党组织遭到严重破坏，万涛不顾生命危险，哪里需要他，他就在哪里出现，帮助清理恢复那里的党组织。针对一些党员群众在白色恐怖下动摇退缩的现象，他教育党员要有高昂的革命斗争精神，"没有斗争就没有工作""决不能被动保守，保守就是失败"。对一些党组织包办群众组织，甚至代替群众组织的错误做法，他给予耐心细致的批评教育，指示要绝对禁止党组织的公开活动，要求党员干部深入到群众中去，把革命事业当作群众的事业。同时，他还提出"分散游击，是目前唯一的战术"，"游击队的组织以短枪三至五支为一小队"，游击队战士要尽可能地参加生产,战时是游击队员,平时是农民群众,把革命武装植根于人民群众中。

万涛在巡视工作中,了解到一些地方的群众原先对红军的宗旨认识不清,说"要早知道红军有这么好就好了"。针对党的宣传工作不深入等现象,他提出宣传工作既要广泛,又要细致,要和"国民党的反动宣传争取群众",造成红军走到哪里,就有群众积极而热情的支持。这样,革命战争才能得到胜利。万涛亲自抓省委机关报《洪湖日报》这个宣传阵地,宣传党的政策、主张,以及土地革命、生产救灾等,强调文章和消息报道内容要鲜明、生动活泼,要"简短有力,民众欢迎"。

为了提高党员干部的思想觉悟,1929年7月,鄂西特委在封口举办了军政干部训练班,集中江陵、石首、沔阳、监利、汉川等县80多名基层干部,进行培养训练,万涛和周逸群等经常去讲课,并主讲青年运动的内容,深受学员尊重。

1929年12月,鄂西党的第二次代表大会在石首袁家铺召开,万涛当选为特委常委兼组织部长。次年春,蒋冯阎大战爆发,鄂西和湘鄂边革命形势发展较快,相继组建了中国工农红军第四军和第六军。对周逸群、万涛等领导的鄂西和贺龙领导的湘鄂边革命斗争的高涨,中央非常重视,于1929年9月15日给贺龙指示信:"特派王德(万涛)前来与诸兄协议,立即组织湘鄂边特委,王德同志即参加特委工作。""特委主要……立求向鄂西发展,更接近政治中心,扩大斗争影响。"次年2月,万涛奉中央命令到湘鄂边红四军驻地鹤峰,进一步传达了中央和鄂西特委关于红四军东下与西进的红六军会师的指示,以及鄂西党的二次代表大会精神，旋担任红四军第二路党代表，为提高部队的政治思想觉悟付出了心血。

为了坚持湘鄂边地区的革命斗争，万涛根据中央和湘鄂西特委的决定，协助贺龙组建了鹤峰中心县委，由汪毅夫任书记，领导桑植、鹤峰、五峰、长阳、宣恩等县党的工作。之后，红四军4000余人在贺龙、万涛的率领下，离开鹤峰，向松滋、公安方向推进。经过艰难转战，绕开川敌郭汝栋和鄂敌的层层阻挠，于1930年7月3日，与红六军在湖北公安陡湖胜利会师。会师后，按中央的决定，四、六两军合编为红二军团。两军的会师，标志着湘鄂边、湘鄂西两块苏区连成一片，湘鄂西革命根据地初步形成；也标志着贺龙、周逸群、万涛等领导的湘鄂西地区的革命战争取得了巨大的胜利。

为适应革命形势的需要，中央将鄂西特委改建为湘鄂西特委，领导洪湖、湘鄂边、鄂北、巴兴归、襄枣宜等六块根据地的革命斗争。万涛当选为特委副书记，仍然是周逸群的得力助手和亲密战友。

红二军团建立不久，中央派邓中夏到湘鄂西贯彻立三路线，要红二军团脱离洪湖苏区，渡江南下，配合一、三军团攻打长沙，给二军团造成了一定的损失。但根据地工作由于周逸群、万涛抵制"左"倾盲动错误，发动群众保卫苏区，建设苏区，使苏区在主力红军远离和敌人疯狂围剿的险恶环境中，不但未遭到损失，反而进一步得到巩固和发展。

四

万涛从 1927 年底至 1932 年 9 月，在湘鄂西度过了五个春秋。这个时期，是湘鄂西革命根据地从创建、发展壮大到遭受挫折以致丧失的全过程。在这个过程中，他的多数工作时间是在这个地方度过的。湘鄂西苏区得以形成具有全国影响的苏区，得以建立一支两万多人的正规红军，在很大程度上取决于根据地的巩固和建设。而万涛正是根据地出色的开拓者，根据地多方面的工作都凝结着他的心血。

如何建设好苏区，万涛对这个极为重要的问题，进行了成功而有益的探索。中国民主革命实质上是农民革命，农民革命的中心是土地革命。万涛认识到，要使农民革命胜利，就必须解决土地问题。于是，他以极大的精力和强烈的使命感去研究这个问题。

他对居住在江汉平原上的农民进行认真的调查分析，发现这里的农民都有数量不等的田地，拥有大量田产的大地主不多，家道较为殷

万涛手书

实的富农、富裕中农却不少。"土地问题,普遍都是自耕农","完全是小农经济自给、社会阶级分化不明显",主张必须正确而严格地划分地主、富农的成分;对富农的政策应按不同情况区别对待,作为争取的对象。因此,万涛认为,土地革命的对象应该是拥有大量土地的土豪劣绅,农运的重心应放在贫雇农身上。

万涛关于湘鄂西苏区土地革命的见解,得到周逸群等同志的赞同,在鄂西党的第二次代表大会上通过了《关于农民问题决议案》《关于土地问题决议案》等文件。前一个文件规定了党在农村中的阶级路线,指出了土地革命的主力是"从雇农起到中农止";后一个文件要求无代价的立即没收豪绅地主的财产土地,分给无地或少地的农民使用;对富农采取中立政策,既不把他们推向地主的一边,又不能将其当作反封建的同盟者。这些政策,对于推动苏区的土地革命,起到了重要的作用。贺龙曾对万涛在苏区土地革命中的贡献做出了这样的估计:那时,"我们对什么是富农、中农,也不大懂,还是万涛他们一些人在洪湖时常常去摸,还懂得一些。"

湘鄂西的土地革命,在 1931 年以前,其政策和方法基本上是正确的。但从王明派遣夏曦到洪湖后,即把周逸群、万涛制定的土地革命政策斥之为"富农路线","是富农取得土地革命的利益",加以全盘否定,提出了"加紧反富农斗争","彻底平分一切土地"的口号。这不但把富农推向了敌对的一面,同时,还严重侵犯了中农利益,使革命的敌对力量增大,给根据地的发展建设带来了困难。

作为地方干部,万涛吃够了主力红军离开苏区,敌人疯狂围剿苏区的苦头。因此，他竭力主张红军的行动必须遵循巩固地向外发展的原则，竭力反对那种脱离苏区，不顾后方的冒险的军事行动。1930年秋，邓中夏执行立三路线，要红二军团远离苏区去攻打中心城市。敌人乘苏区空虚之机，发动围剿，万涛、周逸群等依靠群众，勇敢地领导苏区人民同敌人斗

贺龙（右）和万涛（左）1930年在鹤峰

争，粉碎了敌人的围剿，渡过了难关。当得知二军团在杨林寺失利的消息时，又组织苏区人民积极支援主力红军，打击敌人，使主力摆脱了强敌围困的处境。

五

1931年5月，周逸群在洞庭特区检查工作，不幸牺牲，万涛失去了一位良师益友，悲恸不已。他感到自己的责任更重大了，化悲痛为力量，肩负起湘鄂西根据地军队和地方工作的繁重领导任务，历任湘鄂西特委副书记、湘鄂西分局军委委员、湘鄂西省委常委、省委组织部部长、省革命军事委员会主席团委员等职。

1931年夏，洪湖发生严重水灾，长江和汉水等河堤相继溃决，洪湖苏区除华容、东山等少数地方外，监利、沔阳、江陵、汉川大部分地区水灾严重，加上敌人决堤淹我苏区，枪击修堤群众，并纠集20多个团的兵力对苏区进行第三次围剿，而红三军主力七、八师又远在鄂西北房县一带开辟新苏区，根据地人民面临着异常严峻的局势。为了击败敌人的进攻和征服自然灾害，湘鄂西省革命军事委员会作出《关于九师最近行动的决议》，令九师二十五团保卫苏区，二十六团向潜江、天门、京山一带进击，"以极大的决心"给苏区北面之敌"余德佐旅以严重打击，消灭其实力，击破敌围剿我们之一方"，"发展天门、潜江游击战争，并使潜江、天门与监利、沔阳、汉川苏区连成一片"；为了保证九师出击襄北的胜利，决定万涛随军出发指挥一切。

九师二十六团在万涛、段德昌、陈培荫带领下，向潜江活动，歼灭了周加矶、黄家场一线敌人，于8月17日攻占沙洋，歼敌余德佐一个团，于21日攻占荆门。留守后方的二十五团配合二十六团行动，也于18日占领潜江。至此，余德佐旅被九师全歼，红军缴获的枪械可装备一个团。万涛、段德昌等即用这些武器充实了二十五、二十六团，同时，还新组建了二十七团。九师的胜利，解除了敌对苏区北面的威胁，极大地支援了苏区人民战胜水灾和取得反围剿斗争的胜利，并使监利、沔阳、汉川苏区得到巩固。但长江南岸华容等苏区，由于江水猛涨，红军不易渡江支援，被敌军占领。

九师在鄂北消灭了几支反动武装后，与鄂北红二十六师取得联系。万涛抽调部分干部和枪械充实了二十六师,并进一步健全其政治工作机构,派马三光任政治部主任,加强政治思想工作;同时,还向鄂北党组织传达了中央指示,介绍了全国以及湘鄂西的革命形势,并向中央和省委建议,将鄂北划为湘鄂西苏区,得到了中央的认可。

九师在攻占沙洋后,从几种敌人文件中得知红三军已入南漳,万涛遂令九师出击荆门,渡过襄河,转至鄂北苏区,迎接红三军回洪湖。9月28日,贺龙、邓中夏率领的红三军主力与九师在荆门刘猴集会师,即召开三军前委扩大会议,团长以上干部出席了会议。会上,万涛传达了中央和湘鄂西分局指示,改组了红三军前委,万涛代替邓中夏任红三军政委和前委书记。

为继续开辟潜江、京山苏区,红三军于10月20日攻占钟祥,歼敌一部,留枪150支,组建了钟祥游击队。鉴于钟祥、天门、京山一线敌军力量较薄弱,贺龙、万涛遂令红三军打通与洪湖苏区的通道,使新区和老区联结起来。这时,万涛于永隆河写信给省委和中央分局,要求"派大批工作人员来做地方工作,协同三军建立巩固新区政权",并告诉省委,已组织潜江、汉川运输队,把缴获的粮食物资运往洪湖,支援根据地人民渡过水灾困难。夏曦接到万涛的信后,极为恼火,对万涛的建议和九师出击襄北所取得的胜利,不但不给予支援和肯定,反而指责万涛脱离苏区,不要后方,把分局和省委当作"后勤部";把九师执行省委迎接红三军主力回苏区说成是"改变军事计划,冒进的脱离苏区",影响了第三次反围剿斗争,导致了江南苏区的失陷。并以违抗军令为由，撤销万涛红三军政委职务，给九师师长段德昌、政委陈培荫以警告处分。夏曦还独断专行，不经分局和省委集体研究，擅自撤销红三军各师部，将部队改为五个大团，由他直接指挥。这实际上是撤销了红三军军部，削弱了贺龙、万涛对红三军的领导。

六

夏曦到湘鄂西执行王明路线的一系列错误做法和对九师以及红三军的无理指责，引起了大部分干部战士的不满。因此，便爆发了以万涛为代表的许多干部和夏曦的激烈争论。

争论的焦点是红九师出击襄北，迎接红三军主力回洪湖以及江南苏区失守的责任等问题。红九师出击天门、潜江都是夏曦的主张。红九师在万涛、段德昌指挥下，灵活机动地歼灭了余德佐旅，部队新编一个团，消除了敌人对苏区北面的威胁，并将红三军接回洪湖根据地，成绩是不小的。至于江南苏区失守，由于敌强我弱，洪水泛滥，这都是始料所及的。

当中央从国民党的报纸得知江南苏区失陷的情况，向夏曦询问缘由时，夏曦不敢承担责任，不将实情告诉中央，而违背事实真相，给中央回电说："东山失守，是因九师远离苏区"，把责任全盘推到万涛和九师身上。万涛对夏曦的恶劣做法极为愤慨，在潜江召开的省委谈话会上，与夏曦进行了激烈争论，并于1931年10月18日、25日，两次向省委和中央写了申诉报告，说明红九师出击的实际情况，驳斥夏曦对红九师行动的横蛮指责，表达了湘鄂西多数干部对夏曦执行王明路线的不满。

由于万涛等人的坚决斗争，省委重新做出了《关于九师行动的决议》，承认红九师出击襄北是贯彻了省委和分局的决定，江南苏区失守责任不在万涛身上，撤销万涛红三军政委的职务是不应该的。同时，中央也批评了夏曦处理红九师问题的一些具体错误，不同意撤销红三军各师部；还认为地方干部能批评中央代表，中央表示赞许。但又给夏曦以支持，说夏曦到湘鄂西分局工作以来，是执行了国际路线的。鉴于此，夏曦只好承认了一些错误，恢复了红三军各师部，但却对万涛耿耿于怀，认为万涛、潘家辰（湘鄂西省委巡视员）等坚决和他的错误行为做斗争，是"反中央分局的小组织活动"，用"反党""反革命"等帽子来压制党内正常的批评斗争，打击同志。这更引起了不少同志的不满，均认为夏曦不能担任红三军政委工作，要求中央另派人来接任红三军政委或中央分局的工作。

万涛回到地方后，担任湘鄂西省委宣传部长，受到省委的热烈欢迎。他并未因自己受到"左"倾路线的排斥打击而灰心失望和精神不振，而是以更高昂的革命责任感，同"左"倾错误做斗争，为革命事业忘我地工作着。他亲眼看到"左"倾错误对革命的危害，非常痛心，于是不顾自己的艰难处境，在《洪湖日报》上著文批评邓中夏执行"左"倾机会主义错误。当红三军再次出击襄河两岸，取得几次较大的胜利时，夏曦便头脑发热，要红军越过京汉铁路，向襄北发展，去包围武汉，实现夺取一省或数省的首先胜利。眼看红军和苏区要遭到巨大的损失，万涛不顾夏曦对他的怨恨，以及由此而带来的后果，仍然和他据理力争。万涛认为根据地的发展方向，应是巩固地向外发展苏区，主张打藕池、石首，红军主力应立即南下，巩固洪湖苏区，收复江南苏区；认为襄北敌情严重，红军过襄河就有被敌人截断的危险。这样新区将无法开辟，老区也无法巩固，甚至有被敌人占领的危险，由此带来的后果是难以想象的。然而，这关系苏区命运的正确主张，却被夏曦蛮横地拒绝了。

1931年10月12日，省委召开扩大会议，万涛首先发言说"中央代表尽是帮倒忙，来了个邓中夏，把红军主力带跑了，这个夏曦来，又要把红军主力带跑"，并痛切陈词："我们这些地方干部吃够了主力不在苏区的亏。"万涛这个发言很激动人心，大家均表示支持，对夏曦忠实地执行王明"左"倾错误极为不满。夏曦则认为万涛对国际路线没有理解，万涛坚持的巩固地向外发展苏区的主张，是畏敌保守的右倾思想。

1932年1月22日，中共湘鄂西省第四次代表大会在监利周老嘴召开。大会在讨论夏曦的政治报告时，代表们对夏曦在湘鄂西半年多的工作，提出了严厉的批评，而万涛、潘家辰等同志对夏曦的批评和建设苏区的正确意见，得到绝大多数代表的响应。夏曦处境十分孤立。

会议进行到第三天，去中央汇报工作的尉士均和中央派到洪湖的关向应到来。他们的到来，使会议由批评夏曦骤变为批判万涛、潘家辰等同志。尉士均在王明"左"倾错误的影响下，不敢坚持真理，改变了自己反对夏曦的观点，在大会上竭力为夏曦辩护，指责万涛等人。接着关向应传达了中央指示，把万涛等对夏曦的批评，说成是"反国际、反中央的正确路线"，"是对中央分局进行反党的派别活动"。夏曦则说"万涛团结一部分人和反党分子对中央分局作复仇斗争"，"九师出击是万涛改变分局和省委关于九师行动的决定，助长了军事冒险行动"。于是，以万涛为代表的正确意见被否定，王明"左"倾错误在湘鄂西泛滥开来。

1932年夏，蒋介石调集10余万军队，在飞机大炮掩护下，向湘鄂西苏区发起第四次"围剿"。夏曦等不顾敌强我弱的客观事实，连避实就虚的起码战术原则都不顾，硬要红三军向敌人兵力雄厚的云梦、应城一线出击，争夺平汉铁路，去实现与鄂豫皖苏区打成一片，会师武汉，夺取中心城市的首先胜利。并把这个极为错误的主张规定为湘鄂西苏区基本的、首要的任务。

在大敌当前的恶劣环境中，本来应集中一切力量去对付强大的敌人，夏曦却在这苏区命运攸关的关键时刻，制造了使亲者痛、仇者快的蠢事，发动了湘鄂西苏区的"肃反"运动，严重地扩大化，并把肃反作为党和军队压倒一切的中心任务，逮捕了一批为创建湘鄂西苏区做出巨大贡献的、以万涛为首的优秀领导干部，对其施行残酷的刑讯逼供，最后加以杀害。

夏曦顽固推行王明路线的结果，使整个洪湖苏区丧失，红军不得不离开根据地和人民，进行7500里的艰苦转战，拥有两万人枪的红三军，锐减到4000人左右。

七

万涛对人对己严肃认真，为真理，他不惜牺牲自己的生命；对自己的错误，也决不姑息迁就。在和夏曦的争论中，尽管红九师出击的一切行动都是按省委和分局指示进行的，但他在给中央的信中，还是承认"有错误，把到天门的任务延缓，急于与红三军取得联系，虽然这中间有许多原因，但我绝不借这些原因来掩盖我一点错误都没有"。一个共产主义战士的胸襟，多么光明磊落！

万涛勤学善思，平时话不多，一说话就有根有据，引经据典，词锋尖锐而透辟，显出强烈的感染力和号召力。万涛平易近人，作为湘鄂西党的组织者、苏区的创建者，特别是周逸群牺牲后，他担负的责任更大了，在人民群众中的威望也更高了。但是他不以领导者自居，经常深入群众，从群众的愿望出发，从实际情况出发，为党为人民操劳着。万涛认真严肃的工作作风、丰富的革命经验、干练的办事能力，开初，夏曦也是佩服的。他曾对当时担任湘鄂西省委秘书长的郑绍文说："在工作上，你们要好好向他（万涛）学习，尊重他。"只是当万涛坚决反对夏曦在湘鄂西推行王明"左"倾错误时，夏曦不但不善意接受党内同志的正确意见，反而放肆地打击对他有意见的同志，甚至置之死地而后快。

万涛非凡的工作能力和崇高的革命品质，使他在血与火的革命斗争中，成长为湘鄂西革命根据地人民心目中的坚强领导者，赢得了苏区广大干部群众的敬重和爱戴。1932年5月，湘鄂西苏区"肃反"运动开始，万涛首当其冲被捕。8月31日，年仅28岁的万涛被扣上"反革命高级坐探""改组派首领"等帽子，与柳直荀、潘家辰等多名湘鄂西苏区高级领导人被错杀于洪湖根据地瞿家湾青龙坑。

故居内万涛雕像

洪湖含悲唱挽歌，荆江碧水祭英灵。1957年12月，国务院拟就的"湘鄂西革命烈士纪念碑碑文"中列上了万涛的英名。1984年9月，民政部向万涛遗孀颁发了万涛同志的"革命烈士证明书"。1984年11月10日，湘鄂西苏区革命烈士纪念馆在洪湖举行落成典礼，万涛作为湘鄂西革命根据地和革命武装的创建者，与贺龙、周逸群等同志齐名，受到人民的敬仰和传颂。

李仙舟

◎ 蒲国树

李仙舟

李仙舟（1908—1930），字树修，又名绍陶，1908年12月18日（农历冬月二十五日）出身于四川涪陵县（今重庆市涪陵区）大顺场龙凤坪一个乡村中医家庭。家有兄弟姊妹六人，仙舟排行第五，小时候跟杨炳文念了七八年私塾。

1924年，老同盟会员、川军名将——他的大哥李蔚如退居乡里，创办了大顺更新校。李仙舟进入该校高小部读书。他读书刻苦，勤于发问思考；敏于应对，尤喜作文。学校各种活动，他既是积极的参加者，也是组织者。老师器重他，同学们也喜欢接近他。

1925年，李仙舟考入重庆治平中学。在此期间，他听到萧楚女等革命家的精彩演讲，读到了《向导》

《中国青年》等革命书刊，思想进步很快，被同学们选为学生会会长，同时又是涪陵旅渝同学会的负责人。帝国主义在上海制造"五卅"惨案和四川万县"九五"惨案发生后，李仙舟都在重庆组织学生参加罢课、罢市和游行示威活动，开展抵制日货等反对日、英帝国主义的爱国运动。不久，李仙舟在治平中学加入了中国共产主义青年团。其后，他一面从事学运，一面参加组织工人夜校、平民学校及手工业工会的革命工作。

1926年农历十月，李仙舟奉父母之命成婚。妻子姓刘，巴县风门人。婚礼上，大哥李蔚如以联相赠："梅开并蒂，小阳天气正宜兹，良辰美景好修订百年鸳鸯；藕结同心，儿女英雄初作室，勖拓胸怀莫辜负万里鹏程。"李仙舟不负大哥勉励，婚后不几天就返重庆。次年初，进入中共重庆地委创办的中法大学学习，不久加入了中国共产党。

1927年3月31日，中共重庆地委通过国民党左派省党部，发动重庆各界爱国群众在打枪坝集会，强烈抗议英美帝国主义炮击南京，遭到了反动军阀刘湘、王陵基的血腥镇压。仙舟在这次惨案中表现得十分果敢沉着。当特务在会场开枪以后，人流潮散，由于出口被堵塞，十分拥挤，李仙舟急中生智，一步跳上城墙，特务向他射击，子弹呼啸着从他耳边擦过，他敏捷地拉了五六个同学，一起跳下城墙转移。

4月初，李仙舟回到家乡，投入到涪陵四镇乡轰轰烈烈的农民革命运动。6月下旬，涪陵县农民协会在其家乡成立，他被选为秘书长。会议还未结束，刘湘以其第三师许尧卿部勾结巴县、綦江、南川三县反动军阀进犯涪陵和南川两县交界的冷水关，妄图扼杀涪陵的革命运动。县农协会立即召开军事会议，决定调集农民军8000人抗敌。农军在明家场成立前线指挥部，李仙舟负责第二防线，即安定后方秩序和组织供应武器、钱粮。军情如火，万事纷繁，李仙舟发动和指挥弋阳国民师范、县中和省中的共青团员与进步青年深入各乡场宣传"抗敌宣传大纲"，以"有钱出钱，有枪出枪，誓死打破刘湘反革命围攻"相号召。其大哥和二哥的连襟，不法土豪陈渔江、陈育堂弟兄持枪不交，李仙舟果断地将其逮捕，交农会群众审判。这样，保持了后方秩序的井然，群众斗志昂扬，一致行动起来，为前线服务。

不料，其兄李蔚如为涪陵驻军郭汝栋部施奸计所诱捕，在亟待营救的重要关头，李仙舟首先考虑的是"三三一"惨案后，

李家祠堂

将中共重庆地方委员会和莲花池党部（左派）的同志转移。7月3日晚，李仙舟端出家中仅留的200银圆，对前来家中商量营救总指挥李蔚如的同志们说："郭汝栋突然背叛，目前形势险恶，大哥的问题有我在，诸君远道而来，不可相累，趁郭军未到之前，望诸君以大局为重，火速转移出境，这点盘缠是心意，请诸君各自量取吧！"在李仙舟的再三催促下，省党部（左派）执行委员李筱亭、干事喻凌翔、广州农讲所学员徐康宁、杨靖宇等10多位外地同志含泪取款，在农军战士护送下连夜离开涪陵境内。

疏散了革命同志后，又安顿好九旬祖母，李仙舟才带领10多名农军敢死队员，化装潜入涪陵营救大哥。哪知敌人并未将李蔚如押送涪陵，而是从旱路押送冷水关许尧卿部溯江而上往重庆。李仙舟又带队回转，跟踪追赶。8日下午，追至重庆南岸黄桷垭35里的迎龙场时，正逢李蔚如的轿夫和警卫人员一行，方知数小时前大哥已被敌人杀害。他只好强抑悲痛，护送遗体返回大顺场。按照李蔚如就义前的遗嘱，仙舟非常简单迅速地进行了安葬。面对严重的白色恐怖，他暂时隐藏在附近的农民家中，照顾大嫂和年幼的侄儿。

弟兄情，阶级恨，复仇的烈火在胸中燃烧。但是经过一年多疾风暴雨的洗礼，李仙舟毕竟已经成熟了。1927年秋，李仙舟与张先平、罗小余等准备去武汉找党组织，行至万县，被军阀杨森阻拦。在万县停留期间，他见到了中法大学同学雷震寰和万县党组织负责人曾润百。这时，党中央已派傅烈等来川清理和整顿恢复党的组织，并在重庆建立了中共临时省委。曾润百向李仙舟介绍了武汉和全国的革命形势后说："要革命不一定要到武汉，把我们本地的群众组织发展起来，是当前最重要的革命工作。"不久，李仙舟即返回涪陵。

李仙舟回涪陵后，秘密在四镇乡联络革命同志，散传单、贴标语，鼓舞群众起来斗争。他在大顺场更新小学组织进步师生闹学潮，赶走了把持学校的西山会议派陈克谦，使学校重新回到革命派手中。李仙舟还与张光平到弋阳国民师范学校演文明戏，宣传革命形势。他们二人编了一首歌，名叫《蒋介石成了啥东西》，教同学们用苏武牧羊的调子唱。11月，四川临时省委派省工运书记曾君杰到涪陵建立了中共涪陵县委。李仙舟被派往罗云、焦石等乡做革命组织的恢复和发展工作。罗云乡原来是涪陵县第一个建立农村党组织的地方。1927年1月，罗云乡及附近的干龙乡就成立了农民协会。四镇乡革命失败后，这里的运动也暂时转入低潮。李仙舟通过原大顺场更新小学教师共产党员钟伯沧（罗云人）的关系，隐藏在农民龚涛家里，找到农协会负责人共产党员李涣堂、刘伏洋商量，以建立"土地会"的名义，暗中恢复和发展农协会组织。短短两三个月中，"土地会"革命组织在涪陵县东北角的罗云、干龙、清溪、龙驹、焦石、山窝等乡以及县属武装北部的双河、木根等乡蓬勃发展起来。这为后来的罗云"土地会暴动"和震撼全川的"二路红军游击队"起义打下了坚实的组织基础。

1928年2月，中共四川省委根据1927年11月中央临时政治局会议的精神，决定组织春荒暴动，并先后派彭兴道、刘成辉到涪陵主持工作。3月，李仙舟与张光平被派往乌江流域的武隆火炉建立农民协会，组织农民武装暴动；通过治平中学共产党员、本地人邹平阶的关系，做土匪杨畅时（曾做过黔军招安营长）的工作。经过两个多月的努力，他利用杨与当地土豪张涛光的矛盾，于3月中下旬发动起义，杀了张涛光，夺了张所掌握的百来条团练枪支，拉起了300多人的队伍。不幸军权为杨畅时篡夺，杨翻云覆雨，蓄谋杀害李仙舟与张光平。李仙舟闻讯后与张光平连夜离开火炉，起义遂告失败。

7月，李仙舟在鹤游坪圣公校（今垫江县严家公杜小学）以办暑期补习学校为名培训农运骨干，发展党、团组织。此时正值下川东之战，杨森赶走郭汝栋后驻防涪陵，到处清查共产党人。李仙舟别却妻子与未满周岁的婴儿，经组织介绍，与张光平同去上海。

李仙舟到上海后，考入华南大学文学系，任党的支部书记。他深入细致的工作作风以及出色的宣传组织能力，很快得到江苏省委的肯定，被任命为上海市法南区区委组织部长，负责整顿组织和发展党员，建立工厂企业、学校、街道中的党支部、小组。他除了在斜桥法租界的自来水厂、吕班路的电车公司及卢家湾、打浦桥一带的中小工厂做工人工作外，主要是在一些大专学校如政法大学、美专、两江体专、大同大学、交通大学、同文书院等学校开展工作。

这时，全国各地的知识青年怀着极大的热情奔向上海，寻找革命出路。李仙舟先住在法租界善钟路，后迁至打浦桥政法大学附近的新新里，他的住处成为革命青年的集中地。青年们围绕革命问题和他进行热烈的讨论。对各地来上海寻找党组织关系的青年（其中有很多四川及涪陵的青年），李仙舟总是热情接待，细心地审查他们失掉关系的原因和经过，帮助他们恢复组织关系，并向他们传达党中央的方针，及时把他们派往需要的地方去开展工作。对表现出苦闷的青年，李仙舟耐心地开导他们，帮助他们总结失败的经验教训，鼓励他们深入到工人、农民、士兵、青年和一切劳苦大众中去，在他们当中生根，领导他们起来革命，迎接新的革命高潮到来。

一些在上海做革命工作的青年，因为缺乏经验，认为只要传单一散发，群众就会发动起来；或在工厂门前趁工人上下班时去找工人谈话，讲讲革命道理，工人就一定会热情相待，立刻愿意参加革命组织。但情况却常常相反，除少数工人表示同情支持外，大部分是不理睬的，或者害怕和避开。他们找到李仙舟诉说，李仙舟笑着说："你们遇到这样的事情，是毫不足奇的。因为第一，工人不知道你发给他的传单是什么传单，对他有益还是不利。第二，敌人诬蔑共产党杀人放火、共产共妻等，许多人不了解真相，特别是当前白色恐怖十分严重，共产党被抓住不是杀头，就是坐牢。他们不怕敌人的镇压，不怕失业，不怕父母妻子挨饥挨饿吗？如何解除他们的顾虑，教育他们跟党走不但是个宣传问题，而且是个如何引导工人决心革命的问题。"他还说："做群众工作的第一步就是接近群众，建立联系，然后逐步地建立感情，从群众关心的日常生活问题谈起，把这些问题同帝国主义，国民党反动派的罪恶统治和资本家的剥削压迫联系起来，以逐步提高他们的阶级觉悟，引导他们参加革命斗争，并在条件成熟时吸收他们加入共青团，加入共产党，建立党和团组织。"这些缺乏经验的青年革命者按照他的指点去做，果然收到了很好的效果。如新中国成立后，在湖北省委和天津市委工作的李华生同志，1937年冬在陕北公学和中央党校教授党的建设和群众运动课时总结的一些经验，就是受到当年李仙舟的启迪和影响而形成的。

1929年，李仙舟任沪西区委组织部长，为贯彻党的六大精神做了大量工作。六大以后，陈独秀、彭述之、刘仁静等人坚持错误，反对党的六大路线。李仙舟在沪西工人运动中与刘仁静等进行了针锋相对的斗争。同时在文化运动中参加了反闸北区委中取消派分子王依林的斗争。此时，李仙舟通过学习马列主义著作和广泛的革命实践，对党的建设和中国革命问题已有深刻的理解。是年夏，从莫斯科学习回国的涪陵人王龙在与其他几个同志的谈话中说，他们回国的主要任务是反对中国的党和团不执行共产国际路线，声称要改造中国的党和团。李仙舟知道后，对王龙进行了耐心的批评和帮助，他说："你们在莫斯科学习了马列主义理论回中国来革命，这是难能可贵的。正因为如此，你们负有特别重要的任务，这就是传播马列主义理论，普及马列主义教育，提高整个党和团的马列主义水平。但是，你们应该知道，你们在莫斯科学习了好几年，对国内情况不大了解，而且都还比较年轻，还缺乏长期国内斗争的实际斗争经验，这是你们留学生的弱点。你们应该和国内战斗中那些同志结合起来，互相取长补短，发扬优点，克服缺点，共同前进。而不是排斥和反对谁，更不是自以为是，居人之上，来发号施令。由缺乏经验的人来领导革命，革命也会遭到失败！难道过去革命遭受惨痛失败的教训,还不足以引起我们的注意和警惕吗?"在李仙舟的帮助和教育下,王龙很快地改变了他原来的态度,并在党的领导下积极工作,先后在沪西、闸北任团的区委书记,1932年任团中央巡视员到湘鄂西苏区工作,后为革命光荣牺牲。

1929年春,家乡涪陵的陈寿珉、代北星、汪济能等一批青年到了上海,李仙舟对他们的学习和生活都做了妥善安排,使这批青年在短短几个月时间内,经受了一些实际的革命锻炼,对如何组织游行示威,深入工厂演讲等都取得了不少的实际经验。4月,党中央决定派遣一批革命者骨干到各地发动武装起义,一批川籍青年如张光平、罗少余等均返川,这年夏至次年春,张光平等先后发动了川东涪陵万余人参加的抗捐革命斗争,在全川影响很大。

1929年末,李仙舟在一次领导小沙渡纱厂工人斗争中不幸被捕,关入提篮桥监牢服刑。牢里共有360多个犯人,除了党员、团员、反帝同盟会员等政治犯外,主要是小瘪三和拆白党人,此外还有从党内清除出去的托陈取消派。李仙舟任狱中支部书记,把党团员分成三人一个小组,在支部领导下共同了解和分析监狱内外动态,以制定斗争方案和策略。

对托陈取消派主要采取思想上、政治上弄清是非,同他们摆事实,讲道理,批评他们的错误及其对中国革命的危害。对小瘪三、拆白党人,同情和争取他们,使他们懂得只有推翻这个吃人的社会制度,建立社会主义社会,才能过上好日子的革命道理。经过教育,他们都有了初步的觉悟,绝大多数向往革命。对英国典狱长侮辱政治犯的行为则进行坚决的斗争;对一般的英国三道头巡官,则使他们保持善意的中立;对警察中极端仇视政治犯的白俄,坚决打击;对印度巡捕则积极和他们接触,以揭露帝国主义的侵略罪行来争取他们反对英帝国殖民主义分子;对中国的三道头巡官,则利用民族主义口号,教育他们"大家都是中国人",争取他们的同情;对基督教传教士,则利用其人道主义,与他们建立良好的关系,利用每周讲道的时间建立党团员之间的联系,传递消息。这样针对不同情况分别对待,很有成效。一个管坏人的山东巡官终于同情革命,掩护政治犯,替革命救济会从狱外送来文件、书籍和少量的日用品。这样也使得英国巡捕头、典狱长及白俄警察不敢随意大骂和侮辱犯人。

1930年春,李仙舟出狱后到中央办的训练班受训,他是训练班负责组织学习的领导人之一,不久调任中央组织部秘书(时罗迈同志任组织部长)。

李仙舟在沪期间,十分注意青年学生的思想改造。摆谈中常常列举在群众中深受爱戴的卓越的革命战士如刘华、陈延年、赵世炎等同志拉洋车、当苦力、参加劳动的故事来教育他们。另外,他不但严格要求别人而且自己在生活上也十分刻苦,经常是吃开水下烧饼。侄儿李庆国住在他的附近,家里寄钱来,最多请侄儿一道吃顿阳春面,算是叔侄团聚。然而同志有困难,他总是倾囊相助,十分慷慨。

1930年冬,李仙舟调往武汉任中共中央长江局秘书长兼团中央特派员。这时由于立三路线的错误领导,红军进攻武汉、长沙、南昌等城市都失败了,武汉处在极为严重的白色恐怖之中。李仙舟化名袁树人,怀着满腔的革命热忱,以大无畏的革命精神积极开展工作。不久,长江局被叛徒出卖而遭受破坏,李仙舟不幸于同年12月中旬被捕,旋即在武昌东厂被国民党反动派杀害。临行前他写下遗书一封:

李仙舟故居

莹璧吾爱:

　　我从此与你分别了,身为自由死,表达心安,望你千万不要因此伤心。现在我有数事祝望于你:(一)我为你牺牲几年幸福,我当谨谢你的爱,但我不忍你整个人生的幸福为我一个人牺牲,我今以至诚劝你别求一良好的伴侣,追求你未来的幸福。(二)步尘儿是我给你的唯一纪念品,由你带去,但望你爱人以德,不要使他堕落,辜负我对他的希望。(三)到处青山可埋骨,你千万不要替我收骨,且遗体已被消灭,收亦徒劳罢。此后,我再不能做你一个安慰者,一切都希望你从宽着想,请了,梦中相见吧!

　　　　　　　　　　　　你的爱　树
　　　　　　　　　　　　十二月二十日绝笔

　　李仙舟的一生充满了青春的活力,充满了对革命真理的追求,充满了对革命同志的爱,他以自己鲜血写下了最壮丽的诗篇。其妻刘莹璧不负烈士期望,把步尘(后名李庆赤)抚养成人。新中国成立后,李庆赤进二野军大三分校学习,后参加志愿军,在战场上为中朝友谊,为共产主义事业献出了宝贵的生命。

徐彦刚

◎ 唐敦教

徐彦刚

徐彦刚（1907—1935）是红军早期高级指挥员之一，曾任红五军团第三军军长、红一军团参谋长及湘鄂赣省军区司令员等职。他一贯作战勇敢，工作积极，功勋卓著，堪称文武双全，不幸于1935年8月在治伤期间因叛徒出卖而壮烈牺牲。朱德在1938年沉痛地写道："徐彦刚的牺牲是中国革命之重大损失。"① 周恩来于1939年在莫斯科对秦化龙等说："徐彦刚是个很好的同志，你们应该写一些文章纪念他！"

---

① 朱德1938年6月29日给徐彦刚胞弟徐兴蔚的信。

投身革命

徐彦刚,原名徐兴华,1907年11月11日出身在四川省开江县甘棠乡一个普通农民家庭。民国初年,其父徐联甲携带全家入甘棠乡场镇开店经商,家渐富裕。徐彦刚5岁入塾启蒙,学习勤奋,加之天资聪颖,深得老师杨秀余的喜爱。1919年,他以优等生被选入县立高小读书。

青少年时期的徐彦刚

1924年秋,徐彦刚考入重庆江北中学,与罗瑞卿等同校。他们志趣相投,常在一起讨论时事、抨击时弊、参加革命活动。1925年下半年,学校发生学潮。反动当局因徐彦刚所在班级学生闹得最凶,勒令全班同学退学,同时逮捕徐彦刚等7名学生。当局的倒行逆施,激起社会舆论的强烈反对。经赵秉兴老师出面担保,徐彦刚获释出狱,但仍被无理开除学籍。徐彦刚经过此次斗争,对反动当局的反动本质逐步有所认识,对人民群众的力量也有了一定的了解。他深有感触地说,中国太黑暗了,必须尽快寻求光明,打破这黑暗的社会制度。一个人不能庸庸碌碌地苟且偷生,应当勇敢地为真理而斗争。一个只知为自己的人虽生犹死,一个为人民而死的人虽死犹存!我要把我的一切贡献给寻求光明的事业，决不庸庸碌碌虚度年华，苟且偷生。

1926年春，徐彦刚考进了重庆中法大学。在学校里，他听到杨闇公讲政治时事，杨伯恺、赖正声等讲阶级斗争、唯物史观、社会发展史，以及其他老师宣传革命理论；他阅读了蔡和森的《社会发展简史》《共产主义ABC》，以及《向导》《共产党人》等革命书刊。他心明了、眼亮了，逐渐明白了中国之所以贫穷落后，是因为外受帝国主义侵略，内受封建主义压迫的结果，从而立下了改革社会、强盛中华的志向。

当时，打着救国救民旗号的派别为数不少，他经过反复探索和思考，认识到只有共产主义才能救中国，于是参加了中国共产党。

1926年12月的一天，徐彦刚看到《新蜀报》刊登了中央军事政治学校武汉分校的招生广告，兴奋不已，立即向党组织汇报思想，经获准后，参加了招生考试。

这次招生十分注重学生的政治质量。徐彦刚不仅政治审查合格，而且在三民主义、国文、数学、中外史地、博物及理化的初试及国文、政治常识的复试中都获得了优等成绩，因而被正式录取。不久，他即随全体被录取同学一道乘轮船到了当时革命的中心武汉。

1927年2月12日，中央军事政治学校武汉分校正式开学。吴玉章在开学典礼的讲话中指出："革命要懂得革命的理论和意义，否则决不能建设革命事业。革命是绝不容有封建思想及个人权利存在。"这一席话给徐彦刚留下了深刻的印象。他决心努力学习革命理论，做一个真正"建设革命事业"的坚强战士。

当时，学校校长名义上是蒋介石，但实际领导权却掌握在共产党人手里。恽代英任政治总教官，陈毅做政治工作，后来继李鸣玉之后做党的联络工作。中共中央军委经常利用节假日在武昌小学召开军校党员、积极分子会议，聂荣臻常主持会议，军委书记周恩来曾给军校党员作过政治报告。生活在这个革命大熔炉里的徐彦刚，政治觉悟提高很快。

军校的学习生活是严肃紧张的，每天照例是"三操""两讲"四小时的政治学习，课后还可读到《向导》《革命生活》《中国青年》等革命书刊。徐彦刚对学习非常认真，每一门功课都做有笔记，就是课外阅读，也做了大量的摘录，写了不少的心得体会。他在学业考试中，常常获得优秀的成绩。

徐彦刚还和军校学生一道积极参加了武汉各界群众的反帝反封建军阀的集会和游行。在收回汉口英租界的斗争中，徐彦刚是宣传团的活跃分子。"四一二"反革命政变发生后，徐彦刚和同学们一道参加了声讨蒋介石罪行的游行集会。

井冈风云

1927年5月，夏斗寅勾结刘佐龙和杨森向武汉发动进攻。武汉中央军事政治学校学生、学兵团及武昌农民运动讲习所的部分学生被改编为中央独立师，配合叶挺独立师进行平叛斗争。徐彦刚随师出征，受到了锻炼和考验。"七一五"汪精卫公开叛变革命后，徐彦刚更是积极参加各种革命活动，准备迎接更艰巨的斗争。"八一"起义前夕，武汉中央军事政治学校接中共中央命令，开赴南昌参加起义。因起程时间较晚，队伍到九江即被军阀张发奎解除武装。徐彦刚随一部分学生被安排到九江第四陆军医院附近露营。按军校党组织的安排，徐彦刚等七八个人趁夜深人静，悄悄溜出宿营地，向南追赶起义军。

经过几天的日夜追赶，走到高安，恰遇党所领导的平江、浏阳等县的工人纠察队和农民自卫军（即二十军独立团）在这里休整，便一起加入这个队伍。不久，这个部队从高安出发，经上高、宜丰到达铜鼓。9月9日，徐彦刚随独立团参加了秋收起义。接着，随部队向长沙进攻，先后取得了醴陵、白沙、东门市等战斗的胜利。但由于敌我力量悬殊，部队指挥员缺乏战斗经验，加之由夏斗寅残部改编的第四团阵前叛变，起义军遭到严重挫折。毛泽东当机立断，命令起义部队向罗霄山脉中段进军。三湾改编后，徐彦刚随部队进入井冈山麓的宁冈县水口地方驻扎。

当时在井冈山活动的有袁文才、王佐两支倾向革命的队伍，需要逐步改造。以毛泽东为书记的前敌委员会决定派游雪程、徐彦刚、陈伯钧等到袁部工作，帮助袁文才练兵，并物色和培养革命干部，为建立井冈山革命根据地打基础。

在去袁部的前夕，徐彦刚等去见毛委员，请求指示工作方法。毛委员说，你们去到那里要同人家好好地合作，要搞好关系，听袁营长的话，注意了解当地情况，传播革命的种子。你们都是共产党员吗？共产党员要学柳树的性格，要能插在什么地方都能活，都能在那里生根、发芽、长大。

徐彦刚带着这个使命去到袁部以后，担任特务连副连长。

他积极对士兵进行阶级教育，并帮助袁文才认清革命的光明前途。袁文才随着思想觉悟的提高，在部队中逐步废除了打骂士兵等制度，队伍人数很快地增加。1928年2月上旬，在宁冈大垅的朱家祠举行了改编大会，袁、王所部升编为工农革命军第一军第一师第二团，袁文才任团长，徐彦刚任团参谋长。5月初，工农革命军第四军成立后，第二团改为第三十二团。

1929年初，红四军主力近4000人离开井冈山向赣南进军后，三十二团奉命留守井冈山。在敌强我弱的险恶形势下，徐彦刚积极为彭德怀、王佐提供保卫根据地的战斗方案，并多次到各个隘口查看地形。为了更好地掌握敌情，他在王佐的直接领导下，召开了侦察工作会议，挑选精明强干的人员组成5个侦察小组，分别潜入茶陵、永新等城镇和一些交通要道搜集情报，使彭德怀、王佐能及时了解敌我情况，做出正确的行动决策。当敌军从宁冈推进至黄洋界、八面山下时，徐彦刚亲率200余人扼守黄洋界，战斗20余天，打退敌人数十次进攻。后因敌我力量悬殊，徐彦刚才率部突出重围，红军也全部撤出井冈山。

徐彦刚率部转移至莲花县以后，被任命为莲花县农民赤卫队大队长。他以极大的革命热情恢复和发展赤卫队组织，教育群众增强革命必胜的信心，带领赤卫队员打土豪、除恶霸，并积极帮助建立和巩固党的地方组织。莲花农民赤卫队在斗争中很快地得到了恢复和发展，莲花县的土地革命运动又轰轰烈烈地开展起来。

1930年8月，一、三军团在浏阳县永和市会合，成立中国工农红军第一方面军。莲花县农民赤卫队被改编为第三军第三纵队，徐彦刚任纵队长，不久，调任红九师师长。

敢担风险

同年10月，红三军在黄陂、小布地区开展了"肃反"（即打"AB团"）运动。最初，徐彦刚也是很积极的。他同有关人员一道研究方法，部署工作，甚至一起审案。随着运动的发展，清出的"AB团"人数越来越多，他心中逐步产生了怀疑。特别是那些长期在一起战斗、生活的同志也成了"AB团"，他更感到莫名其妙了。

一天，有人告发二十七团团长李聚奎和副团长陈华堂也是"AB团"。为了查清事实，他立即通知李、陈到师部接受审查。当李、陈走进师部时，正好军政治部主任曾日三也在场。徐彦刚立即对李、陈进行审问："你们什么时候参加'AB团'的？"

李、陈回答："我们不晓得什么叫'AB团'，也从来没有参加过'AB团'。"

曾日三问："你们为什么要反对共产党？"

李、陈答："我们从来不反对共产党。"

审问了半天，没有什么结果。最后，徐彦刚说："限你们两个小时交代问题。现在，先到特务连去休息。"李说："你莫说两个小时，就限两个月也没有什么交代的。"

李、陈被带走以后，徐彦刚对曾日三说："李聚奎和陈华堂嘴这么硬，我看他们不像是'AB团'。"曾日三说："'AB

团'狡猾得很,哪有这么容易就承认了的?"他们商定对李、陈进行"火力侦察","武力解决"。在第三天晚上,徐彦刚又对李聚奎进行审问。但是,不管他怎么讲,李聚奎都只有一句老话:"我不知道什么是'AB团',我从没参加过'AB团'。"徐彦刚动怒了,把手枪往桌上一丢:"你要是不老实交代问题,老子就拿这个东西对待你!"李聚奎回答:"我没有什么问题好交代的,你不要用手枪来吓唬我。你莫说用手枪,就是用机关枪也吓不倒我。"顿了一下,李又说:"徐师长,我们相识一年多了,在你的指挥下,无论平时工作也好,战时打仗也好,哪一件事没有做好,哪一个仗没有打好,我有什么问题你摆出来,看我是不是反革命,你只讲一个例子也行。"这一席铿锵有力的话,深深地触动了徐彦刚的心。他想:"是呀,讲工作、论打仗,李聚奎是好样的,没有什么值得怀疑的。没有什么依据说他是反革命。可是,恰恰有人告发他,说他是'AB团',是混进革命队伍的坏人。李聚奎像敌人吗?不像。可他又是不是伪装积极骗取信任呢?李聚奎呀,你到底是好人还是坏人呢?放走了坏人是我的罪过,冤枉了好人就更是我的过错呀!"徐彦刚深思了一会儿,对李聚奎说:"夜深了,你去休息吧,明天我对你讲。"

李聚奎被带走以后,徐彦刚反复地思考着:"可不能冤枉好人呀,二指姆一动,就是一条生命呀!但又有人告发,放走了坏人我也担当不起呀!"他苦苦思索了一整夜,最后决定:"担风险就担风险,先留下李聚奎、陈华堂二人的生命。没有割的头可以弄清楚了再割,割去了的头可就不能还原了。"

第二天吃过早饭,徐彦刚去军部,对军长黄公略说:"有人告发李聚奎、陈华堂是'AB团',我看他们不像。"黄笑着问道:"那你打算把他们怎么办?"徐彦刚回答:"放他们回去当团长。"黄公略说:"放走'AB团'可是个杀头之罪啊!你敢担这个风险吗?"徐彦刚回答:"我相信他们不是'AB团',不能叫他们受冤屈。"黄公略严肃地说:"这就对了。我看他俩也不像'AB团'。我们共产党人可一定要实事求是,不能叫革命的同志做革命的冤屈鬼呀!"徐彦刚点点头:"我宁愿自己受点委屈,也决不让他们受冤屈。"

徐彦刚随即飞马扬鞭奔回师部。还在门外,他就高兴地喊:"李聚奎、陈华堂出来!"李、陈刚走到门口,他就立刻上前将他们拉住,关切地说:"你们受委屈了。同志,你们不是'AB团',这回我可是真放你们回去了。"说着,他拿出手巾,为李、陈掸去身上的灰尘,手拉手地将他们拉进自己的住房,请他们吃饭。饭后,徐彦刚为他们备好了骡子,一再勉励他们好好干革命。他把李聚奎拉上自己骑的骡子,一直送到村外。

从此,徐彦刚讲实事求是的故事就像长了翅膀一样飞快地传开了。

1931年10月,黄公略牺牲后,徐彦刚继任第三军军长。1932年3月,红一、三、五军团改编。徐彦刚被调到红五军团,仍任第三军军长。4月,徐彦刚率领该军同红一军团一起参加了由毛泽东亲自指挥的漳州战役,打得英勇顽强。此战役,共歼敌约4个团,俘敌1600多人,取得了很大的胜利。

担任红三军军长的徐彦刚

打下漳州以后,红三军就地发动群众打土豪、扩兵、筹粮、筹款。徐彦刚积极对部队进行政策教育,帮助大家明确红军的一切行动都是执行政策,执行错误政策将给党和革命事业带来严重危害的道理,从而很快纠正了只顾筹钱不讲政策的错误倾向。对阶级划分的界限,徐彦刚也严格加以掌握。漳州一带侨眷很多,比较富裕,穿得比较阔气。红军战士大多来自农村,见到穿毛料绸缎、拿文明棍、戴眼镜的便误认为是"土豪",就把他们抓起来当土豪打。毛泽东发觉以后,指示部队赶紧清查,把误捉的全部释放。有的战士思想不通,徐彦刚便耐心地给他们讲无产阶级革命的任务和目的。他说:"无产阶级革命是要消灭阶级压迫和剥削,是要消灭地主阶级和资本家,是要消灭一切剥削、压迫别人的人。华侨眷属有钱,绝大部分是他们自己劳动挣来的,这不是我们革命的对象。我们革命也要革自己'穷'这个命,要通过革命,做到人人有饭吃,有衣穿,还要穿好的,吃好的,人人比侨眷都富有。到了共产主义社会,我们各尽所能,各取所需,不比侨眷更富有吗?"通过耐心的启发教育,红三军打侨眷的情况很快得到了纠正。徐彦刚经常拿这几件事来教育部队,指出办事一定要注意调查研究,一定要讲政策,使打土豪、筹款、扩大红军以及整训部队等方面都取得了很大的成绩。

1932年8月初,红一方面军在兴国进行整编。徐彦刚所在的红五军团第三军正式编入一军团,他仍任军长。

8月中旬,红一、三军团发起乐安、宜黄战役。19日,红三军向宜黄北门发起佯攻。20日因天下大雨,宜黄城周围又十分开阔,且工事较多,红三军团围攻一天未能奏效。当夜天转晴,圆月把大地照得通亮,徐彦刚率红三军从西北门攻进城内,将守敌大部歼灭。敌一部从东北门向龙骨渡逃跑。红三军奉命追击,一直到22日,在龙骨渡将敌千余拦截,俘获大部。徐彦刚在这一次战役中,表现了惊人的顽强战斗精神。追击敌人时他走在前,战士们累了,他帮着扛枪;战士们休息了,他在紧张地工作。有时实在太困了,也只是打个盹儿。战士们称赞说:"咱们的军长真是个不知疲倦的人!"

勇挑重担

1933年初,红一军团遵照中央军委东沙会议的决议,在黎川三都进行整编,徐彦刚升任军团参谋长。1月5日和6日,他奉命率红一军团一部配合红三军团作战。攻占敌一阵地后,徐彦刚搭上敌人电话线，冒充敌军官与敌人通电话，得知了浒湾、抚州敌人向我金溪、黄师渡进攻的部署情况。1月7日，徐彦刚奉命率红一军团一部配合红三军团、红五军团消灭向黄沙渡进犯的敌人。1月8日，三军配合击溃了向琅琚、左坊进攻的周至柔部6个团的敌人，歼其一部，有力地配合了浒湾战斗正面战场的作战。

1933年2月，蒋介石集中主力40万兵力进攻中央革命根据地。其中路军又分为三路，由西北向南丰、广昌齐头并进，分进合击，妄图一举消灭中央红军。27日拂晓以前，徐彦刚和保卫局长罗瑞卿带着七、九两师和一个炮兵连在右侧，配合在左侧的十、十一两个师进入伏击阵地。上午，敌五十二师进入了伏击圈。战斗打响以后，敌人发起猛冲，妄图突围逃跑。徐彦刚身先士卒，勇猛地向敌人冲击。在战斗最激烈的时候，聂荣臻也带着特务连赶到主阵地参加战斗。徐彦刚见了，急忙大声地向他喊道："你不能来，你不能来。"他十分关心领导的安全而把自己的生死置之度外。几十年后聂帅重提这件事时，心情仍十分激动。

3月21日13时许，徐彦刚奉军团总部命令率第九师用中央突破的战法猛攻敌人，策应左右翼兄弟部队的攻击。他以灵活机动的战术，向敌人发起一次又一次的猛攻，打得敌人晕头转向。经过两个多小时的激战，将正面之敌全部冲垮。敌残部向黄柏岭溃退，妄图据险顽抗。徐彦刚见了，立即率红九、七两师会攻黄柏岭。由于山势险峻，只能仰攻，没有重火力配备，红军伤亡较大。徐彦刚经过冷静思考，决定改用正面佯攻，分两翼侧击的办法消灭敌人。部署以后，他从望远镜中看着攀藤附葛的战士们的矫健身影，心中无限振奋。当左右两翼攻上去之后，徐彦刚即奋不顾身地率领战士们从正面再度向敌人发起攻击。胆怯的敌人纷纷举械投降。红军冲上黄柏岭，将敌之十一师及五十九师残部大部歼灭，并乘胜向黄陂追击。在红二十一军、二十二军的配合下，肃清了黄陂各个据点的敌人，并阻击了前来增援的敌第九师部队。这次战斗消灭了蒋介石的嫡系——陈诚所率之第十一师。

1933年5月12日，临时中央决定将中央军委与红军总司令部分开，将原属的红七、九、十、十一师和罗炳辉所率领的红二十二军改编为一、二两个大师。红一师师长由罗炳辉担任，红二师师长由徐彦刚担任。每师辖3个团，5000余人。徐彦刚不计较个人的名誉地位，服从组织安排，欣然上任。他工作兢兢业业，团结全师指战员，大家称赞他是党性高于一切的高尚的人。

8月底，红一军团进行了乌江战斗。徐彦刚率二师及一师的一个团担任正面进攻。当部队展开以后，恰逢暴雨倾盆、雷电交加，各部队立即利用这个有利天气出其不意地攻击敌人。接敌之后，红五团与占据马鞍山的敌人展开了白刃格斗，红六团即发起冲锋，一举攻占马鞍山。红一团、四团也很快占领了小孤山，随即向乌江展开猛烈侧击。在一师的配合下，敌八十师除一小部分逃窜外，其余全部缴械投降。这次战斗，全歼敌近4000人。

11月中旬，红一、九军团奉命在棠阴附近突破敌人的封锁线，北上袭击敌人。敌人发现红军的企图后，急以5个师的兵力从东南两个方向合围歼击。红军急退到云盖山、大雄关地区与敌三师展开激战。二师奉命包抄敌人。当徐彦刚率部迂回到党口附近山岭时，发现敌人已先行占领大雄关东南木鱼嵊附近的险要制高点。他和师政委胡阿林都亲临前线组织对敌占制高点的攻击。但是，由于受到敌人飞机的猛烈轰炸和地面交叉火力的射击，几次进攻都没能奏效。在最后一次进攻中，政委胡阿林不幸中弹阵亡，徐彦刚急率所部猛烈攻击。正当战士们勇敢地向制高点冲击的时候，他也不幸负伤。由于红军伤亡太重，只好奉命撤退。

1933年7月，苏区中央局决定改组湘鄂赣省的省苏维埃政府，指派陈寿昌任中共湘鄂赣省委书记兼省军区政治委员，徐彦刚任军区司令员。他同陈寿昌等立即出发，但因敌人层层封锁，直到1934年1月才赶到湘鄂赣省委所在地万载县的小源（现名仙源）。

1933年10月，蒋介石调集百万军队和200多架飞机，采取步步为营的堡垒政策，对革命根据地进行空前规模的第五次"围剿"，并于翌年1月，占领了小源的北部屏障排埠。5月，徐彦刚率红十六师四十七团到鄂东南开展游击战争。红十六师在掩护省委突围中遭受了重大损失。经省委与省军区整编后，徐彦刚兼师长，陈寿昌兼政委，并随即率该师和省级机关南下武宁，渡修河到达洞口。与敌二十六师激战失利后，便向修、铜、宜、奉边的龙门山区转移。经过多次突围和激烈的战斗，损失惨重。徐彦刚所率的部队，最后只剩下十几人杀出重围，回到了高安县的华林山。红十六师和湘鄂赣省级机关干部原共有1000余名，经此重创，仅剩约1营人。这是徐彦刚到湘鄂赣省军区以后经历的一个最困难的时期。

坚守阵地

在红十六师遭受严重挫折，湘鄂赣苏区逐步沦为敌占区，又因电台损坏，与中央失去联系的极为困难的情况下，中共湘鄂赣省委在平江县黄金洞的何家垅召开了省委紧急会议，总结突围受重创的教训及研究今后的工作方针。徐彦刚本着严于律己的态度，主动承担了在强敌压境的情况下，拼"消耗"，打"硬仗"的错误。他以对革命前途充满必胜信心的革命乐观主义精神来激励同志们："失败算不上什么。跌倒了，爬起来再前进！古人有言：'失败是成功之母'。只要我们认真地总结经验，吸取失败的教训，就一定能够挽回危局，转败为胜的。"他讲述了吴越之战、赤壁之战、淝水之战等许多以少胜多、以弱胜强的历史故事，增强了全体同志的必胜信心。这次会议决定，抽调干部到各地去收集武装，开展扩红运动，恢复和扩大十六师，保卫苏区。

同年10月，省委召开黄金洞米筛垴会议。徐彦刚主动要求带队到前线参加斗争。会后，他与陈寿昌立即率省军区独立营100人从黄金洞出发，向西南行动，在平江斑鸠垴同省委代理书记傅秋涛和省军区参谋长严图阁会合。不久，徐彦刚同陈寿昌率队由平江的斑鸠垴北返鄂东南，经平江县献钟时与敌遭遇，发生激战，部队损失约 200 人，便再次回到通山之冷水坪。省委根据当时的实际情况，决定让红三师余部编入红十六师四十六团，取消红三师的建制，恢复红十六师（实际只有 1 个团）。徐彦刚仍兼红十六师师长。这时，他从敌人的报纸上了解到中央红军已由湖南西进，为配合中央红军行动，他就与陈寿昌率红十六师由崇阳、蒲圻到临湘、平江、岳阳一带活动，向西南发展。但当他们率队由牛牯山西出，走到崇阳、通城之间的老虎洞时，与敌三十三师两个团遭遇。徐彦刚率部击退敌人多次进攻，但终因他与陈寿昌受伤而不得不撤退。当晚，陈寿昌因流血过多牺牲，他也被送到黄金洞养伤。

1935 年初，徐彦刚决定在回旋余地较大，群众觉悟高的湘鄂赣三省连界的幕阜山区开展游击战争。首先，他率队袭击了平江县木瓜一带的保安团队，连战告捷，缴获了大批武器弹药，红军队伍迅速扩大。接着，他又率领红十六师四十六团到东南的通城、崇阳开展游击战，取得了一个又一个胜利。2 月，徐彦刚留下一个连保卫鄂东南道委，率其余部队向西行动，在崇阳大源同敌五十师一个团相遇。经过英勇的冲杀，打败了敌人，缴获轻重机枪 4 挺、步枪 300 多支，俘敌 200 余人。3 月，他率红十六师四十六团在崇阳高枧与敌一〇五师刘多全部一个连相遇，将其大部歼灭。3 月下旬，为与中央军委取得联系，徐彦刚奉省委命令率红十六师南下，经浏阳、宜春、安源、茶陵到莲花，但因五宫山地形复杂，只好返回黄金洞。

1935 年 4 月，徐彦刚率红十六师在平江县长寿街附近的虹桥同敌李觉十九师陈铁侠"王牌旅"两个团展开激战。红军大获全胜,俘敌200余人,缴获各种枪支400余支,恢复与建立了虹桥一带的苏维埃政权,造成了平江、通城、浏阳地区的新局面。接着,他又率红十六师在修水、通山交界之三界先与敌五十师三○一团发生激战,再次取得胜利,并在这个基础上,恢复了红十六师2个团的建制,并制定了"红五月扩红冲锋计划"。

4月下旬,蒋介石调集陈铁侠"王牌旅"的两个团和湖南的两个保安团对红十六师进行追击,并扬言要"活捉徐彦刚,消灭十六师",人人手执捆绑红军的绳索,气焰极为嚣张。5月,蒋介石又增调陶广部的六十二师,合击红十六师根据地。在此情况下,徐彦刚用运动战的战略战术,拟定了"拖疲敌人,伺机歼敌"的作战方案,率红十六师从湖北崇阳山向湖南平江、浏阳以南转移,然后向东,进入江西宜春、万载、铜鼓,再转向湖南平江、浏阳,沿途不断向敌人"示形",使敌人既追不上,又弃之不能,长途跋涉,疲于奔命。通过这一长达千里的迂回运动,红军取得了歼敌的主动权。在敌军疲惫不堪的情况下,徐彦刚指挥红十六师在平江县的虹桥与敌激战,毙敌500余名,俘敌400余人,缴获枪支上千。疯狂的敌人带的绳索没有捆住红军,反而捆住了自己。

虹桥战斗的胜利喜讯迅速传遍湘鄂赣边区,鼓舞着革命人民的斗争,也震撼了国民党反动派,使小股敌军和国民党地方势力不敢对红十六师轻举妄动。因而红十六师扩大到4000多人,恢复了3个团的建制,实力得到了加强。

徐彦刚决定利用这一有利时机整训部队,提高部队的军事、政治素质。他在全师中广泛开展了练兵活动，还不时派出少数兵力到安义、永修等白区一带活动，开展实战练兵。徐彦刚非常关心战士的疾苦，在行军途中只要一发现战士步履艰难，他就让出自己的马。每到宿营地，他都细心地查看所部的住宿、生活安排以及步哨等情况。当发现有人脚起泡了，他就亲手为他挑破水泡。战士们感激地说："徐司令员关心战士比关心自己还重。"

徐彦刚为了提高基层干部战士的文化水平，他除了亲自上文化课，安排识字的同志当文化教员外，还常常在战士的背包上贴上画有各种图案，写有相应文字的纸条，帮助大家看图识字。战士见物识字，很有兴趣，学得快，掌握得牢，进步很快。徐彦刚还常常教唱革命歌曲、活跃部队文化生活，鼓舞革命斗志。

徐彦刚作风民主，从不以势压人。下级有了缺点错误，他从不武断地横加指责，更不轻易给人处分，而是做耐心细致的思想政治工作，帮助犯错误的同志寻找错误的根源，认识错误的危害，制定改正错误的措施。大家亲切地称他为"贴心人"。他也十分注意发扬军事民主，战前开"群英会"，集体总结战斗经验教训。徐彦刚虚心听取同志们的意见，不居功骄傲，不诿过于人，在经济上与士兵同甘共苦，从不搞特殊化。广大指战员从心底里称赞说："徐彦刚同志真是一个智勇双全，作风民主，处处关心同志的好将领。"

血洒疆场

湘鄂赣游击区主力红军的逐渐恢复,并在军事上取得节节胜利,引起了国民党反动派的惊慌。蒋介石急忙于1935年6月调出进攻中央苏区的一部分兵力,会同湘鄂赣三省保卫团共60多个团的兵力包围湘鄂赣苏区。敌人在采用碉堡政策的同时,又用大包围套小包围,形成连环包围的办法,将湘鄂赣省委和红十六师层层包围。由于红十六师在上半年不断地取得了军事上的胜利,省委和红十六师的领导为表面现象所陶醉,产生了骄傲自满、麻痹轻敌的思想,加之又无情报来源,不了解全国革命形势,对敌人的活动更少了解,因而不但缺乏必要的思想准备,而且缺乏必要的应变措施。红十六师在受敌层层包围的情况下,却集中在南江桥休整。

在10万多敌人步步向南江桥一线大举包围过来的紧急情况下,省委、省军区才召开紧急会议,研究对策。徐彦刚在会上详细地分析了敌我情况,指出:"敌人兵力虽多数十倍于我,同时堡垒也多,步步为营,形势紧迫,于我极为不利,但敌人战线拉得太长,网张得太大,兵力分散,有着许多不可克服的薄弱环节,这就为我军突破敌人包围以可乘之机。我军虽人少,装备也差,但集中,士气高,加之群众基础好,是完全可以利用敌人的薄弱环节突出重围的。"他的正确分析,得到了到会同志的赞同。会议决定分三路突围。但由于花了一个多星期进行突围动员,又等待咏生县的县、区干部集中,坐失良机，使敌人得以从容调大军对南江桥实行包围，因而在突围时，部队遭受重大损失。

8月，徐彦刚等率部突围到阳新时，在行动问题上发生了分歧。一些人主张将红十六师撤出湘鄂赣苏区，徐彦刚则不同意。他说，红十六师是湘鄂赣苏区的主力红军，是湘鄂赣苏区的命根子。因此，红十六师不能撤离湘鄂赣苏区，不能离开养育他们的湘鄂赣苏区人民，不能听任敌人对湘鄂赣苏区人民进行肆意地宰杀，应当在湘鄂赣苏区坚持斗争，保卫苏区，保卫革命成果，发展壮大自己的力量，去争取革命的最后胜利。因此，他主张红十六师从阳新的黄歌口沿长江而下，经瑞昌码头镇，然后到靖安、奉新一带群众基础好的地方去坚持斗争。徐彦刚的主张得到了大家的支持。于是在太子庙简单地休整一下以后，红十六师及省委机关便以徐彦刚率领的红四十六团为前锋，轻装向黄歌口前进。

徐彦刚在带领红四十六团突围中，遭到强敌堵截和包围。他在发出部队突围的命令以后，便进入机枪阵地亲自指挥阻击敌人，掩护撤退。经过全体指战员的浴血奋战，大部分同志已冲过敌人的封锁线。这时一群敌军突然向机枪阵地扑来，密集的枪弹使红军的机枪发挥不了威力，眼看敌人就要冲上制高点了，徐彦刚立即夺过身旁的一挺机枪向敌人扫射。敌军一批一批地倒地，剩下的敌人便往后退去。但从侧后又涌上一大股敌人向他们袭来。徐彦刚急忙命令身边机枪排的战士快撤，战士们齐声要求："司令员，你先撤。"徐彦刚坚决地说："正因为我是司令员，要你们先撤。你们快撤吧，我来掩护你们！"同志们陆续向后撤去,徐彦刚手中的机枪发出愤怒的吼叫。涌上来的一排敌人倒下去了,又一排敌人倒了下去。后面的敌人被打得抬不起头来。徐彦刚向敌人抛出一颗手榴弹后,乘敌人惊慌之际,机敏地带着通讯员迅速从地上跃起,飞快地向后撤去。不幸,他刚跨出几步,一颗罪恶的子弹打中了他的左腿。徐彦刚打了个趔趄,便倒下了。通讯员急忙上前将他扶起,流着眼泪说:"司令员,你挂彩了,快,快让我把你背下去。"徐彦刚扶着通讯员的肩膀,微笑着说:"我这点伤没有什么关系,快,快去喊团政委楼明安同志,我对他有话说。"正在撤退的同志们迅速组织起火力网,掩护一个战士背着徐彦刚撤退。很快,他们便冲出了敌人的包围圈。

楼明安来到徐彦刚的身旁,关切地问:"司令员,你的伤势怎么样?"徐彦刚回答说:"伤倒不太重,只是不便随军行动了。为了减轻部队行动的困难,这支部队现在只好由你来带了。同志啊,这支部队是革命的本钱,是湘鄂赣人民的希望。你一定要把这支部队带回黄金洞去,交给党,交给湘鄂赣苏区人民。有了这个本钱,我们就能坚持下去,革命就一定能取得最后的胜利。我现在暂时离开部队去养伤。等伤一养好,我就会来找你们的。"楼明安流着眼泪说:"司令员,离开部队太危险,你就随部队行动吧,我们用担架抬着你走。"战士们都请徐彦刚答应他们的这个要求。徐彦刚十分诚恳地说:"同志们,我随部队行动,给你们拖累太大。为了迅速摆脱敌人,你们还是轻装前进的好。我的安全请同志们放心。我们是一定能够再见面的。在胜利的时刻,我们一定能够同唱胜利的凯歌。"在同志们的一再请求下，最后决定留下一名警卫员和一个卫生员。楼明安带着部队返回了黄金洞。

此时，徐彦刚他们边打边退和敌人在云居山周旋了4天。1935年9月国民党《民国日报》登载："徐匪彦刚残帮，历年窜扰湘、鄂、赣三省边境，我军夏楚中部奉令进剿以来，迭奏荣功。该匪复于上月盘踞永修、靖安之间云居山，经我夏师痛击，俘获甚众。复逃至牵牛岭、猴子崖，惊险抵抗，以图最后挣扎，我夏师奋勇围剿，于八月七日至十一日，激战多日已将残帮全部消击，徐彦刚身负重伤，生死不明。"敌报所云的牵牛岭、猴子崖不知何地，但徐彦刚在云居山峡坪的鹅公包、燕山（属云居山深处）的黄韶岭同敌人激战受挫是不争的事实。

国民党为捕捉徐彦刚，在报纸上刊登悬赏布告："生擒到省者，赏两万元；割首级来献者，赏一万元。"还在民间宣扬："捉到徐彦刚，银圆用箱装，高官任做，烈马任骑……"一时间，在湘鄂赣三省交界处闹得沸沸扬扬。

徐彦刚带着一个警卫员和一个卫生员在云居山深处的圣水塘附近烟包坳，此时已饥饿难忍。进了朱坑后山，他们看到一户人家门开的，想去买点吃的，可是里面没有人，厨房却有一瓦罐焖熟的猪肉，于是放一块银圆在灶上，端走了一罐肉，拿走了三个碗，走到附近的山沟里吃掉了。他们最后来到了乾坑垅，发现半山腰有一个独家茅棚，主人是一个叫戴启阵的理发孤老人，棚子叫乾坑棚，徐彦刚就潜伏在这里养伤。

一天，徐彦刚在乾坑棚打水洗澡，被在附近做事的黄盛彬看到了。他发现徐彦刚腰带很沉，还带着枪，猜想腰带里面有贵重东西，或许是国民党宣传的"共匪"头子徐彦刚。于是迅速跑回家，把这一发现告诉其他两兄弟老大黄盛茂、老三黄盛春。

徐彦刚的伤势逐渐好转，能够独立行走，山下的围剿部队也撤走了，于是他和随从开始下山寻找粮食。恰巧，黄盛彬在黄家屋场开了一间小卖店，挂了个"百货齐全"的牌子，徐彦刚他们经常去小店买东西，一来二去和黄家兄弟搞熟悉了。黄家兄弟证实了他是国民党重金悬赏的人物后，遂起谋财害命、邀功求赏之心，寻找下手的机会。在一天晚上，也就是9月21日，徐彦刚在黄家灶前坐着，卫生员在里屋，警卫员在外警戒，老二黄盛彬手持牛角斧头，在徐彦刚身后暗处，趁其不备，猛砍二斧，徐彦刚当即牺牲，老大黄盛茂、老三黄盛春也把卫生员杀害了，警卫员见状被吓跑了，不知下落。徐彦刚和卫生员的遗体被黄家三兄弟埋在红薯窖里，其中一个立马下山报告国民党军队。

第二天，国民党的军队来了，把徐彦刚和卫生员的遗体从红薯窖里取出，送往靖安的国民党五十师师部，后送南昌。

徐彦刚的牺牲，不仅使湘鄂赣省军区失去了一位优秀的指挥员，而且使湘鄂赣人民失去了一位智勇双全的忠诚战士。徐彦刚的英雄业绩，将为广大人民永远牢记。

杨伯恺

◎ 郭 全 刘邦成

1950年1月的一天，和煦的阳光洒在蓉城。500多位各界人士代表，带着胜利的笑容，陆续来到成都东胜街沙利文旧址，参加中国人民解放军成都军管会召开的盛大宴会。宴会中，身材魁伟的西南军区司令员贺龙举着酒杯，走到一位女士的面前说："危淑元夫人，杨伯恺同志是一位坚贞不屈的共产党员，久经考验的老英雄。他的牺牲，我们都很惋惜。请你别过分伤心，这仇是一定要报的！请你饮下这杯酒，以告慰烈士的在天之灵。"危淑元的泪水顿时夺眶而出。在成都解放前的20天，自己的丈夫英勇地牺牲了，她怎能不悲伤呢？党的关怀，人民的温暖又怎能不使她激动？随后，另外几位将军也向她敬酒：伯恺同志的高尚品德和革命气质是可钦可敬的。敌人可以夺去他的生命，但不能损害他的人格。他是中华民族优秀的儿女，他将永远受到人民的景仰，永远活在广大人民的心中……

一、青春烈火

杨伯恺

杨伯恺（1892—1949），原名杨洵，字道融。1892年12月16日出生在四川省营山县小蓬乡杨家坝。杨家坝地处浅丘，离县城40华里，比较偏僻闭塞。杨伯恺的父亲是一个老实、憨厚的农家人，由于受到革命思想的影响，参加了中国工农红军，在长征途中光荣牺牲。杨伯恺的母亲心直口快，心地善良。祖父、祖母年迈。伯恺为长子，三弟两妹尚小。全家10口人，守着土质贫瘠的11亩田地养桑务农，一年辛勤劳作，只能勉强糊口度日。

杨伯恺自幼活泼开朗，聪明伶俐。6岁那年发蒙，始读于营山圣水寺私塾。他勤学苦练、用心专一，凡所读之书，都能成诵。10岁时，杨伯恺考入营山县云凤书院，每期成绩都名列前茅。在学校里，一些进步老师曾给他们讲义和团反帝的爱国运动，讲1875年营山人民反洋教、毁教堂的爱国事迹。父母亲也常给他讲述岳飞、文天祥、史可法等历史人物的爱国故事。杨伯恺幼小的心灵里，渐渐萌发出爱国的思想，不畏强暴的反抗精神。1907年，杨伯恺于营山县云凤书院毕业后，因家中无钱，被迫停学务农。

1911年，四川爆发了规模浩大的保路运动。11月，"大汉蜀北军政府"发兵营山，杨伯恺积极响应，冲破阻挠，带头剪发，反对封建统治。但地处偏僻山区的营山，封建老朽顽固不化。杨伯恺深感周围空气令人窒息，像禁锢已久的雏鹰，渴望冲出樊笼，飞向蓝天。1912年，杨伯恺前往顺庆（今南充），考入顺庆联中。1915年1月，窃国大盗袁世凯与日本签订了丧权辱国的"二十一条"。消息传来，南充掀起了大规模的讨袁爱国运动。热血青年义愤填膺，杨伯恺更是奋勇当先，与同学们一道上街，焚烧日货，散发传单，集会游行。他慷慨激昂地向群众讲演："宁为中国鬼，不为日本奴……"[①]

新文化运动兴起后，张澜在南充提倡新思想、新文化。在新思潮的影响下，杨伯恺向往民主共和国，宣传民主主义新思想、新文化、新道德，反对封建主义的旧思想、旧文化、旧道德。他与石琼、杨凤舞等同学向校方建议，要求废除陈旧的学习内容，改变教学方法，加快教学进度，更多地向学生传授新思想、新文化。但这一建议，遭到了顽固学究们的反对。杨伯恺因此没有等到两月后的毕业，便与石琼、杨凤舞愤然提前离开学校，回到家中，在本乡圣水寺里自学。大家自己动手劈柴、挑水、做饭，还适当地从事一些农活。除这些外，全部时间都用于读书。大伙儿读完了整个中学课程，还读了些四书五经及社会科学方面的书籍等。在这期间，通过参加一些

---

① 危淑元：《杨伯恺烈士的生平概略》。摘抄于营山县民政局。

农业生产劳动，他们对农村愚昧落后的境况和社会时弊有了进一步的认识。杨伯恺认识到，要改变贫穷落后状况，要国家富强，迫切需要科学知识来武装，因而激发了他努力求学的自觉性。

1917年底，杨伯恺约着石琼，不顾当时军阀混战和自然险阻，到上海求学，住在法租界内。两人经济都很困难，为了不交学费，杨伯恺提出入英语学校当旁听生。得到允许后，两人如饥似渴地读着各种内地见不到的书籍。没有钱买书，就借阅或自己抄下来读；吃饭钱不够，他们便采取两人在饭馆里只包一个人伙食的办法，每天两顿，一人去吃一顿。如伯恺去吃午饭，石琼便去吃晚饭，使得老板翻白眼，抱怨他们吃得太多。生活再穷困，两人仍坚持研究各种书籍和外国语。

当时的上海，帝国主义肆意横行，杨伯恺极为愤慨。尤其是外国人给中国人以"东亚病夫"的骂名，更使他怒不可遏。他认为，中国贫穷在于教育落后和科学不发达，只有提高科学技术水平，才能使祖国富强，中华振兴。这时，蔡元培、李石曾、吴玉章等人在北京创设留法勤工俭学学会。当他得知北京华法教育会招生的消息时，欣喜万分，便立即与石琼到北京，考入了北京法文专修班，补习法语。3个月后，即1919年3月17日，乘"因幡丸"轮船从上海起航，与赵世炎、石琼等首批赴法勤工俭学。5月10日到达法国待工候学。1920年2月进入圣得天列夫铁厂做工。

二、留学法国

杨伯恺开始了在法国的工人生涯。工厂里工作繁重，工头要求做得快，还要做得好，稍有怠慢，被工头发现，不是挨骂就是被打，这和法国殖民地的劳工待遇没有两样。无论是冬天或是夏天，衣裤常被汗水和机油浸透，脱下一挤便淌出油水来。在寒风凛冽的严冬，他每天早上，穿着很薄的衣裤，站在工厂门前等着上工。除正式工作外，杨伯恺还搞些班外劳动增加收入，把钱积存起来用以将来支付学费，每天的饭食只是几块黑面包，喝的是自来水，有时在水中加点白糖，那就算高级的享受了。年复一年，艰苦的生活和繁重的劳动，使杨伯恺得了胃病。但不管条件多差，工作多劳累，他从不叫苦。

杨伯恺抓紧学习，常把要学习的东西抄成小本子，放在衣袋里，忘了就拿出来看看，工头来了，马上收起来，有时躲在厕所里看。下班回到宿舍，除了洗衣和吃黑面包外，就是读书，不懂的地方，随时向别人请教。

在劳动中，杨伯恺的思想有了飞跃的变化。他和工人在一起，亲眼看到科学技术先进的法国工人生活的痛苦，也看到了资本家剥削工人和武装警察对罢工示威工人的镇压。他开始认识到了资本主义的罪恶和虚伪的民主。1921年，周恩来、赵世炎、蔡和森等领导留法勤工俭学学生开展了反饥饿、拒款和进驻里昂中法大学的三次重大斗争。杨伯恺勇敢地投入了战斗，并在斗争中进而认清了国内外反动派的丑恶面目及他们鼓吹的

"中外文化交流"的虚伪性,抛弃了"工读主义"和"教育救国论"的思想。他开始阅读马列著作,尤其是反复研读了《共产党宣言》《社会主义从空想到科学的发展》《剩余价值》等,努力改造世界观,成长为坚定的共产主义战士。1922年6月,经周恩来介绍,杨伯恺加入中国旅欧少年共产党。同年秋,转为中国共产党党员。杨伯恺与周恩来、李富春、蔡和森、聂荣臻、赵世炎、王履祥、郭达垓等积极开展革命活动,立志把自己的一生献给伟大的共产主义事业。

一个除夕之夜,工厂加班。夜深了,杨伯恺和石琼还在堆煤炭。石琼想起故乡的除夕之夜,想起远隔重洋的妻子、儿女,不禁在煤堆上抽泣起来。杨伯恺走到他面前,撑着煤铲,亲切地安慰道:"咬紧牙关吧!世界上比我们苦的人还多着哩,不要忘记我们是有远大理想的人。这点苦算不了什么,能熬过去的!"

十二桥杨伯恺墓铭文

其实，杨伯恺又何尝不思家呢?！古人云，"每逢佳节倍思亲"。他毕竟是有血有肉的人啦！更何况，这时的杨伯恺已是近30岁的人了，还没有娶亲，更享受不到应当得到的温暖和幸福。当时，有一个法国资本家的女儿玛丽小姐，认识了杨伯恺。尽管玛丽小姐苦苦地追求他，但杨伯恺以惊人的意志竭力克制着自己的感情，将全部精力用在自己所追求的事业上。"匈奴未亡，何以家为！"一旦有人提亲，杨伯恺就借用这句话婉言谢绝。

三、回川建党

1925年3月，杨伯恺返回祖国。这时，在国共合作下，中国革命进入新的阶段，杨伯恺投入到国内轰轰烈烈的革命洪流中。5月，上海发生了"五卅"惨案，杨伯恺怀着满腔仇恨，在上海领导学生，四处讲演，痛斥日本帝国主义在华的暴行。此时四川也同全国一样，掀起了轰轰烈烈的国民革命高潮。杨伯恺遵循党的指示，回到四川，筹建党组织。8月，广州国民党中央党部派吴玉章（已加入中国共产党）回川整理党务，并办理国民党二大四川代表的选举工作。同时，吴玉章也肩负着暗中筹建党组织的任务。吴玉章到重庆后，建议创办一所学校借以作为革命据点。杨伯恺积极配合吴玉章、杨闇公在大溪的谭家花园附近办起了"中法大学分校"。吴玉章任校长，杨伯恺任教务长。由于吴玉章经常外出，日常工作均由杨伯恺全面处理，成了学校的实际负责人。除了忙校务，他还担任讲授历史和训育等课程，给学生讲授《社会发展史》《社会科学概论》《共产主义ABC》。他循循善诱，不厌其烦地把文化知识和革命道理传授给学生。他常对学生们讲："全国的革命形势发展很快，四川也是这样，不久会有许许多多的工作等着大家去干。你们要努力学习，认真锻炼，才有本领担负起任务。"这样一来，学生不但学到了书本上的文化知识，更重要的是杨伯恺给他们灌输了革命思想和马列主义理论，为党培养了一批德才兼备的好干部，如范长江、任白戈、陈同生、童功懋等。中法大学分校成了四川宣传马列主义、培养革命干部的重要据点。

在杨闇公和杨伯恺主持下，中法大学分校又在学校附近和南岸、江北等城区各处开办工人夜校、平民学校。杨伯恺利用夜校讲台，向广大工人宣传革命理论。在火热的工作中，有一件事，使杨伯恺一再感到种种不适：中共重庆党、团的领导人童庸生是一个个性倔强的人，他一再插手中法学校教职员事务。这件事让杨伯恺如鲠在喉，不吐不快，决定向中央报告，即于1926年1月提笔向中央去信，反映重庆党、团存在团体个人化、革命学潮化问题。中央收到杨伯恺的信后，安排从广州到上海的杨闇公回川召开领导班子批评会。1926年春，中共重庆地方执行委员会（后改为四川地方执行委员会）在中法大学秘密成立，杨闇公任书记，吴玉章管宣传，伯恺为学委书记。中共重庆地委建立后，杨闇公按照中央指示，于4月15日召开了地委领导班子的批评会，专门解决杨伯恺和童庸生之间的矛盾问题。在大家毫不留情的真诚帮助下，童、杨二人都表示接受大家指出的缺点和批评，还表示今后一定要注意工作方法，注意革命内部的团结。

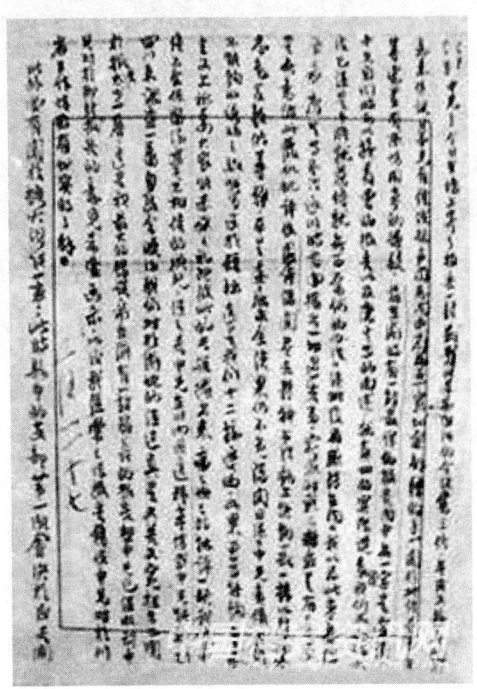

杨伯恺 1925 年 12 月 27 日致党中央、团中央的报告

1926 年底，中央军事政治学校武汉分校在四川招生。北伐军总政治部主任邓演达、副主任郭沫若派陈维中到重庆，与莲花池省党部组成招生委员会。陈是招委主任，杨闇公、杨伯恺、李筱亭为招委成员。当时国民党四川省"一大"正在重庆召开，杨闇公、李筱亭正把主要精力用在开好这次会议上。三个月的艰巨招生工作由杨伯恺承担。按照上级的秘密指示，这次只招收共青团员和同情革命的青年学生，而不能让国家主义

派等反动分子混入。所以,杨伯恺对报考人员的政治审查和成绩考核掌握极为严格。凡是由国民党右派省党部介绍来的人,一律不许报考,只收莲花池省党部和各县国民党(左派)县党部介绍来的人员。

一天,一位大个子青年带着正在国民党省"一大"开会的任白戈写的介绍信,来到杨伯恺的寝室。伯恺看完信,站起身来,高兴地说道:"哦,原来你就是罗瑞卿,不错,不错!"

在这之前,任白戈在南充立不住脚,由吴玉章介绍给杨伯恺入读中法大学时,任白戈就曾谈到罗瑞卿等南充中学学生打了军阀何光烈的"典当捐",发动了震惊全川的"六合丝厂"大罢工,杨伯恺对此深表赞赏。由于过分紧张,在这位考官面前,罗瑞卿显得有些腼腆。杨伯恺看完任白戈写来的介绍信,连连称道:"好!好!好!"这时罗瑞卿才正视了老师的面容:他高大的身材,配上一套合身的打了领结的西装,显得很有气质,而他的谈话却是那样随和。他家里的摆设与他本人的身份很不协调。他只有一间寝室,屋里摆了一张平床,一张办公用的书桌,一个独凳子。罗瑞卿进门时,他立即让出凳子,自己只好坐在床沿上。原来,他虽是中法大学的教务长,工作十分繁重,但他生活却很简朴,穿布鞋、着长衫,与师生在一个食堂吃饭。这次穿上西装还是由于担任了考官及时常去赴宴的缘故。

在第一批的考生中,录取了男生200多人、女生40多人。从各地陆续来重庆的考生络绎不绝,军校的招生也一批一批地进行。等到历时三月的招生工作完毕,全体录取生一道乘客轮出川时，杨伯恺已累得瘦掉了一身肉。在军校的招生工作中，他为革命付出了多大的心血啊！

四、去营山领导农运

1925年寒假，党派杨伯恺与中法大学学生、共产党员郭经阶，共青团员陈同生等回营山，配合在这以前回乡开展工作的留法学生、共产党员黄知风、郭达垓、柏载鹍等宣传革命，组织农会，开展农民运动，打开川北革命局面。

营山县位于四川省东北部，在渠江与嘉陵江之间。全县人口30余万，面积1600多平方公里。土地贫瘠，生产落后，兼之兵匪横行，致使农民陷入苦难的深渊。杨伯恺一踏上营山的土地，看见故乡这样满目疮痍，痛心得泪水直淌。他知道，贫困的人民多么盼望跳出苦海，获得新生啊！

杨伯恺到家后，与分别9年的父母见了面，全家人都无比地欢乐。他在向父母弟妹问候后，立即转身出去，召集所有回乡的共产党员、共青团员研究开展农运的工作计划。他们决定发动农民以东路（县境东部地区）为主要基地，以杨伯恺和郭经阶的家院为活动据点，家住县城附近的陈同生、唐尚仁等同时在南路开展宣传和组织活动。

在东路，杨伯恺带领郭经阶等冒着凛洌的寒风，跋山涉水，深入到农民中，采取个别动员的形式，号召农民团结起来，组织农民协会。不几天，全县第一个乡农会在杨伯恺的家即杨家坝秘密建立了。杨绍槐在杨家坝的贫苦农民中很有威信，在杨伯恺的教育、启发下觉悟提高很快，被推为乡农会负责人。

　　为了提高农民的阶级觉悟，杨伯恺和乡农会领导人决定利用平民教育的合法形式，举办农民夜校。大家联亲串友，广泛动员农民入校。开始有60余人，后来日渐增加，男女老少，年龄从十几岁到几十岁不等。除了杨伯恺和郭经阶等主讲外，还选聘了一些进步知识分子任教。每天晚上8时至11时，周围十来里的人们忘掉了一天紧张劳动的疲劳，打着火把前来学习。每次上课前，全体肃然默哀，读"孙总理遗嘱"。接着教识字、珠算、唱歌和讲解时事。校园书声琅琅，歌声嘹亮，打破了夜空的寂静，使这偏远的山区增添了不少生气。杨伯恺等自编或改编教材油印成册，人手一本。它淋漓尽致地揭露了四川军阀对广大农民的疯狂搜刮，愤怒地声讨了帝国主义的侵略罪行，明确地宣传了国民革命理论。特别是反映妇女悲惨命运和痛苦生活的歌谣，杨伯恺更是写得生动形象，在《中国女子真可怜》一歌中这样写道：

　　　　中国女子真可怜，天天都来把脚缠。
　　　　脚板缠个小尖尖，少女小孩哭喊天。
　　　　出门都要人来牵，不牵就要打圈圈。
　　　　走起路来真难看，头上梳个螺丝转。
　　　　一次梳头要半天，好耳还要穿个眼。
　　　　脸上不平麦面填，嘴上土红都糊满。
　　　　一要嫁了真可怜，每日眼泪都哭干。
　　　　一心想把凤冠戴，要坐花轿才体面。

初到娘家真下贱，坐在房角不敢言。

回门才把话来谈，凡是女子听去劝：

枉在世上走一转，妇女齐心反封建！

地主豪绅开始以为杨伯恺、郭经阶搞不出什么名堂来，但现在却看到上夜校的人越来越多，特别是当他们弄清了夜校的学习内容和歌词的锋芒所向时，既害怕，又仇视。小桥团总刘景叔、大地主郭通太等勾结驻军，以农民夜校"过激"、学员"赤化"相陷害。他们请来一些不可一世的反动儒生作为"智囊团"，在小桥镇吉祥泰商号摆下"擂台"，与农会进行辩论，胡说办农民夜校"男女混杂，有伤风化"。由于杨伯恺召集党、团员和农会负责人研究好了对策，那天农会骨干分子郭玉楼、杨绍槐等出场，据理争辩："穷人识字，何罪之有?!""民国以来，便提倡男女平等，妇女参政。京沪各大城市，男女同校，也是常事。这算什么有伤风化？办农民夜校，政府也早在提倡。无官可升、无财可发的事，除非大公无私的人，谁愿去干！"他们针锋相对地冲着刘景叔、郭通太等说："假如这是'赤化'，我倒欢迎赤化，这比那白化、黑化（指吸鸦片等事务）、恶化、腐化强得多。至于说办农民夜校'过激'，对于地方有利的事业算'过激'，那愿我们的儿子、孙子都当过激党，总比困在鸦片烟灯旁边出害人民的主意好得多！"农会会员理直气壮，正义凛然；地主豪绅哑口无言，灰溜溜地逃跑了。农民夜校从此站稳了脚跟，影响日渐扩大。东路乡、区农民协会随后相继筹备和建立起来，成为全县农民运动的一面旗帜。

由于蓬勃发展的东路农民运动的影响，南路农运也在酝酿兴起。杨伯恺在假末离开县境前夕，指示郭经阶到城南利用宗族关系争取进步绅士郭渊如。郭渊如曾任县教养院院长、县参议员和城南镇长等职，为人正直，颇孚众望。通过他号召农民，使农民运动以城南镇为中心迅速扩大到四周。同时西路、北路也初步建立起了农会组织。5月初，全县已发展会员2000余人，成立了四川省第一个县农民协会，郭经阶任执行委员会委员长。

9月5日，英帝国主义制造了震惊中外的万县惨案。消息传到营山后，杨伯恺指示县农会开展了一次大规模的抗议示威和请愿运动，借以推动群众运动深入开展。杨伯恺、郭经阶起草了抗议书，强烈要求英帝赔偿损失，认罪道歉，所有外国军舰退出川江；断绝同英国的外交关系，废除帝国主义强迫签订的一切不平等条约；并呼吁全国同胞武装起来，与英帝决一死战等。随后，组织全县5000余名农会会员和普通群众示威游行。浩浩荡荡的人群由东、南、西、北四路分别涌向县城，人人手持一面三角小旗。道路上，锣鼓喧天，口号声、歌唱声响彻云霄。驻军长官以为发生了民变，立即把城内驻扎的一个营的军队调在四处城门口加强镇守，并架设机枪，不准农民队伍进城。农会派出县高小校长徐仲光出面与驻军交涉，要求面见县长，递交声讨英帝暴行的抗议书。县长和驻军长官借口"人多有碍秩序"，只同意接见农民代表。杨伯恺、郭经阶等考虑避免农会与驻军发生冲突，便派50余名代表从老东门进入县衙门递交抗议书。游行队伍则在县中校召开了农民大会。县城、骆市、小桥等地的工人、学生也参加了集会。杨伯恺、郭经阶在会上揭露了英帝国主义制造血案、屠杀中国人民的滔天罪行，讲述了"社会之时弊"，提出了"民众要团结"和"妇女要解放"的主张。热烈的掌声、欢呼声和锣鼓声在会场此起彼伏，经久不息。下午三四点钟左右，人们高举红旗，敲锣打鼓，兴高采烈地回到各乡。随后，参加农会的群众更为踊跃，到这年11月，全县建立了区农会22个、乡农会64个，会员8000余人，县农民自卫军近2000人。

1926年12月4日，国民党四川省"一大"会议结束。这时党领导的泸顺起义爆发了。杨伯恺叫"一大"会议代表郭经阶速回营山做配合工作。郭经阶随刘伯承率领的工作人员一道兼程赶到合川，与在合川宣布起义的黄慕颜部前往顺庆（今南充）。在参加"顺庆国民革命军政府"成立大会之后，郭经阶又奉命回县了解驻军动向和组织农民自卫军配合起义军的行动。不几天，起义军在军阀罗泽洲围攻下，撤离顺庆。刘伯承率部途经营山时，县农民自卫军牵制驻防当地的独立旅，使起义军顺利通过营山县境，渡过渠河，前往开江。

顺庆起义失败后，罗泽洲部进占营山县城，并立即通令"严禁异党活动"，加紧了对农民协会的控制和对农民运动的防范。地主豪绅又开始嚣张起来，城内反革命势力强大。这年寒假，杨伯恺、陈同生等回乡后，与郭经阶等商定，在继续从事四路农民运动的同时，重点向县城这个反革命堡垒进攻。他们利用当地拜年的风俗，巧妙地将我党的主张印在贺年帖子上，于正月初一（1927年2月2日）凌晨，派出骨干，分组在县城及其周围的大小场镇到处张贴。内容是:"共产党不是洪水猛兽,是为穷人求翻身解放的!""反对苛捐杂税!""只有共产主义才能使中国国富民强!"还有这样一首诗:

> 青的山,绿的田,灿烂的山河;
> 美的衣,鲜的食,玲珑的楼阁。
> 谁的功,谁的力,劳动的结果;
> 全世界,工农兵,联合起来呵!

落款为"中国共产党贺"。这些帖子顿时成了人们初一天谈论的头号新闻。人们齐声称誉:"共产党的拜年帖子,几句话就透了人情!"也有的说:"共产党来了!""在顺庆闹兵变的刘伯承,又在川南(指泸州)闹起来了,恐怕还要回到川北来。"驻军团长令休假的兵士、民团团丁一律归队,持枪佩刀待命,并在县城内外增加了岗哨,对过往行人严加盘查。县衙的二门紧闭,从乡下逃进县城的地主豪绅,感到大祸又要临头了,吓得四处逃窜。驻军和官府的虚弱本质在全县人民尤其是县城人民的眼中暴露无遗了。

营山驻军密谋残酷镇压革命活动。杨伯恺立即决定,留下郭经阶利用社会关系掩护,继续活动;暴露身份的同志立即转移外地。2月下旬的一个夜晚,杨伯恺与陈同生等悄悄离开了营山。抵渝后,杨伯恺指示陈同生等联合川北在渝人士,组织了"川北各界驱罗大同盟",揭露罗泽洲残酷压榨农民的罪恶,配合郭经阶在营山开展的抗税斗争。

大革命失败后，营山人民的斗争意志并没有动摇。1928年至1932年，杨伯恺、陈同生、于江震等受党组织派遣又来营山，开展农民运动和武装斗争。营山人民在党的领导下，前赴后继，坚持斗争，以战斗的姿态于1932年底迎来了红四方军入川，第一次获得了解放。

五、创办"辛垦书店"

1927年3月31日，受蒋介石唆使的四川军阀刘湘、王陵基制造了"三三一"惨案。中共重庆地委领导人杨闇公、冉钧壮烈牺牲。杨伯恺幸免于难，于白色恐怖中撤至武汉，向党中央汇报了四川党遭破坏的情况。4月下旬，他代表四川党组织出席了党的第五次全国代表大会，参加了毛泽东在武汉主办的中央农民运动讲习所学习，并被邀请给农讲所学员讲课，向学员介绍从事农运的经验。他的理论水平和语言表达艺术得到毛泽东、周恩来的好评。为掩护自己的革命活动，杨伯恺对外的身份是武汉第二中学教师。这时，他认识了校内一个善良、进步、年轻美貌的女教师危淑元，并与她结成了患难与共的革命伴侣。

7月15日，汪精卫在武汉发动反革命政变，大批共产党员和革命群众惨遭杀害。杨伯恺接到紧急通知，与爱人危淑元一道，离开汉口前往广州，参加广州起义。途经上海时，得知广州起义失败，党组织同意他留在上海，通过关系到招商工学任教。杨伯恺在中共沪东区委书记恽代英领导下，在学校内建立党支部，担任书记，积极从事文化界的工作。

在上海，杨伯恺逐渐发现，大革命失败后，在党内产生了一种同国民党反动派拼命的"左"倾情绪。像江苏省委采取公开形式，强迫组织大规模的罢工，致使工人遭逮捕，党员被杀头，革命力量遭受很大损失，杨伯恺心里是何等着急和痛苦啊！他开初虽也参加过一些"飞行集会"，但惨痛的教训使杨伯恺认识到：党中央一些主要领导同志的指导思想上，时而妥协退让，时而冒险行动，这种不顾客观条件的"左"、右倾错误给革命带来极大损失。中国革命要取得胜利，不仅需要有革命的积极性，还需要有正确的指导思想，需要我们党善于运用马列主义的理论来正确指导中国革命的实践。因此，必须加强革命理论研究，善于用正确的理论指导实践。

1929年下半年，杨伯恺和任白戈、沙汀等，协商筹办"辛垦书店"（"辛垦"二字是英文"think"一词的音译），决定租用上海宁海路三德里45号房屋为店址。大家明确这是同仁性质的出版社，宗旨是宣传革命理论，介绍马列著作及外国著作，介绍当代自然科学知识，不是做出版商人。书店的编辑人员有任白戈、沙汀、邓均吾、廖桂清、刘伯庄。危淑元一面支持丈夫杨伯恺的事业，一面自己也翻译一些短小文章，后来进而自己独立翻译了一些外国著作，成为书店的得力编辑之一。

在正式出版书刊时，存在资金不足的问题。当时沙汀经济情况相对好一些，在一次研究会上，他首先拿出500元。杨伯恺和任白戈尽最大的努力，各自出款200元，陈子中出500元。这样，算初步解决了经费问题。年底，杨伯恺应聘到成都大学任教，便借机在成都向陈离、张致和等人做工作，为书店募集股金。

在杨伯恺任教成都大学期间，辛垦书店的第一批书籍相继出版，有杨伯恺翻译的列宁《论帝国主义》和《世界经济与帝国主义》，任白戈、沙汀、葛乔、王义林等翻译的一些马列著作和进步书刊。这些书籍对于大革命失败后处于苦闷、彷徨中的一些知识分子产生了良好影响。

1930年秋，杨伯恺从成都回上海亲手经管书店。他一直希望大家多出点书，曾不止一次语重心长地向沙汀、任白戈等青年人说："要拿出东西来啊！"但对于出版任何一本书，他总是审慎处理，严格把关，他没有让任曙的《中国农业经济问题》在辛垦书店出版就是很好一例。任曙原名任昭明，南充人，大革命时期在党内担任过一定负责工作，后成为取消派。任经常到书店吹嘘他那本书的主要论点：中国农村经济呈现发展趋势，农民生活也有改善。多年从事农民运动的经验使杨伯恺懂得，任曙的结论不言自明：农民没有革命的要求。这就无疑否定了党在农村进行土地革命的前提。杨伯恺愤然地指出："这真是无稽之谈！"断然拒绝出版该书。叶青（即任卓煊）混进辛垦书店。当他后期在书店宣传反三民主义时，杨伯恺以鲜明的态度进行了坚决斗争。

1932年5月，蒋介石提出了"力行哲学"。这是传统的愚民政策和法西斯的反理性的行动主义的混合体，是宣扬盲从，要人们顺着蒋介石的反革命的意志拼死去干的法西斯愚民哲学。对此，杨伯恺以书店为阵地，拿起战笔给予了有力的抨击。他极力宣传唯物论和辩证法的理论，系统地翻译了一套，《哲学丛书》，如《精神论》《自然之体系》（上、下册）、《哲学原理》《认识起源论》等，共150万字左右。

1936年张致和从成都到延安，毛泽东特别问及杨伯恺的情况。书店在社会上造成的巨大影响也使杨伯恺进一步认识到研究、宣传革命理论的极端重要性，因而更加坚定了他的信心。

辛垦书店内建立了地下党支部，属沪东区委领导，杨伯恺和任白戈等积极在此开展革命活动。上海党组织负责人刘子华、李性涵常来书店研讨工作，书店成为上海地下党活动的一个秘密据点。尔后，杨伯恺又参加了党的外围组织"上海护救会"，掩护营救了不少同志。任白戈被捕后，杨伯恺慷慨地拿出1000元，通过史良托关系，很快将任白戈保释出来。长征干部危拱之也来书店活动过。中共中央曾派人与杨伯恺联系指导工作。然而作为革命活动据点的辛垦书店，终不能见容于反动派，敌人强令停办，书店依依不舍地与读者告别了。

六、《华西日报》主笔

1937年7月，卢沟桥事变发生，全国抗战爆发。8月13日，日寇进攻上海。淞沪会战期间，杨伯恺亲临前线，慰问爱国将士。上海失守后，杨伯恺到中共南京办事处，见到叶剑英。随后经西安转临潼，又见到林伯渠与周恩来，接受了回四川从事文化界统一战线工作的任务。

1938年初，杨伯恺从西安经汉口回到成都，与共产党员车耀先、张秀熟等接触后，试图首先创办一个书店，宣传党的抗战主张。由于登记受到限制，计划没能实现。协进中学随即聘他为教务主任。杨伯恺在全校提倡抗战教育，提出"读书不忘救国"的口号，反对"读死书，死读书，读书死"的旧教育。他编选新教材，或利用旧教材而改变其内容，对青年学生进行抗日、民主、团结的教育。他在上公民课时，公开宣传辩证唯物主义和历史唯物主义的哲学，指出人民群众是历史的主人，从理论上说明必须实行中共提出的全面抗战路线和抗日救国十大纲领。课余，他常到学生组织的"读书会""研究会"做报告，向学生介绍进步书刊，如《新华日报》《国难三日刊》《星芒报》《大众哲学》《西行漫记》以及生活书店出售的进步书刊。杨伯恺顶着来自校内顽固派方面的压力，在学生管理制度方面作了一些大胆改革，同意只要有救亡团体的证明，参加救亡活动的学生可以补假；各救亡团体在协进团的成员，可以在校内成立小组。于是，学生组织的"抗战宣传团"、歌咏队和演剧团等纷纷成立，他们利用节假日到附近县区农村进行宣传。杨伯恺和学校其他领导也亲自参加讲演和支前募捐活动。这样一来，协进中学的抗日救亡活动逐渐走向高潮，许多师生毅然奔赴延安，参加了革命。反动派对此极为不满，向杨伯恺提出警告，还声言要逮捕他。杨伯恺被迫辞去了教务主任的职务。

1938年冬，日机轰炸成都。杨伯恺移居离市区10多里外的西郊土桥乡下，一方面在朝阳大学任教，一方面根据党的指示对地方实力派刘文辉、邓锡侯等从事统战工作。

1939年，杨伯恺辞去朝阳大学教授职务后，隐蔽于华西日报社内的共产党员、编辑部主任唐征久，请他暗地为该报写社论。杨伯恺靠此获得点微薄的稿酬，维持着一家四口极其艰苦的生活。他同《华西日报》的联系就是从这时开始建立起来的。

　　1939年1月国民党五届五中全会后，蒋介石的政策重点由对外转向对内。党提出了"坚持抗战，反对投降；坚持团结、反对分裂；坚持进步，反对倒退"的口号，领导全国人民同国民党顽固派进行坚决的斗争。杨伯恺根据党的指示，发表社论，评论时局。他在1942年1月13日题为《世界大战的新阶段》的社论中指出：自太平洋战争爆发后，反法西斯侵略的民主力量得到加强，世界大战踏上了一个新的阶段。但是，"达到胜利的过程中还必须通过最严重的困难。必须抓住千载难逢的良好机会，使国际与各国内部的团结空前坚实，使反法西斯的侵略力量发挥到空前的限度，才能顺利地有效地击溃人类最凶恶的公敌"。而"站在反侵略之先锋地位而有两年以上的光辉抗战的中华民族，自然要尽最巨大最特殊的任务，以取得自己与人类的解放"。因此，中国的抗战更需要团结。他呼吁必须"一刻不放松地加强进步、团结，动员整个国力"。针对蒋介石的分裂倒退政策，他指出"进步、团结是全国一致的心声，是中国出生入死的法门……若干逆态暗形，都不能阻断伟大民族向前发展的历史道路"。

　　1943年春，杨伯恺被华西日报社正式聘为主笔。9月，国民参政会三届二次会议在重庆召开时，杨伯恺连续撰写社论，揭露和批判蒋介石所谓"战时不能奢谈民主"的独裁谬论,深刻抨击了国民党御用文人污蔑人民是"无羁野马",是"蠢蠢天生的群氓""天然只能受制于人",指出这种害怕人民、蔑视人民而有碍民主宪政之实施的谬论,"为民主之大敌","决然会……遭到极惨之失败的"。

如何才能把现时中国的政治变成真正民主的政治呢?杨伯恺认为,第一是"信","就是真诚无欺,心口如一"。"言出行随……扫除一切动摇,一切诈伪,一切有违反民主的打算。"这是他对国民党蒋介石集团无实行民主政治之诚意的揭露。第二是"力",就是实实在在的民主力量,"就是真诚要求民主、争取民主、拥护民主的广大无限的民主力量。没有这种力量,任何英雄豪杰也无法以个人之力战胜反民主的敌人……所谓民主建设云云,都不免要变成滑稽的空谈"。他号召民众团结起来,认清形势,为争取政治民主化而斗争。

1944年,"市中事件"发生后,他冲破来自各方面的阻力,甚至不顾生命危险,坚决主张在报纸上发表新闻和评论,支持学生的正义行动。这样一来,报纸便无数次地被反动新闻机关删节,甚至整篇文章被砍掉,开着大大小小的"天窗"。然而开"天窗"有什么可怕!杨伯恺认为:"这只能证明反动派卑鄙无耻。这正是他们虚弱本质的自我暴露,人民要说的话是压抑不住的!"每当《新华日报》转载他写的社论时,杨伯恺便非常欣慰、非常坚定地说:"我们的立场是正确的。正确的政治方向应当坚持,正确的道路我们应当坚定地走下去!"国民党特务数次来报馆捣乱,砸烂印刷机,抢走报纸,打伤工友。

杨伯恺挺身而出，领导报社工友一面向社会呼吁，一面顽强抗争，多次把特务从报社赶出去。杨伯恺的文章也不因威胁而稍敛锋芒。一些好心友人劝他"不妨写得含蓄些，避一避风头"。他微笑地说："擦亮大众的眼睛，唤起人民，这就是战斗！"

杨伯恺在尖锐复杂的斗争中，紧跟党的战略部署，推动报纸不断前进，使《华西日报》办得愈来愈光彩夺目，不但为国内群众所瞩目，还引起了国际友人的注意。1944年，苏联驻华大使罗果夫来成都，专程到报社访问了杨伯恺等人，赞扬报纸坚持抗日、民主的积极主张和战斗精神。对此，蒋介石极为恼怒，他将潘文华从成都召至重庆，训令他限期查封报纸。1945年5月28日，《华西日报》向广大读者告别了。它在人民中的巨大影响却是磨灭不了的！

在成都时，杨伯恺一家的生活十分艰苦。他一个月只有两石四斗米的收入，仅够维持最低生活。当女儿15岁时，物价一天比一天飞涨，杨伯恺一人的工资实在难以维持全家人的生活，便只好叫女儿担任《华西日报》副刊的校对工作。女儿能为家里挣得一点生活费，为父母排难解忧，心里特别高兴，但杨伯恺却时时不安。一天，杨伯恺站在桌旁看着正在校稿的女儿杨洁，叹了一口气，摇摇头。女儿以为什么地方弄错了，赶紧问爸爸。杨伯恺眼中流露出不寻常的忧郁神情，低沉地回答："哎，不该把生活的担子加在你的身上哟！"不久，杨伯恺设法将不满16岁的女儿杨洁送到了重庆八路军办事处，转赴延安，让她投身到革命的大熔炉中去锻炼。

七、推进民盟工作

1941年10月10日,"中国民主政团同盟"成立。同年,杨伯恺、李相符、田一平等联合地方实力派和民主人士30余人在成都成立"唯民社",主张"全民团结,坚持抗日,反对独裁,实行民主"。创办了进步刊物《大学月刊》,宣传民主宪政,推动后方民主运动。

1944年9月,中国民主政团同盟召开全国代表大会,改名为"中国民主同盟"。杨伯恺和李相符、田一平请示党组织同意,首先入盟。11月,民盟四川省支部成立,杨伯恺被选为委员,后又被选为民盟中央委员和常委。杨伯恺利用盟员的合法身份,积极领导和全力参加成都地区的重大活动,同以成都为老巢的青年党进行坚决的斗争。1945年初,民盟成都市分部改选,在民盟内的青年党背信弃义,凭借人数优势,操纵选举。结果市分部全部是清一色的青年党员了。为了抵制其活动,杨伯恺和李相符约集进步骨干近20人,组织了干部联席会,开展民盟工作,使成都盟务沿着正确轨道进行。

1945年春,继重庆文化界2月公开发表《对时局进言》之后,杨伯恺和李相符、田一平、于邦齐等经过协商,约集盟内外教育界、文化界知名人士,在成都少城公园对面的一个咖啡馆里开会,共商国是,并于4月11日在《华西日报》上发表了由杨伯恺起草、有120余人署名的《成都文化界对时局献言》。他们提出立即结束国民党统治,与全国各党派各界民主人士举行紧急会议,成立举国一致的联合政府,切实保障人民的四大自由,释放一切爱国政治犯。这些主张,顺应潮流,符合民心,在各界引起强烈反响,推动着四川民主运动的蓬勃发展。

抗战胜利后,全国人民渴求建立一个和平民主的国家,但国民党反动派坚持内战、独裁、卖国的政策,仍然使中国成为一个半殖民地半封建的国家。杨伯恺经常与盟内领导进行时事座谈,并发表政论文章揭露和抨击国民党蒋介石集团卖身投靠美帝、坚持内战、进行独裁的罪行,呼吁停止内战,实现国内和平民主。昆明"一二·一"惨案发生后,他和民盟的一些领导,号召、组织广大盟员举行追悼会,开展声援活动,抗议国民党军警的暴行。

1946年4月,中共四川省委公开在重庆成立。省委委员张友渔指示杨伯恺和漆鲁鱼、田一平、李相符4人以民盟盟员身份组成文化小组,负责在成都地区开展工作。5月1日,在地方实力派刘文辉资助下,以杨伯恺为主的4人创办了《民众时报》。此报是民盟的机关报,报头下标有"发行人张澜"字样。该报旗帜鲜明,周恩来赞该报为"民主先锋",销售量达到7000份左右,在社会上造成很大的反响。这就触怒了蒋介石。7月15日,报纸被蒋介石反动派勒令停刊。停刊后,许多读者纷纷询问:"为什么停刊?如无钱,我们都愿帮忙。"有的读者甚至来报社痛哭流涕要求继续出刊。人民对政治民主的要求是强烈的。杨伯恺便把原《民众时报》的印刷厂改名为"华昌印刷厂",大量出刊《半月文摘》,转载国内进步报刊的时评、新闻等内容。"华昌印刷厂"对田一平领导的宣传民主、反对独裁的《华西晚报》，在印刷出版方面也给予了很大帮助。

1946年7月，国民党反动派在昆明暗杀了中国民主同盟领导人李公朴、闻一多。消息传来，杨伯恺和田一平提议，由民盟四川省委、成都市委组织，举行李、闻追悼大会。会议中途，特务破坏会场，殴打张澜主席，激起了全国人民的极大愤慨。《新华日报》发表了《李闻惨案与成都暴行》的社论，强烈抗议国民党反动派的暴行。以周恩来为首的参加政协的中共代表团，以及全国各界著名人士郭沫若、周建人、叶圣陶、茅盾、许广平等，都纷纷来电慰问。杨伯恺、田一平等领导成都广大盟员和革命群众，一致要求严惩特务及其幕后策划者。

1947年3月5日，反动当局无理查封了新华日报成都分馆，并扣押了罗石生等9名记者，准备押往西安。杨伯恺、田一平等民盟领导人得知情况后，立即去国民党省政府面会省主席邓锡侯。杨伯恺在讲话中重申了民盟的一贯主张，指责当局的行动不利于团结、和平，违背了全国人民的意愿。他向邓提出了解决问题的三个条件和要求：一、希望邓与吴玉章联系；二、请邓保护记者的安全；三、报馆同志回延安或重庆，不到西安。在党领导下，杨伯恺、田一平及报馆同志，团结一致，共同斗争。当局不得不为罗石生等人举行离别便宴，并用汽车把他们送到重庆，与《新华日报》的同志们一道撤往延安。

早在1944年，中共南方局就派张友渔到成都领导党的地下工作。他召集杨伯恺、李相符、田一平等民盟的9位负责人，举行时事座谈会，把党的方针、政策传达给大家，对民盟活动给予指导。因为杨伯恺的任务重,张友渔还常找他密谈,代表党提出指示,杨伯恺总是坚决贯彻执行。这就保证了民盟在党的领导下,始终沿着正确的轨道前进。

八、黎明前献身

1947年6月1日凌晨,昏沉沉的大地还未苏醒。杨伯恺紧张地劳累一天之后入睡不久。突然,门外响起了"突、突、突"的敲门声:"杨伯恺,快给老子开门!"还未等杨伯恺和妻子穿好衣服,一群野兽般的特务猛闯进门来。正穿着一条短裤的杨伯恺,在十几个佩刀带枪的凶手包围下被捕了。敌人迅速将杨伯恺的嘴里塞满棉花,眼睛贴上膏药,反绑住两手。无论杨伯恺妻子如何哭泣和请求,敌人还是没让杨伯恺穿上一件衣服就把他押走了。

原来,1947年5月,成渝等地广大青年学生开展了声援南京"五二〇"血案的斗争,国民党反动派十分害怕。5月初,重庆行辕密电四川省政府,立即逮捕杨伯恺和田一平。省府机要参谋、民盟盟员张鹏翼先拆阅电文,便立即设法通知他们二人躲避风险。杨伯恺仔细分析,文化小组成员只剩下两人了,自己又与邓锡侯有一定交往,是同乡,在此紧急关头离开,置广大盟员于不顾,将在政治上和工作上造成不好的影响。于是,他对报信的同志说:"我是民盟领导,平时号召革命,在此紧急关头,自己不该躲避。加之,我与有的旧军人……"为了广大民盟盟员的安全,为了坚持斗争,他没有走。6月1日凌晨，匪特们终于按其主子的指令，把他逮捕了。敌人逮捕杨伯恺后，将他囚禁在成都政治犯集中营——将军衙门监狱内。在这人间地狱里，杨伯恺以共产党员的气概，民盟负责人的面貌，言传身教，像一棵在寒冬中傲霜的青松，对狱中难友起着模范作用。

一天，匪特将杨伯恺带进刑讯室，特务陈仲琳说："杨先生，请你将民盟的组织说出来！"

杨伯恺回答："民盟是公开的政团，它的组织，全国都知道，何须问我?!"

特务放低了声音，低着头，狡诈地说："杨先生，请你放明白些，我问的是秘密组织。"

杨伯恺又说道："民盟就是民盟，没有什么秘密组织！民盟是公开的政团，它的政策是民主、和平、团结、建国。这不但过去对，现在对，将来也是对的。"

"好的，好的！你说政策，我们就说政策。你认为中国是实行共产主义对，还是实行三民主义对呢？"特务又来了另一招。

杨伯恺不慌不忙，振振有词地反击："问题不是这样提法，共产主义是人类发展的最高目标，三民主义与共产党的最低纲领基本吻合。现在国民党只不过拿三民主义作招牌，实行的是完全相反的一套，走的是买办官僚、洋奴流氓的道路。"

匪徒顿时慌了手脚，忙吞吞吐吐地说："唉，杨先生，你不要那么说啰！我们对你是很客气的，这里有许多朋友都说是你的学生，我本人也是钦佩你的学识的。今天请你到这里来，也不过是政府的意思，我们对你是绝对尊重的。"

杨伯恺反问特务："政府的意思?！我正要问：中国民主同盟是参加政协的公开政团，是国民党认为合法的。既然是合法的政团，为什么又要逮捕它的盟员呢？这时根据哪一国的国法？嗯?！"

特务们慌乱回道："这、这、这法律，你到这里还讲什么法律！老实说，杨先生，我们这里是不讲理，不讲法的！"

杨伯恺用手猛然往桌上一拍："岂有此理！你是什么东西？简直胡说！乱七八糟。"

另一匪特连忙站起来说："杨先生，不要发气，我们逮捕盟员是有根据的，我们认为民盟在政协是倾向共产党，是共产党打入民盟的具体表现。"

杨伯恺趁机直追："中国民主同盟的领导人，都是社会上深孚众望的老先生，他们的言行，都是人所共知的，绝不是被任何人所能污蔑得了的！民盟的这种主张，也正是全国人民所渴求的。不管是国民党或是共产党，谁实行这种主张，民盟就拥护谁。老实讲，我不怕迫害，不惧牺牲，不会低头，也决不妥协，绝不屈服！真理只有一个，不是'是'，就是'非'，绝没有中间路线！"

特务们威胁他说："你硬是这样顽固，到时候别后悔哟！?"

杨伯恺坚定回道："我意已决，再无他变！"

特务们又威吓他："你硬是不怕死，不愿留下你这条老命?"

杨伯恺正义凛然地回道："死有何惧？不要再啰嗦！"

敌特变换新的花招。一天,一群笑容可掬的特务把杨伯恺带进了刑讯室。那里躺着一位昏死的难友,已被打得遍体鳞伤。杨伯恺早已识破"杀鸡骇猴"的鬼把戏,面对着种种刑具,毫无惧色,厉声说道:"好!你们听清楚,记准确,这就是我的供词!"

特务错误地以为杨伯恺畏惧了,要讲述"秘密"了,都围拢来。可是,他们听到的却是:"民盟是公开的政团,连你们的蒋介石都公开承认了的,这有何罪?这还用得着来逼我?要问究竟,不如去问蒋介石!""你们实在要逼我说,那我干脆就说个痛快,让你们也见识见识!""民盟的政策是民主、和平、团结、建国。国民党,是拿三民主义作招牌,干的是相反的一套,走的是买办、官僚、洋奴、卖国的道路!这一点,你们追随国民党多年,难道还不清楚?你们难道没有一点使祖国强盛、人民安宁的爱国之心?你们的良心、你们的所作所为,难道不愧对祖先,不愧对中华民族?你们难道没有看到国民党的这种腐败统治,它很快就会被民众的巨大洪流所淹灭,所吞噬!"

杨伯恺越说越有劲,挥舞着大手,吼道:"你们难道此时此刻还这样执迷不悟,充当历史罪人的帮凶?难道你们一定要走向人民的审判台……"

正讲得起劲,一个衣冠楚楚的家伙走了进来,据说他是这里级别最高的将级特务。杨伯恺与他又是一阵针锋相对的舌战。那人理屈词穷,最后只好说:"蒋委员长是大家公认的领袖,不论怎么说,他总是领袖,总统啊!"

"哈、哈、哈，荒唐！"这位将级特务在伯恺的大笑声中灰溜溜地离去。

回到囚室后，杨伯恺还心有余怒地对难友们说："这些猪狗，这些吃人的魔鬼，公然承认他们是无法无天的！国事就败在这些名副其实的罪人手里！我看不久的将来，连同他们的头目蒋介石，都将受到历史和人民的审判！"

特务绞尽脑汁。一天，一个胖子特务拿着一支笔，几张纸来对他说："杨先生，这样关起，你也恼火，我们也难受，你是不是写点……并不拿去发表，就可以恢复自由。"杨伯恺严词拒绝："笑话！要放就放，我有何罪？我能与谁脱离关系？我一个字也不写，就是把牢底坐穿也可以！"10月，蒋介石宣布民盟为"非法团体"，下令禁止活动。敌人又来劝降了，要他号召狱中盟员办手续，写个"自白书"，取保出去。这更激怒了杨伯恺，他表示："只能无条件地释放，其他任何条件都是办不到的！"

他还对敌人表示："就是马上枪毙，我也不会写一个字。为了正义，为了民族的振兴，刑怕什么？死有何憾！""人生自古谁无死，留取丹心照汗青！"杨伯恺坚贞不屈，铁骨铮铮，表现了共产党人"宁为玉碎，不为瓦全"的高尚革命精神。因此，他在狱中被难友们称为"在狱中不肯具保释放的老英雄，斗争里从不妥协的老战士"。

杨伯恺是一位教育家，对青年一代有一种特殊感情。在狱中，他对中青年难友王侠才、罗启维、毛英才等，关怀备至，鼓励他们要敢于斗争，善于斗争。在他的直接领导和感召下，年轻的难友们也与他一样，都能保持崇高的革命气节。

此外，他还用革命理论和本人的言行，教育、感化、争取了看守监狱的青年宪兵。中秋之夜，狱卒将月饼和蒸鸡、卤鸭悄悄地送给正在酣睡的杨伯恺。而杨伯恺叫醒狱中同室的难友，与他们一起打了顿牙祭。

杨伯恺被捕后，社会上关心的人很多，在经济上资助他爱人危淑元。危淑元用这些钱买好肉食品和水果之类，得到邓锡侯的允许，送到狱中。杨伯恺对这些难得的食品并不独享。他总是同囚室的难友分享，还尽可能地设法分给其他囚室的难友。杨伯恺患了严重的胃病，而当他每次收到药物时，首先顾虑的是难友，才留下自己需要的一点。这位年近花甲、身患重病的老人，品质是何等地高贵啊！

在狱中，杨伯恺的学习精神也是令人敬佩的。他通过被争取过来的狱卒宪兵送信，把所需要的书刊从家要来。开始是复习法文，进而对世界史进行研究，准备用唯物论的观点，写出一部比较完整的《世界史》。杨伯恺又设法得到了自然科学概论和有关教学理论的书，开始对自然辩证法进行钻研。弄来一支铅笔，用两年的心血暗地里写下了几万字的稿子，想在解放全国之后，为祖国的文教事业贡献力量。

1949年初，解放军挺进大西南。11月30日，蒋介石飞至成都，惊魂未定，又飞奔台湾。就在逃窜的前夕，蒋介石下了血腥的"洗监令"，命令特务头子毛人凤、徐远举等把关押在监狱里的政治犯全部秘密杀害。

12月7日深夜，一片漆黑阴冷。管狱员谢音跑到牢房诡称：" 喂，听着，现在时局紧张，要把你们转移到'安全'地带。"匪徒们七手八脚地用棉花塞住革命者的嘴巴，用布带蒙住他们的眼睛，用绳索绑住他们的手臂，然后将他们拖上大卡车。在汽车的怒吼声中，把他们运到了成都外西十二桥畔。匪徒把烈士们一个个地拖往离桥不远的西南方的荒野里。在动手残害革命志士时，命令汽车司机开动马达，让汽车的吼叫声掩盖他们罪恶的枪声。枪声、马达声与烈士们的口号声交织在一起，震撼着黑暗笼罩的大地，惊醒了附近酣睡的农民，孩子们不敢啼哭，大人们悄悄地打开房门。可是，夜幕遮住了刽子手们罪恶的身影，遮住了烈士们威武不屈的身躯，黑沉沉的一片。烈士们一个个地倒下了，刽子手们用沾满鲜血的手足，连踢带拉地把烈士遗体抛在早已挖好的陷坑。威武不屈，视死如归的杨伯恺，面对死亡，高呼"中国共产党万岁！""打倒蒋介石！""打倒国民党反动派！"敌人用刺刀刺烂了他的下颚，但还是堵不住伯恺那震撼太空的激昂的声音。特务慌忙地把塞在伯恺口中的纱布再使劲地塞进去。敌人堵住了他的声音，但堵不住他的满腔怒火，他怒目圆睁，饮弹倒在陷坑里。当敌人去填土时，他还睁着大眼……他要看到敌人的灭亡，他要看到新中国的诞生，他要看到人类未竟的事业完成！他没有死，他的精神永远活在人民心中。

　　1950年1月3日，旭日冉冉从东方升起。成都殉难烈士各界善后委员会发掘烈士遗体，当杨伯恺烈士的遗体出现时，他仍穿着那件陈旧的羊皮袍，两手被反绑着，口腔下有好些刺刀痕和枪洞。身躯已浮肿，面目几乎不可认了。在场的人们都泣不成声。当年的战友罗启维泪如雨下，写下了一副挽联：

  七载追随，惟领导以艰苦斗争，最是系身囹圄，犹殷勤训勉，回首前尘，朽木更深惭后死；
  卅年革命，偏殉难于胜利时会，当此全国人民，为解放腾欢，缅怀遗范，高山仰止哭先生。

【唐伯壮】

◎唐敦教

唐伯壮（1899—1929），是川东游击军第一路政治委员，一位坚贞不屈的英勇战士。他曾入黄埔军校学习（后转入中央军事政治学校武汉分校），参加过平叛夏斗寅、杨森的战斗，为创建川东游击军第一路做出了重要的贡献。

仇视军阀混战

唐伯壮

唐伯壮（柏庄），字身（森）烈，又名柏荘，曾化名蒋若虚，达县黄都乡唐家吊楼子人。1899年4月29日，他出身于一个中等地主家庭。祖父是秀才，父亲当过明月乡团总，在乡间颇有声望和势力。但唐伯壮出生以后，家庭经济已逐渐不景气了。他7岁念书，后来考进了达县中学。唐伯壮在上中学时，就是他这样的所谓殷实之家，也不得不筹款。唐伯壮从小就体验到了生活的艰辛。

唐伯壮念中学时，正是军阀混战月胜一月，民不聊生日胜一日的年代。大军阀或以统一相号召，小军阀常以保境安民为借口，互相攻伐。为了扩大势力，他们大肆搜刮和抢劫人民的钱财，无所不用其极，特别是1917年颜德基攻达县。后来，1920年颜德基与江防军张斌旅争达县，在战火中乡民扶老携幼，子啼妇号，逃难于途，惨不忍睹。耳闻目见，唐伯壮对军阀极端憎恶。他愤然提笔，写下《打桐子诗》一首："不是英雄也揭竿，师行到处任摧残；只缘一点膏脂在，草木也无半日安。"

五四运动爆发后，达县城乡人民也掀起了抵制仇货的斗争浪潮。学校师生纷纷上街游行、讲演、控诉帝国主义的侵华罪行。唐伯壮在这些活动中，受到了深刻的反帝爱国教育。这年夏，唐伯壮中学毕业后回到了家乡黄都。他看到乡间豪绅时常欺压农民，根本不讲法规，正直的人有冤无处申，有理无处讲。因而他认为，学习法学进行法规宣传，可以救治时弊。他于是刻苦攻读法学知识，于1921年秋考入了四川省公立法政专门学校。

唐伯壮在成都攻读法学期间，成都高师学生办的《星期日》，以及由外边传来的《新青年》《每周评论》《湘江评论》等进步书刊，对他的思想起了很好的开导作用。他对社会的黑暗有了较深的认识，产生了追求光明，要求革命的思想。当时军阀极端仇视革命，进步人士不断遭到追捕、监禁以至杀害。

面对这血淋淋的现实，唐伯壮愤然写道："锦官城，紧关城，锦官城外柏森森，紧关城内血淋淋……"他勤奋学习，钻研中外法学知识，希望能从中找到一条救国救民的道路。

立志从事改革社会的事业

正当唐伯壮刻苦攻读法学的时候，1924年春，他突然得了重病，不得不回家调养。在乡间，他对农民的疾苦有了更多且更为深刻的了解，对恃强凌弱的豪绅地主横行不法的丑恶有了更多的见闻。残酷的现实教育了唐伯壮，动摇了法学可以救国救民的信念，产生了救民必须改革社会的思想，从而决心努力做改革社会的事业。他从现实社会纷繁复杂的不合理现象中，看到了现实社会不合理的根源，认识到要改变不合理的现实，必须追根溯源，改革整个社会制度。

夏夜，萤火虫儿在空中发出闪烁的光亮。唐伯壮见了，触景生情，写了一首歌咏萤火虫的白话诗：

……
那些萤虫儿，
在那里飞一飞的亮一亮。
正飞得高兴时，
来些儿童，
把他们扑在地上。
他们虽是死了，

但是，他们的光不灭，
还在那里亮一亮！
……
萤虫儿！
你们只是要为世界放光，
才遭下这杀身的殃！
你们的死，我很钦佩！
生前不肯韬光！
死后还要流光！

唐伯壮以诗言志，咏物托情，讴歌萤火虫"生前不肯韬光！死后还要流光！"的高尚品德，决心像萤火虫那样为人间寻求光明。

唐伯壮知道，革命的道路是不平坦的，他十分注意团结同志。他中学时代的同学李冰如因对包办婚姻不满，思想消沉。唐伯壮得知这个情况后，立即去信劝他："我们青年的朋友，当脱去现实社会的一切羁绊，努力改造，实现我们的理想社会；不应抱悲观主义。"同时指出："你不必忧愁'那个伊'，他实在是教你做改造社会的良师！不然，你若从头就得个贤妻，夫唱妇随，又哪里知道现行制度的苦恼？同理，你若从头就对于现实社会处处满意，又哪里知道现行制度的罪恶？"他希望李冰如鼓起勇气，"努力做改造社会的事业"。张元昌是他中学时代的同学，为了出外求学，卖掉了家产。唐伯壮得知这个情况以后，非常赞赏，并立即写信给李冰如："他（张元昌）

破产留学,这种志向,我很钦佩。"当知道张元昌的经费不够开支时,他立即写信找朋友、同学,"联络投资,按时周济他"。张元昌在唐伯壮等人的资助下,在外求学数年中参加了中国共产党,成了一名英勇的战士。不仅如此,唐伯壮还对下一代寄托着无限的希望。当他得了一个儿子时,十分高兴,立即将儿子取名"努革",并写诗一首,表达对儿子的深情:

……我不愿你成为"谨敕之士",孝顺不毁,我希望你成个努力革命的健将,把社会重新砥砺!

我生事愿违,壮心从不已;处此浊世界,谁也不愤起?

你后长成时,世乱定未救,万般罪恶益无溪,你是社会的人,不起革命向谁委?

我把你命名"努革",即是努力革命的意义;努革!努革!你将来不要忘记!

与此同时,唐伯壮还作七律一首:

一生宏源弥天池,今日抱儿转恨滋!
国已沉沦催革命,家中惨黯待医治。
书除孔孟都证授,学导潮流不尚师。
此意安排教此子,成何人格我安生?[①]

---

① 唐伯壮给李冰如的信。

这两首诗充满着希望孩子成为革命战士的激情。

仗剑中原奋杀贼的勇士

1924年1月，第一次国共合作实现，革命风暴迅速席卷全国。1926年7月，广东革命政府开始了北伐。唐伯壮从四川省公立法政专门学校毕业后，从报上看到黄埔军校招生的广告，决定投笔从戎，于1926年12月考入了黄埔军校（第六期）当入伍生。他努力学习军事知识，学习马列著作，光荣地加入了中国共产党。从此，他革命的方向更明确了，干革命的信心也更足了。1927年，蒋介石发动"四一二"反革命政变后，在黄埔军校清党。唐伯壮动员同学尹文雄、万白干、朱冕群等逃到武汉，进入中央军事政治学校武汉分校，被编入直属中队继续学习。

夏斗寅、杨森叛变革命后，直接威胁着武汉革命政府的安全，唐伯壮同武汉分校的师生一道配合叶挺独立团击退夏、杨叛军，接受了血与火的考验。他回忆这段经历时，十分自豪地写道："昔年仗剑驰中原"，"戴月西征奋杀贼"。英勇杀敌的豪迈气概跃然纸上。

可是，当他们追击到咸宁、崇阳，即可一鼓直下岳州、长沙彻底消灭叛军时，汪精卫、唐生智却不准追击，同叛军讲和，让叛军继续盘踞鄂南。

"七一五"汪精卫公开叛变革命后，中央军事政治学校武汉分校奉中共中央军委命令前往江西，参加南昌起义。唐伯壮随同全校师生乘船前往。由于错过时间，8月4日，船到九江时被军阀张发奎缴械。在陈毅的果断指挥下，唐伯壮等人连夜追赶起义队伍，未赶上，后转到了党中央所在地上海。

固军坝起义的政委

1927年秋，唐伯壮受党派遣，从上海返回家乡后，立即串联达县大树、南岳、黄都、蒲家等地返乡的学生唐仲明、牟永政、牟永大、魏传统、梁持平、陈历邦、尹文雄等，组织了一个文工团，演出文明戏，宣传革命思想。同时他又在黄都附近乡场办起平民夜校，启发群众阶级觉悟。在此基础上，他们在大树、南岳一带相继建立了农协会、妇女会等组织。他们还在南岳山区的造纸厂、煤炭厂工人中进行发动群众和建立工会等工作，为党在虎（城）南（岳）一带开展武装斗争打下了思想和组织基础。

不久，党中央印发的党内文件《布尔什维克》《红旗》《上海报》等报刊便由上海寄到他处。唐伯壮收到后，立即组织黄都场党支部的唐仲明、魏传统、李萍等学习。同时由唐仲明将文件转发达县、宣汉等县委，帮助地方组织了解国内外形势和党的斗争方针、策略，使党员同志在大革命失败后的白色恐怖中看到了光明，受到教育，振奋了革命精神。

唐伯壮还十分注意提高党员的马列主义理论水平。唐仲明是刚入党不久的新同志，对什么是无产阶级不大理解。一天，黄都小学校门口来了两个乞丐，唐仲明是学校校长，便叫校工给他们送一些米和钱。唐伯壮见了便问唐仲明为什么要给他们米和钱，唐仲明说："他们是无产阶级。"唐伯壮解释说："无产阶级就是工厂里有组织的工人群众，系产业大军。共产党是无产阶级的先锋队。叫花子这些人，不属于真正的无产阶级队伍里的人。"唐仲明听了连连点头称是。

在积极发动群众的同时，唐伯壮找到了当时在万（源）、宣（汉）、开（江）、梁（平）等地发动农民起义的王维舟。他们在武汉一起进行过反对蒋、汪合流的斗争。战友重逢，分外亲切。两人交换了情况，王维舟立即派唐伯壮到万源、宣汉一带协助李家俊开展武装起义的准备工作。

万源地处川陕交通孔道，是兵家必争之地。人民受军阀盘剥和战火残害尤深，自发的反抗斗争时有发生。万源宣汉边境的固军坝，山高林密，易守难攻，是个开展游击战争的好地方。唐伯壮同李家俊见面后，迅速地将外地回乡的党员组织起来，加强党对农民武装起义的领导。同时，通过同学、朋友等种种关系，发动黄埔军校学生以及杨森二十军、刘存厚川陕边防军的下级军官参加革命，从而壮大了革命队伍，提高了起义队伍的军事素质。

在积极筹备固军坝起义的同时，唐伯壮在达县、开江等地积极发展党的组织。1928年1月，他同王维舟一道到开江普安场建立了中共宣汉特支（中共宣汉县特别支部的简称），并负责指导工作。

固军坝起义纪念馆

1929年初,他在达县大树、梁平虎城一带开辟了虎(城)、南(岳)工作区,同金治平、蔡奎等领导的三角塞与联开乡一带的农民起义武装相呼应,给当地国民党反动派以沉重打击。

3月,根据中共四川省委的指示,建立了万源固军坝起义领导小组,李家俊任组长。一场轰轰烈烈的武装起义即将爆发。3月17日,按照原定计划,唐伯壮、雷玉书率领起义战士80多人集结到宣汉、万源边境的官渡(宣汉关渡乡)。接着,雷玉书带领30多人经三汪坝、金莲山、厚坪到龙潭河,与旧院的胡洪疆会合;唐伯壮带领40多人从官渡上山,经方家院子到甘家岭与井溪的吴会治、徐寿泉等会合。起义队伍集结以后,开展了打收款委员等斗争,杀掉了干坝子(白羊庙东三十里处)收款委员张全武,贴出了"打倒团阀!""打倒帝国主义！"等标语，并张贴了声讨军阀刘存厚的布告：

达宣城万，四县联合

一起反抗，共享太平。刘匪存厚，天心不顺，坐（做）官五年，天干五年，收成减半、地主收租不让分文。军饷税捐，剥削人民。一起未清，二起又来。没钱给的，捆绑送县，抢走被盖，提走大罐。要想活命，实在困难，只有一条路，挖起锄头铁耙、镰刀斧头与他们干！

收款委员被杀，白羊庙及邻近各场又出现标语布告，使军阀刘存厚十分恐慌，急派万源驻军刘志超团三营六连前往清剿。5月11日，六连进驻白羊庙场上关帝庙和戏楼，声称要"下乡清匪"。李家俊亲自侦察清敌情后，同唐伯壮、雷玉书等研究制订了当夜歼敌的战斗计划。起义军分三路向敌进攻：一路由唐伯壮、吴会治带领井溪坝的起义军攻下场头；一路由雷玉书、胡洪疆等带领旧院龙潭河一带的起义军攻上场头；李家俊则带领另一部起义军截击敌人。半夜，起义军摸掉了敌人的哨兵，大喊"缴枪不杀！"唐伯壮身先士卒，带领起义战士一齐向敌人冲击。顿时，白羊庙全场枪声大作。从梦中醒来的敌人，来不及抵抗便四散奔逃。这次战斗共歼敌70余名，获枪50余支，是川东游击军固军坝起义后的第一次战斗。首战告捷，大大鼓舞了起义军的士气。

4月27日晚，万源白羊庙、铁矿坝，宣汉厂溪、官渡，达县的农会会员，煤、铁厂工人，聚集在固军坝龙潭河成立了川东游击军第一路，司令李家俊、政委唐伯壮、副司令雷玉书。从此，川东农民有了一支自己的武装。

川东游击军第一路大张旗鼓地宣传组织群众，建立农会，开展打土豪、分田地的斗争，并夜击固军坝，杀掉了土豪关泽生、杨子文等，镇压了伪区长王绥之。群众深受鼓舞，踊跃报名参加游击队，川东游击军迅速扩大到300多人枪，建立起了以固军坝为中心纵横40余里的游击区。李家俊、唐伯壮十分注意培养斗争骨干。当时四川军阀普遍采用以神治军，对群众影响较大，游击队战地也纷纷要求设立佛堂，"排刀""讲道"，组织自己的"神兵"。李家俊、唐伯壮是根本不信"神"的，但知道利用"神"在一定的时期内能起到团结群众的作用。于是，高坪、坑塘、甄子岩、旧院的龙潭洞等地设立了佛堂，开办短期训练班，培训"开方代表"和"老师"，宣讲"打倒军阀、团阀、帝国主义"和"实行共产主义"的革命道理，利用"神"的外壳形式，开展了发动群众和建立农会等工作。"开方代表"主要是担任政治宣传，启发群众阶级觉悟，开展反苛捐杂税、打土豪、分田地等斗争，并积极建立起农会组织。经过"开方代表"的紧张工作，游击区内建立了县、区、场、甲农会。甲以下设农会小组。每5至10家为一个小组，组设组长。若干组为一甲，设甲农会，选主席和监察一人，管理会甲事务。甲以上设场（乡）农会，场以上设区农会，区以上设县农会。县农会设主席、秘书、经济部、粮食部等职务和机构，领导整个县的农会工作。"老师"主要担任游击队的组织领导、军事训练，开展武装斗争等工作。受过军事训练的农民群众，平时在家生产，晚上学习战斗技能，战时提刀上阵，是一支不脱产的武装队伍。在此基础上，建立了先锋队、技术队、特务队，由军事指挥部统一指挥，开展武装斗争。

白羊庙大捷后，军阀刘存厚深为惊恐。他急调廖雨晨（三路代司令）统率近三个团的兵力，星夜由渠县赶到万源，采用"剿抚兼施"的反革命策略，疯狂镇压起义军。李家俊、唐伯壮等一面发动群众坚壁清野，一面采用游击战术，神出鬼没地打击敌人。

正义不为强权折腰的英雄

1929年7月下旬，唐伯壮受中共四川省委指示，到虎（城）、南（岳）区发动群众，准备策应、迎接旷继勋领导的"中国工农红军四川第一路"的到来。8月1日，川陕边军步二团派了两个连到黄都乡，将唐伯壮家所在地保安砦团团围住。唐伯壮发觉敌人包围了砦子，已无法脱身，便躲到自家住房"可庐"炮楼的仓底下。仓下四周是大石垒了的，仅有一个小孔可供一人出入。凶恶的敌人将炮楼大门撞开后，立即将唐伯壮全家集合于院中，逐个进行审问。"唐伯壮什么时候回来的？藏到什么地方去了？"得不到满意的答复，敌人便将他三弟唐身照吊起来拷打。唐身照昏死几次，当被冷水泼醒以后，仍说唐伯壮没有回家。敌人没法，涌进屋内翻箱倒柜，边搜查边抢东西。不一会，匪兵们一哄而散，退出寨门。只有两个匪兵未选到中意的东西，还在四处搜寻。

突然，一个匪兵的腿被撞了一下，惊叫起来："仓下有人！仓下有人！"已撤出砦门的敌人重新将"可庐"围起来。胆怯的敌人向仓下虚吓，不见动静，向仓下开了一枪，仍然不见动静，便决定拆仓。唐伯壮知道自己既无法抗击数百敌人，也无法躲过敌人的搜查，于是决定主动从仓下出来。就这样，唐伯壮被捕了。原来，当唐伯壮躲入仓下时，砦上李家的小孩李明堂也躲了进去。敌人在搜查时虽曾用棍子捅，未捅到，所以未暴露。敌人大队撤出去以后，李明堂认为没有敌人了，便往外爬，一下撞在了一个匪兵的腿上，唐伯壮给暴露了。

唐伯壮是川东知名的共产党人，是敌人悬赏捉拿的"要犯"，一进监狱，便被戴上了脚镣手铐。敌人对他进行了残酷的严刑逼供和政治诱降，但他大义凛然，誓死不向敌人屈服。经受了一个多月的严刑拷打，唐伯壮仍然志坚如钢。敌人见动摇不了他的革命意志，便决定将他杀害。

要杀害唐伯壮的风声传出，看守也越来越严了。当时，党组织曾打算进行劫狱营救，派人在探监时告诉唐伯壮；但唐伯壮认为，达城是刘存厚统治的腹心之地，劫狱将会给党造成巨大的损失，不同意这个方案。由于敌人严刑拷打和长期戴脚镣手铐，到9月初，唐伯壮全身已浮肿了。探监的人都不免流泪。可他十分乐观，鼓励探监的人员要坚强起来参加革命。同时他还团结狱中战友同敌人做斗争。

此时，他清楚地知道，摆在他面前有两条路可供选择：一是投敌变节，苟且偷生；二是坚持革命气节，必遭敌人杀害。他决定选择第二条道路。虽然自己上有父母，中有弟兄，下有孩子，这一切都使他依依难舍，但他想到，自己早已立志献身革命，誓为人类的解放、社会的变革贡献自己的一切。他宁愿抛弃自己的一切，为维护正义的尊严，坚决割舍儿女情长，视死如归地迎接最后的战斗。

决心既下，唐伯壮慷慨激昂地写下了气壮山河的《狱中月夜感怀》（即《绝命词》）：

中天悬明月，明月何皎洁。
人间地狱暗沉沉，可怜明月空照彻。
不曾秽臭赐清辉，可怜秽臭污月魄。
月应怜我罪无名，照影徘徊清脉脉。
对月无言只是愁，月照愁容秋风飒。
愁肠万转月不知，此恨绵绵谁与说？
昔年仗剑骋中原，对月曾誓尸裹革。
革命潮淹鹦鹉洲，戴月西征奋杀贼。
中秋棹月梅花城，辜负中秋好时节。
浪佛鄱阳击月波，乘风破波舟如叶。
繁华终古数西湖，月下伤怀眦欲裂。
金蕉山下月多情，当年曾照同心结。
工农红军涨洪涛，锦绣江南竿遍揭。
几年明月照征夫，为救苍生红羊劫。
安得貔貅十万兵，中原指日除军阀。
拼将壮志誓牺牲，踏破血路追先烈。
壮志未酬系囹圄，此身遗恨终难灭。

我犹宇宙一微尘,进化途中驹过隙。
前赴后兴大有人,终了此身未了责。
成仁永追文文山,正义岂为强权折。
葬骨更慕黄花岗,黄花从此增颜色。
惨淡风云就义时,凭教野草沾碧血。
年年草着自由花,留于人间长记别。
我歌未就月西斜,月照高墙似漆黑。
明月至东升,明月至西没。
明月有时圆,明月有时缺。
开没圆缺月经常,可怜死者终难活。
念高堂,空悲切;
思诸弟,痛欲绝,
阿儿莫忘戴天仇,
记取汝名唤"努革"。

9月20日晚,唐伯壮被带进狱神堂,敌人凶狠地喊道:"唐伯壮,你要怎么死?"妄图从精神上压倒他。唐伯壮冷笑几声,答道:"你们想怎么办就怎么办。"同时厉声骂道:"你们这群吃人的豺狼,欠下人民的血债,总有一天是要还的。我宰不了你们,终有一天会有人来收拾你们的!"他高呼:"共产党万岁!"凶残的刽子手将绳子打成活结,套上他的脖子,唐伯壮仍大骂不止。胆怯的敌人一边拉紧活结,一边用石灰袋堵住唐伯壮的鼻子和嘴巴,将他活活勒死,遗体被抛在乱葬坟中(今达州烈士陵园一带)。

一个无畏的共产主义战士倒下了。但是，万恶的敌人只能夺取他的生命，却夺不走他那一颗坚贞不屈的心。唐伯壮的生命是短暂的，然而却像萤火虫儿一样，给人们指引着前进的方向。

　　唐伯壮倒下了，他的弟弟唐仲明立即接任他的政委工作。不久，在战场上唐仲明也英勇地牺牲了。他们兄弟俩虽然倒下了，然而川东人民觉醒了，川东游击军发展壮大了。1933年10月，川东游击军与红四方面军胜利会师，后被编为红三十三军。数十年来，当地人民传颂着唐伯壮、唐仲明兄弟的光辉事迹，在他们的革命精神鼓舞下前进。

张思德

◎ 李传元

张思德

1944年9月8日,毛泽东同志在陕北延安枣园的西山广场,参加了中央警备团为张思德因公殉职而举行的追悼大会。毛泽东亲笔题写了"向为人民利益而牺牲的张思德同志致敬"的挽词,同时在会上发表了《为人民服务》的著名演讲。他在演讲中表彰了张思德全心全意为人民谋利益,完全彻底为人类求解放的高尚共产主义精神。从此,张思德(1915—1944)与《为人民服务》的光辉著作紧紧地连在一起,成为全国人民学习的楷模。

一、苦难的家史

1915年4月21日清晨,张思德出身在四川省仪陇县六合场(现思德乡)雨台山下韩家湾一个贫苦农民家庭,因为这天正是农历的"谷雨节",父母便给他取了一个乳名叫"谷娃子"。

在张思德出生前后,中国的贫穷举世罕有。他的曾祖父张经合、祖父张立文为摆脱贫困、振兴家业,在离乡背井中音信杳无。祖母在家撑持门户,日夜操劳、重病缠身,活活地被拖死。只留下两个儿子张行品和张行忠,挣扎在饥饿线上。

19世纪末,张行品从朱家地主手中,租佃韩家湾长瓦房西厢转角的4间破旧小屋和10多挑薄地,赖以居住和谋生。农忙时,在租佃的田地里勤劳耕作;农闲时,给地主服劳役或抽身外出卖苦力。

谷娃子的父亲张行品与母亲朱氏生有四子,大儿张思成(小名长生子),二儿张思忠(小名捋包子),三儿张思明(小名孬狗子),谷娃子是老四。朱氏生下谷娃子不满7个月就患凉寒病无钱医治离开人世。张思成、张思明远走他乡,饿死荒野。张思忠在本地行乞,一年寒冬,天降大雪,冻死在六合场街头的戏楼下。

谷娃子生母病逝后,他被过继给叔父张行忠、叔母刘光友膝下为子。养父养母按习惯辈分给谷娃子起了大名,叫张思德。养父养母家里同样贫穷,连同张思德共四口人,也靠佃种

张思德塑像

地主田地和农闲打短工、搞搬运为生。养父张行忠,自幼胎带耳疾听觉迟钝,外号"二聋子"。养母刘光友豁达忠厚、温顺贤淑,生下女儿桂香才4个月,就接手哺养张思德。她的奶汁要哺养两个婴儿实非易事,便把孩子抱出门,每天去讨"千家奶"养活。

1926年,张思德11岁。养父母觉得这孩子勤快懂事,通情达理,如果能认得几个字,能写写算算,定会有个出头之日。二人商量后,决定勒紧裤带,让孩子上学堂读书。这年正月十五,张行忠领着张思德来到附近的桃子垭私塾启蒙读书,正好遇上邻居赖大哥和莫老二也带着各自的孩子赖世发、莫尚国来到学堂上学。年逾古稀的高惠清老先生一一审视了三个蒙童,见他们个个憨厚诚实、言行端庄,很是喜欢。老先生除教学生读书习字外,还利用课外休息时间讲历史故事,用故事中的人和事来启发学生明白做人处事的准则。他常给学生们讲南宋爱国名将岳飞如何精忠报国、三国的诸葛亮如何神机妙算、设计破敌,明代的民族英雄戚继光如何坚持主战、平定倭寇的故事。中华民族的许多英雄人物都在张思德的心目中留下了难以磨灭的印象。张思德在私塾读了近一年书,终因家境贫困,交不起最低的学钱而被迫辍学。

1927年,张思德12岁,不幸养父张行忠病故。不久,妹妹张思桂也被病魔夺走了幼小的生命。剩下张思德和养母刘光友相依为命,在黑暗中挣扎。

二、阶级情深

特定的生活环境和苦难的童年生活,养成了张思德从小对穷苦百姓的深厚感情和对黑恶势力的深恶痛绝。

张思德长到13岁时,就已经算是山沟里做农活的一把好手了。他像大人一样,为了生计,一年到头没白没黑地忙着。

一个初冬的早晨,张思德看到家里的柴火不多了,便告诉妈妈,他要上山拣柴。背着背篼邀约大山、二虎、赖发、芈娃等小伙伴一道上山拣柴。不一会儿,他们到了石板垭。举目一望,无不欣喜。那里落叶、松针、松果铺满一地;干枝枯丫,七竖八叉。张思德头一个放下背篼、挂钩,猫着腰拾起柴来,其他伙伴也紧跟忙着拾松果、松枝。很快,每人都拣了一大堆柴火。

正准备背回家时,突然有人在吼骂:"是哪里来的野种,敢在山上偷我的柴!"张思德几个人一听有人在吼,立即直起腰一看,原来是六合场的保长杜含英。

张思德随口答道:"你怎么开口就骂人?哪个是野种?谁个又在偷?"

杜含英看见是谷娃子几个人,更大抖威风,大发雷霆地骂道:"你这些小杂种,可知道这柴山是谁的?"

张思德曾听大人说过,杜含英乡下的住宅,离石板垭不远,这片森林山场被他霸占了多年。张思德一点不示弱:"管它是谁的,我们一没用锯子锯,二没用斧头砍,难道这荒山上的枯枝落叶也拣不得吗?"

杜含英见这小崽儿不但不怕他,竟敢出口顶撞他这个堂堂的保长,冲上前去抢他们的背篼,并说要把背篼烧掉。"老狗,你敢!"张思德一个箭步上去,紧紧抓住背篼。赖发、大山、二虎等也一齐上前,把杜含英围住,推推搡搡地大喊道:"你敢烧我们的背篼,我们就把你推下山去摔死!"

杜含英虽说是个大男人,但他毕竟是个上了年纪的鸦片鬼,哪里是这伙小精灵的对手。他松开手说:"算了,算了,我不烧你们的背篼就是。"张思德这才叫大伙散开,都各自拾柴去了。

1928年的一个夏天,张思德路过园滩子河时,突然发现不识河水深浅的赖发掉进深水区,只见他几冒几沉,人落水底,水泡直朝上冒。情况紧急,张思德顾不上"走了远路不可下水"的习俗,连衣服也顾不及脱,将赖发救起。其他伙伴急忙一拥而上,将赖发抬上岸。张思德也连忙爬上岸和大山、小虎一齐动手急救。他们把赖发倒身抱住，赖发立即哇啦哇啦吐出水来，直到吐尽水后，才将他平放在草坪上休息。小虎说："好险呀！今天要不是思德哥，就惹包天大祸了。"张思德郑重地说："大人们常说'欺山莫欺水'，这是开不得玩笑的。今后大家千万要记住这一教训。"

张思德从小就是在苦难生活中度过的。养母又时常教育他"不要忘记自己是吃'千家奶'长大的。穷苦人都是一根藤上的苦瓜，只有相互帮助，才能共同生活下去"。所以，张思德总是从各个不同的方面去关心周围的穷苦人家。

与张思德相邻不远的白大娘，老伴死得早，自己又体弱多病，虽才五十出头，却被生活折磨得老态龙钟。她的儿子白光贵身患重病，瘦得皮包骨。母子俩吃了上顿无下顿，哪有钱请医买药！白大娘终日以泪洗面。张思德看到大娘家的这种惨景，对张妈妈说："娘，白大娘的儿子生病，锅里又莫煮的，我们娘儿少吃一碗，省着点给他们些吧！我们家还有点苞谷籽，就送给她家好吗？"张妈妈爽快地说："好！穷人家的苦楚只有穷人最理解。"听妈妈这样说，张思德提起家里仅有的一升苞谷籽匆匆送到了白大娘家里。

第二天，张思德又四处为白大娘的儿子白光贵求医，得到一个乐善好施的医生的同情，甘愿为白光贵诊病、施药。张思德又根据白光贵的病情，四处寻访，收集民间验方，上山采草药配合治疗。不多久，白光贵的病情终于有了好转。张思德还动员小伙伴摸鱼、捉鳝、取鸟蛋送到白家。这样，他与白光贵结成了患难之交。白大娘看到儿子的病痊愈了，万分激动。她对张妈妈、张思德说:"是你们母子救了我儿子的命,我一辈子也不会忘记你们的大恩大德。"

1929年,张思德14岁了。他在和小伙伴患难与共的相处中,逐渐形成了"路见不平,拔刀相助"的义胆。

一天黄昏,张思德到六合场去卖照明用的牛油蜡簇把,刚走近场头,便听见有人在喊"救命呀!救命呀!"张思德不知道发生了什么事情,忙抬眼环顾,发现不远处有人在打人。但天色暗淡,哪里看得见谁打谁呢。他跑近一看,原来是地主何大伦的儿子何龙与绅士吴应龙的儿子吴豹,仗着家中有钱有势,正在挥棒打两个穷孩子。他们一边打,一边说:"打死你两个穷娃儿,当不得老子宰两只小鸡……"张思德看在眼里,火冒三丈,怒不可遏。他联想到何大伦、吴应龙纵子作恶已不止一次了,又想到几天前这两个家伙打伤穷孩子邓二娃子的情形,更加愤慨。他一个箭步冲上去,首先将何龙打翻在地。吴豹见状,急来帮忙,挥棍朝张思德打去。张思德脚踩何龙,双手一抄,抓住吴豹的棍子一拉,乘吴豹前仆之势,一腿将其扫倒在地,刚好压在何龙的身上。他忙收右腿踏住吴豹的后背,愤怒地说:"你以为这棍子打人不痛,今天,就让你们尝尝棍打皮肉的滋味。"他一边说,一边打,打得二人直叫。张思德问:"你们还欺不欺负人?还要不要霸道?"二人争先恐后地回答:"不了!不敢了!"

张思德降龙伏豹的事,很快在穷兄弟中传开,大家都夸他做得对,是个扶弱抑强的小勇士。

三、参加红军

　　张思德童年时的苦难，正如他妈妈刘光友教他兄妹唱的那首民歌："苦竹叶呀，一头尖，咱穷苦人苦到哪一天？苦竹叶呀，一头圆，咱穷苦人出头在哪一年？"的确，那时穷人对未来美好的前景有着一种期盼与憧憬。

　　张思德的生父张行品，常在外地贩运谷米，赚几个零钱维持生活。一次，到瓦子、顶山听到红军解放了通江、巴中，穷人翻身做主，打土豪、分田地、建立新政权……他欢天喜地，立即返回家乡，将这一喜讯秘密地告诉亲友和乡邻。大家听到有穷人出头的机会，好不喜欢，急切盼望红军早日到来，尽快脱离苦海。

　　一天，张思德赶马鞍场卖牛油蜡，又听到老百姓暗地悄声在传，红军快从巴中打过来了。张思德听了，联想起爸爸先前带回的消息，心中明白，肯定这是千真万确的。他赶场回家后，也急忙把这一喜讯背地里告诉了大山、二虎、赖发他们。小伙伴们个个喜形于色，都盼望红军早日到来。

　　不几天，六合场上佃户肖乾国兴冲冲地找到张思德，悄悄告诉他说："真有穷人翻身的日子了。听说红军总司令朱德是我们仪陇马鞍场的人，他带领的队伍是专门打土豪、斗地主、救穷人的。我们出头的日子就快到了。"张思德盼望红军早日到来，他每天爬上高高的雨台山向北方眺望，迫切地期待着。有时上山拣柴，还手搭凉棚向巴中方向遥望。

1933年9月21日,中国工农红军第四方面军发动了营(山)渠(县)战役,23日解放了仪陇县东南重镇立山场。10月,在立山场召开了工农兵代表大会,选举产生了县苏维埃领导,定名为长胜县,县苏维埃就设在立山高等小学堂内。

消息传到六合场,人们奔走相告。张思德更是兴高采烈,他心中升起一个念头:"走!到立山迎接红军去!"第二天,张思德一早就赶往立山场。不到半天时间就到了,并找到了红军。他给红军带路,把红军接到了六合场。这天恰逢中秋节,更是六合场穷苦人永远难忘的一个日子。"来了,来了,今天终于把红军盼来了!"六合场上男女老幼,熙熙攘攘,大家拍着手,热情地呼喊着,用尊敬的眼光注视着,热情地欢迎张思德从30里外的立山场迎来的由连长陆祯祥率领的红军队伍。

红军连长陆祯祥在欢迎会上讲话,他说红军是为人民打江山,打土豪、分田地,让穷苦人民当家做主的。张思德听了浑身上劲,心里暖乎乎的。

此后,张思德动员小青年参加宣传活动。成立少先队时,大家推荐他担任了队长。他积极投入打土豪、分田地的斗争,与少先队员一起,为红军和苏维埃站岗放哨,智擒过3个转移财物的地主,查出一个隐藏100个银圆、100多两鸦片烟的劣绅。为了侦察逃亡地主陈自轩的去向,他爬山越岭,熬更守夜,查遍了附近的村户,终于把他缉拿归案。当地主拿出银圆收买他并向他求饶时,他一脚将银圆踢到水田,将地主送到乡苏维埃处理……张思德多次受到领导的表彰。

1933年10月,四川军阀刘湘受蒋介石之命,纠集全川大小军阀的部队和地方武装共有110多个团,分六路向川陕革命根据地进犯。张思德真是憋足了一肚子气,他掂掂手中的红缨枪,然后猛地往地上一插,恨不得马上就把它换成一支钢枪,投入战斗。一连几天,他有空就往乡苏维埃跑。他时而紧紧拉着陆祯祥的手,时而拉着肖乾国的手不放,坚定地说:"前线需要,快让我参加红军吧!"陆、肖二人安慰他说:"不要着急,等扩红任务下达后,我们就告诉你。"

为了保卫红色政权和广大穷苦群众,红军决定吸收苦大仇深的贫苦青年农民参加红军,壮大红军队伍。"扩红了!"消息传到六合场,整个山村顿时沸腾起来。张思德第一个跑到乡苏维埃报名,要求参加红军。肖乾国主席对张思德非常了解,他立即同陆祯祥等红军干部批准了张思德加入了中国工农红军。张思德渴望很久的愿望终于实现了。

临行时,生父张行品再三叮嘱张思德:在部队要听首长的指挥,勇敢作战,多杀敌人,为穷人争光!养母刘光友也教育张思德在部队要听首长的话,好好锻炼,多学本领,为穷苦人的翻身解放努力奋斗。

四、保卫苏区

张思德参加红军后,首长对他很关心,经常向他讲解革命道理。他虚心好学,不懂就问,遇事肯动脑筋,肯想办法。

1933年10月的一个深夜,细雨蒙蒙,山路泥泞。红军连长陆祯祥担心坏人趁此时骚扰民众,下令加强岗哨。张思德和贾登贵等新参军的战士,奉命把守白包梁一带。张思德他们来到白包梁,依托一个半人高的山洞隐身,权作哨所。三更时候,张思德和贾登贵正凝神注视着那灰暗而寂静的田野,突然听到远处隐约传来轻微的脚步声。张思德用胳膊轻轻碰了一下贾登贵,低声说:"听,前面路上有脚步声,快传话,提高警惕,做好准备。"说完,张思德弯着腰从洞里走出去,仔细向路上一望,果然发现三个黑影,正在大路上走动。他忙向后面的战士打了一个手势,贾登贵立即领着大家在山路两旁埋伏下来。当三条黑影靠近时,张思德手持钢枪,从路边纵身跳出,大声吼道:"什么人?"三个人闻声一惊,回头便跑。贾登贵等早从路的两旁一齐围上来,截断了他们的退路。那三个家伙吓得丧魂落魄,进退不得,慌张地一齐向路旁地坎猛跳,他们哪里顾得地坎的高矮,跳下去后,有的手臂被折断,有的脚脖被扭伤。张思德等迅速向坎下包抄过去,三个家伙乖乖地当了俘虏,被押往乡苏维埃审问。

原来,这三个人是替土匪王吉转运藏在杜尧阶家中的赃物的。红军从杜尧阶家中搜出大量鸦片、大洋和铜板。王吉听说他藏在杜尧阶家中的财物全部被红军没收了,大发雷霆,咬牙切齿地叫嚣,要夺回财物。正当王吉率领那伙乌合之众,耀武扬威地向六合场开去时,红军侦察员早已探知敌人动向,并及时报告了红军连部。陆连长当机立断,即刻布置了歼灭匪徒的妙计。

这天黄昏时候,张思德正在站岗执勤,突然接到连部命令,叫他立即撤回场内待命。他匆匆赶回连部后,连长才告诉他说:"撤出岗哨,放匪徒进来,我们好瓮中捉鳖,将这伙坏蛋一网打尽。"张思德一听恍然大悟。心想,打仗不能蛮干,还要用妙计。王吉一伙来到六合场,见一无岗哨,二无阻拦,便带领匪徒,大摇大摆地往乡苏维埃政府走去,他们刚走到中街,红军伏兵突然四起,两边枪声大作,打得匪徒四处逃窜。匪首王吉一手挥舞马刀,一手举着枪,企图做垂死挣扎。这时张思德埋伏在街道边一家小食店的灶背后,瞄准正在顽抗的王吉,"乓!乓!"向他连发两枪,打中了他的左膝和左腿。王吉受伤后跪倒在地上。张思德大声喝道:"快把武器放下,不然打死你!"王吉见大势已去,只好放下了马刀和手枪,口里连喊:"饶命啊!饶命啊!"张思德和另外几名战士一拥而上,活捉了王吉。几天后,苏维埃在六合场召开公审大会,王吉被就地正法。

11月上旬,红军首长见张思德聪明伶俐,机智勇敢,便将他调到长胜县独立团二营当通讯员。就在这时,国民党地方武装600多人,在反动匪首莫飞虎的统领下,大举进攻苏区,并乘机占领了仪陇瓦子场与平昌接壤的灵岗寺、浪楼寨一带。长胜县红军和县独立团命令二营前往消灭这股敌人。营长聂绍红接到命令后,立即作了歼敌部署,他首先派张思德和陆小林等4名战士,组成两个侦察组,分别侦察地形和敌人的军事部署。张思德等化装成老百姓,很快摸清了情况。回营部汇报后,聂营长决定亲自率领全营从主阵地发起进攻,以多路包抄,逐个分割的作战方法歼灭敌人。聂营长率领的部队,武器数量少,性能差,除了几支快枪外,其余多是鬼头刀和梭镖。

张思德向营长建议："营长，按我说呢，咱们几个连，人少，枪也少；敌人，人多枪多，再加上地形又不好，如果硬攻，对我们不利，也难以取胜。我看不如等夜深人静的时候，向敌人发起突然袭击，一举歼灭他们。"

"好啊，张思德同志。"聂营长很喜欢张思德这种爱动脑筋，勤于思考的脾性，赞同地说，"你说的和我想到一起了，不过我还没有你想得那么细，那就按你设想的方案办，夜里还是你带路！"

"营长，放心吧，我一定当好马前卒！"张思德高兴地说。

夜里，张思德走在队伍的最前面，径直插向敌人的指挥中枢，发起突然袭击，打得敌人四处奔逃，缴获了敌人100多支快枪。红军全胜而归。张思德、陆小林等战士受到独立团的表扬。

11月中旬，敌人不甘心失败，又委任地方民团团长胡子贞为总指挥，带领300余人乘夜开往长胜县和平昌县接壤的福禄寨围攻瓦子苏区。聂绍红营长赶到瓦子，速派张思德、赵永年前往福禄寨侦察地形、了解敌情。他们化装成卖烟的老百姓，深入敌阵，发现那里山高地险，易守难攻，敌人把守严密。向营部汇报后，聂营长决定采取诱敌下山、各个击破的方法消灭敌人。一天下午，太阳快要落山时，聂营长命令，全营战士分两路向立山方向挺进，以迷惑敌人。部队开到大湾集合后，又兵分三路开往福禄寨山脚。子夜时分，敌人以为红军去了立山场，瓦子场没有主力防守，便下山往瓦子方向移动。天蒙蒙亮时，敌团长发现已被红军包围，即命令机枪手向红军扫射。一位高个子机枪手,刚架起机枪,正要射击,站在聂营长身后的张思德端起步枪"砰!砰!"两发子弹射中敌人枪手。聂营长小红旗一挥:"打!打!"全营一齐开火,不到20分钟上,打死匪徒100多人,活捉了匪团长胡子贞,缴获枪100多支。第二天,瓦子苏区召开庆功大会,营长表扬了张思德等10多名战士,还给张思德记了功。

11月下旬,观音河、柏林场等地的反动武装配合刘湘的军队向长胜县城进攻。在敌众我寡的情形下,红军主动撤出长胜县城,退至大石坎,固守天险,准备与敌决战。红军指战员在大石坎夜以继日地修筑工事。这期间,红军营部曾三次派张思德送信到巴中顶山红军指挥部汇报军情。张思德日夜兼程,由于联系及时,该营得到顶山红军指挥部的及时增援,经多次激战,打退了敌人的疯狂进攻,并夺回了长胜县城。

义门、大罗、柳垭的夏松知、林首信等反动民团头目,在大石坎战败后,逃到悦来场的硝洞子,妄图等待时机,反攻苏区。红军团部又命令张思德所在的二营攻打硝洞子。红军营长聂绍红接到命令后,即率队开往离硝洞子2华里的地方扎营,并指派张思德、陈代远、周云强等战士组成侦察组,迅速查清敌情。通过侦察,他们发现洞内有300多人,其中受骗群众有100多人。硬打则难免伤害无辜群众,便决定智取。他们一面宣传政策,一面佯攻。通过一天的宣传,受骗群众乘敌人不防,逃出了洞口。张思德等20多名勇士一拥而入,大声喊道:"缴枪不杀!"敌人见势不妙,个个跪地求饶。这次战斗,缴枪百余支,还就地处决了夏松知、林首信等7名反动头目。

1933年冬月,一伙反动地主武装勾结杨森二十军残匪,龟缩在三河场至长胜县城的交通要道关口梁,妄图凭借那里的险峻关隘,阻止红军南下的道路。红军为拔掉这颗钉子,决定派特务连配合当地游击队拿下关口梁。关口梁方圆10多里,山势险峻,易守难攻。特务连的指战员苦战了一个通宵,也没有打下来,大家心急如焚。

这时张思德来到连长跟前请战,要求带几个战士,攀寨强攻。得到连长允许后,他把长枪换成短枪,背上大刀,腰间绑上几枚手榴弹,带着5名战士从小路向寨上悄悄逼近。寨上的匪徒发现寨下有人影晃动,即刻用机枪扫射。张思德等6人被压在距寨门20多米远的壕沟里。密集的子弹迫使他们不能起身,也不能抬头。一个战士俯着身掏出手榴弹刚要甩,被张思德一把按住。他叫战士每人拿出两颗手榴弹,然后一声令下,同时扔了出去。寨前顿时腾起一片浓烟、火光。乘着烟雾,几个战士一齐冲到寨脚下,搭起人梯,翻入寨内。一刹那,手榴弹在敌群中开了花,几把雪亮的大刀上下翻飞,寒光闪闪,砍得守寨的匪徒鬼哭狼嚎。特务连的指战员和游击队见张思德带领的战斗小组已攻上寨顶,便蜂拥而上,砍断铁丝网,炸开寨门,冲进寨内,同敌人展开了肉搏战。经过一场激战,寨上的土匪武装死的死、伤的伤,被全部解决。张思德等战士又一次受到上级表扬。

1933年11月,张思德光荣地加入了中国共产主义青年团。

由于张思德在部队有良好表现,上级为了培养他,于1933年12月,把他送到巴中恩阳"列宁小学"学习文化和军事。

在"列宁小学"里，他不光顾自己学好，还主动帮助战友学习，十分耐心地教读教写，深受同学赞扬。张思德在"列宁小学"短训了一个多月后，被分配到省军区指挥部政治部当交通员。

1934年春，张思德奉命送一封密件到陕南汉中，并从汉中地下党取转一封情报。他日夜兼程，翻越大巴山，直奔汉中城，机智通过敌人警戒线，找到地下党负责人，交接密件和情报后，即刻星夜返回。不料敌人开始戒严，在城内大街小巷搜捕与红军有来往的可疑之人。张思德急中生智，转身藏在一家旅馆里，找到一条通往汉中城外的排水阴沟。他仰着身子睡在水沟里，把情报紧紧贴在胸口，坚持到深夜，然后才从阴沟里慢慢爬出城外，安全而准确地完成了任务。后来才知道，他送的是地下党配合红军攻打褒城、勉县国民党反动派的作战计划。此次战斗先发制人，速战速决，消灭了敌人。张思德立了大功，受到了表扬。

五、长征路上

1934年10月，中国工农红军开始了举世闻名的二万五千里长征。

1935年1月，中共中央在遵义召开了确立毛泽东领导地位的遵义会议。1月22日，中共中央及军委电令红四方面军领导人，适当收缩兵力，集中主力西渡嘉陵江，策应红一方面军渡江北上。

1935年仲春,张思德所在部队从巴中城出发,离开川陕革命根据地,向川西进发,准备突破嘉陵江防线,迎接中央红军。

根据敌人正面防御的特点和兵力配备情况,红四方面军总指挥部决定,集中主力在苍溪、阆中之间的沿江地段,以偷渡和强渡相结合,实施重点突破。成功后,以穿插、迂回战术歼灭沿岸防御之敌。

要渡江,就得有船、有桥。可摆在红军面前的是既无船,也无桥。怎么办?张思德找到连长说出了自己的想法:"没有船,我们可以到对岸去'偷'被敌人破坏的船,然后进行修补。"连长听后先是摇头,后又喃喃地说:"可难啊!不过,敌人以为嘉陵江是天险,红军没有办法过江,从而放松了对这里的防守,你说的办法可以试试。"张思德又请求说:"我水性好,就派我过去弄船吧,只要弄到一条船过来就好办了。"连长沿思片刻后,同意了他的请求,并选派了一名水性好的战士作为张思德的助手。

晚饭后,张思德与战友趁夜幕降临,轻轻溜下江,悄悄向对岸游去。不久,他俩游到江心,穿过汹涌激流,发现对岸回水沱处有条小汊,汊内正好停着两只小船,船上还有竹篙,缆绳就系在岸边的树上。张思德示意战友望风,他爬上岸去,迅速解下缆绳,把船推入江中,一跃上了小船,如箭一般,把船划至东岸,为后来大部队在苍溪城南塔子垭江口强渡西征,痛歼敌人,立下了战功。

部队进入川北山区时,大家每天都是在崇山峻岭中穿行。

翻越一座又一座高山，走的都是羊肠小道，许多战士布鞋已经磨破，草鞋也穿完了。在这山深路遥、偏僻寂寞、村户疏落的大山里，上哪里去买草鞋呢？战士们不得不赤脚行军。很多战士的双脚掌都磨起了血泡，有的战士的脚被尖石碎片划破了皮，疼得迈不开步。张思德见此，心里万分焦急。

一天，部队正翻越一座山势险陡、怪石嶙峋的高山，张思德发现岩石缝里长满了梭草，他自言自语道："有了！"他给战友们打了个招呼，匆匆走出了行军行列，拔下枪上的刺刀，使劲地在石缝间撬起梭草（是一种叶片细长，纤维忍性极强的草本植物）来。战友们不解地问道："你撬这玩意儿干什么？"张思德微笑着答道："这东西大有用处。"不一会儿，他就撬了一大堆梭草，战友们见状，都过来七手八脚地把梭草捆起来，每人替他背一捆带到宿营地。

到了宿营地，已是黄昏时分。晚饭后，累了一天的战友们都休息了。这时，张思德取出梭草，在油灯下熟练地搓起草绳、打起草鞋来。有几个战友觉得好奇，不肯休息，围在张思德面前看"稀奇"。有个战友问："你几时学会这套手艺的?"

张思德一面编，一面说："早，我不单会打牵牛草鞋，还会打六股练的竹麻板，用破布打线耳子的和四股练的稻草摆草鞋。说起学这手艺，我忘不了苦大仇深的赵大爷。"张思德停了停，接着说："赵大爷是我老家的邻居，也是我最尊敬的人，是他教会我打草鞋的，没想到这点小手艺今天还派上了大用场。"接着，他向战友们讲述了赵大爷的悲惨遭遇。战友们一边听，一边拿起梭草帮张思德搓草绳。近午夜了，张思德已打好了好几双草鞋，这才立起身说："明天还要行军，我们都休息吧。"

第二天晚上，由于有了现成的草绳，张思德编织草鞋的速度更快了。接连几个晚上，他打了 10 多双草鞋。战友们穿着张思德打的草鞋行军特别起劲。排长知道后，每当宿营时，也亲自来为张思德当帮手，做这做那。不久，几乎全连战士都穿上了张思德打的草鞋。为此，连长对他这种不怕苦、不怕累，处处为战友着想的精神在全连进行了表扬，并号召全连战士人人动手，向张思德学习打草鞋，于是张思德便成了"草鞋师傅"。

1935 年 6 月，红四方面军同中央红军在四川懋功地区胜利会师。6 月 26 日，中央政治局在懋功的两河口召开会议，从北上抗日和粉碎国民党反动军队围追堵截的总体形势出发，提出了北进的军事计划。按照会议决定，一、四方面军组成左、右路军，开始沿草地北上。在这时，身为红四方面军领导人的张国焘大搞分裂主义，竟擅自令红军南下。这样，张思德便随红四方面军，冒着萧瑟的秋风，拖着艰难的步履，忍受着饥饿和疲劳，从草地折转南下，第二次穿越茫茫草地。

在南下的过程中，红四方面军打了一个又一个恶仗硬仗，但是，却未能改变部队的险恶处境。随着天气逐渐寒冷，部队行动更加困难，张思德亲眼看到许多战友被饥饿、寒冷夺去了生命。他的心震颤了。1936 年 1 月，中央政治局电令张国焘取消另立的中央，停止一切分裂活动。6 月，红二、四方面军在四川甘孜会师。7 月初开始，红二、四两个方面军共同执行党中央北上的方针,又沿草地北上。张思德和他的战友们第三次艰难地穿越草地。

这时,张思德在通信营。由于他过去在战斗中曾三次负过伤,身体还没有完全康复,加上艰难的长途跋涉,他的面容憔悴,体质十分虚弱。进入草地后,他的两只脚被腐臭的泥水泡得红肿,每走一步都要费很大力气。但是,每次有了通信任务,他总是抢先一步,拔腿就走,以便让战友们多休息一会儿。

进入草地,不仅那里气候变化无常,陷阱遍布,险象环生,而且最困难的问题是缺乏粮食。战士们的皮带、枪背带都被煮着吃了,首长乘骑的骡马也被宰杀了充饥。饥饿无情地威胁着指战员们的生命。为了战胜困难,走出草地,部队首长发出了"尝百草"的号召,动员大家寻找一些无毒、可以食用的野菜充饥。

有天中午,部队来到一片水草丰盛的沼泽地上,休息号刚刚传来,张思德就和一位小战士寻找野菜去了。当他们来到一个水塘边时,那个小战士惊喜地叫了起来:"班长,看,水萝卜。"张思德一看,水塘边果然生长着极像萝卜的野草。小战士弯腰就要采摘,张思德急忙拉住了他。他知道,有些样子很好的野菜,往往有毒。他抢上前去,摘下一片叶子放入口中,嚼了嚼,味道甜甜的,便又采了一些。没过一会儿,张思德突然感到肚子一阵疼痛,直想呕吐。接着就吐出一口口清水,他觉得天旋地转,急忙说:"这草有毒,别采!"话音刚落,他失去了知觉。小战士着急地大喊:"班长!班长!"战友们听到喊声,急忙赶来。只见张思德脸色发青,神志昏迷,便知道他中了毒。他们急忙到卫生所找来医生,医生给张思德服用了解毒药,过了好一阵,张思德才苏醒过来,战友们都松了口气。

困难面前找办法,危险关头迎着上,这是张思德一贯恪守的信条。

一天,张思德和战友们来到草地中的噶曲河边。他们知道,过河不远,就要走出草地了。战士们深受鼓舞,个个兴高采烈,挽着胳膊,涉水过河。突然传来呼救声。他们定神一看,原来是总部医院的几位女战士被河水冲走了。张思德立即带领战士们向下游去,在急流中抓住了女战士,并把她们一个个背上了河岸,鼓励她"加油吧,陕北马上就要到了"。

1936年8月,张思德所在班的班长张显扬和另外几名骨干被抽调到朱德总司令身边担任警卫工作。在家乡时,张思德从随处可见的标语"红军总司令朱德同志是仪陇人"中,得知红军总司令朱德,是自己的老乡,为此他感到非常自豪。班长张显扬被调到朱总司令身边工作后,张思德有空就到张显扬处,一则汇报班里的工作,二则聊叙分别之后的思念之情。一次张思德去找张显扬时,恰逢张显扬不在。他正欲离开,却被从里屋走出来的朱总司令叫住了。朱总司令笑容可掬地问道:"你是不是来找你的班长张显扬啊?""是,首长,我来找班长……"张思德第一次见到这样大的首长,显得格外紧张。朱总司令走近张思德身旁,轻轻拍了他的肩膀说:"我都知道了,你是我的小老乡,仪陇人,名叫张思德,对不对?"不待张思德回答,朱总司令又说:"我是马鞍场的,你是六合场的,我们的老家隔得很近哟。我还听说你作战十分勇敢,能吃苦耐劳,做了很多有益的事。"朱总司令还鼓励张思德说:"小老乡,好好干,要为家乡人民争光。"

在接下来的很长一段时间,张思德的脑海经常浮现出朱总司令那和蔼可亲、平易近人的身影。一想起朱总司令对自己的鼓励,张思德工作起来就特别起劲,事事以身作则,处处模范带头,每当有公差勤务总是第一个站出来,说一声:"我去!"每当有艰险的情况出现,总是第一个报名,说一声:"我上!"由于表现突出,不久他被调到红四方面军总部任通信班班长。

六、在平凡岗位上

1936年10月19日,红军一、二、四方面军在甘肃会宁、静宁地区会师。红军三大主力会师后,就像三股红流在西北集聚,形成了一个巨大的拳头。这使蒋介石感到十分恐慌,他紧急调集30万大军和100多架飞机,妄图将红军主力歼灭于黄河以东的陕甘地区。根据形势,党中央采取的方略是:巩固与东北军、西北军的联盟,削弱乃至消灭蒋介石在河西的势力,建立可靠的战略后方,并打通国际路线和苏联取得联系,造成有利于机动回旋战略退却的态势。

1936年10月23日,以红四方面军为主体的"西路军"2.8万人,在徐向前和陈昌浩的率领下,执行党中央"打通国际路线"的战略方针,由甘肃靖远渡过黄河,长驱直入河西走廊;在孤军深入,弹尽粮绝,后继无援的不利险境中,虽经英勇拼杀，终因寡不敌众，几乎全军覆灭。"西路军"渡江西进后，红四方面军所剩的1万余人和二方面军的全部兵力，转往陕北。张思德就在这时，踏上了陕北这块传奇而神圣的土地。

张思德到达陕北后，由于在行军和战斗中负过三次伤，没有很好治疗，此时，他的枪伤复发，虽坚持带病工作，但身体健康每况愈下。领导对张思德非常关心，于1937年初春，把他送到了关中分区的云阳安吴堡"八路军荣誉军人学校"（以下简称"荣校"）学习和疗养。张思德在荣校边学习边疗养，思想上不断进步，身体逐渐康复。

1936年12月12日，爱国将领张学良、杨虎城发动了西安事变。1937年，"七七"卢沟桥事变发生，中国全民族抗日战争爆发。在中国共产党的推动下，建立了以国共两党合作为标志的抗日民族统一战线。8月25日，中共中央军事委员会发布命令，红一、二、四方面军的红军部队被正式编入"国民革命军第八路军"（简称"八路军"），张思德所在的部队归八路军一二九师建制。不久，开赴华北抗日前线。

"荣校"党支部见大部分伤病员的伤势得到恢复，于是便组织大家学习文化。张思德从校部借来一本《边区识字课本》每天认真读，认真记，遇有不认识的字、不明白的词，就向懂得的同志请教。校党支部还组织伤病员们学习毛泽东同志新发表的《中国共产党在抗日时期的任务》《为争取千百万群众进入抗日民族统一战线而斗争》等著作。学习了这些著作，张思德对党有了进一步的认识。于是，他向党组织提出了加入中国共产党的申请。1937年10月的一天，张思德在"荣校"一间简陋的房屋里,在鲜红的党旗下,在党支部书记的引领下,举起右手庄严宣誓加入了中国共产党。

1938年春天,张思德离开了"荣校",被调到泾阳八路军一一五师后方留守处警卫连一排三班任班长。那时,班里好几位战士得了重病,卧床休息,他每天端饭送水,像亲兄弟一样伺候患病的战友。晚上站岗,他经常连站两班,让其他战友多休息一会儿。班里的水用完了,他就去挑水;地脏了,他就去扫地。一有空就帮战友打草鞋、补衣服,一天到晚总是忙个不停。

张思德不仅在生活上乐于助人,而且也关心战友的思想进步,和大家建立起了真挚的革命友谊。班里有个战士是南方人,因为想家而闹情绪。凡是轮到他站岗放哨,他就称病请假。战士们在班会上批评他装病,不但问题没有解决,反而越闹越僵,干脆连早操也不出了,天天睡懒觉。张思德看到这种情况,就把自己的铺位搬到这个战士身边,头并头地与他睡在一起,和他谈心。原来这个战士家里很贫穷,在给地主打长工时,他被国民党抓了壮丁,后在直罗镇战斗中被解放,现在才成了八路军。张思德摸清了他的思想,同他一道忆苦思甜,启发和教育他树立革命的信念。后来,这位战士真的病了,张思德每天给他送药、送水,做病号饭;他的鞋破了,张思德细心地给他补好……这个战士深受感动,紧紧握着张思德的手说:"张班长,你对我像亲兄弟,今后你看我的行动吧!"从此,这位战士变了,精神振作了,工作积极了,成了班里的骨干。

7月的一天,三班突然接到上级的紧急命令:全副武装,将一批重要的抗战物资送到延安。张思德听说要到革命圣地延安，感到任务光荣，责任重大。他向首长表示，保证完成任务。

一个由10辆卡车组成的车队出发了。车轮滚滚，尘土飞扬。张思德和战士们紧握钢枪，目视前方。运送物资的卡车司机，大部分是雇用的，其中也雇了几个国民党军队的司机。张思德押送的这辆卡车的司机就是国民党部队的司机。出发时，这位司机问张思德："你们原来是红军部队的吧？"张思德点了点头，说："国共合作，共同抗日，我们要一条心啊！"那司机听了附和说："那是！那是！"

卡车行了几个钟头，到了黄陵境内，山路越来越窄，越来越陡，卡车剧烈地颠簸，艰难地前行。到一个半山腰时，突然下起了瓢泼大雨，云雾、骤雨伴着暴风，像把整个黄土高原吞没了似的。车子不得不停了下来，那些司机把车乱七八糟地停在路上，披着雨衣找客栈去了。张思德把战友找到一起开了个碰头会，分工每位战士守一辆车，自己冒雨在泥泞的盘山公路上，前后巡察起来，他只有一个想法："这是党中央急需的抗战物资，决不能出半点差错。"

雨停天亮，战士们看到张思德浑身满面都是泥，大家又心痛又感动。那些司机看到这班战士认真负责、吃苦耐劳的作风，深受教育。他们一早起程，把这批物资安全地送到了延安。

1940年春天，张思德随警卫连回到了党中央所在地延安。不久，他被分配到中央军委警卫营担任通讯班班长。当时的通信条件十分艰苦，递送信件、传达命令，既没有车，也没有马，全靠两条腿。

一天傍晚，张思德执行一项重要的送信任务回来，营首长就要求通讯班把一分急件送往延安王家坪总部作战室。张思德考虑到任务紧急，道路复杂，又想到战士们刚结束一天的训练，已经很累了，便决定自己去送。他说服了争着送信的副班长和班里的战士，扛上步枪，扎紧绑腿，踏上了送信的道路。

夕阳西下，风沙骤起。晚风卷起的沙尘，把天空搅得昏暗无光。张思德迎风披沙，大步流星地向前赶路。渴了，捧一把路旁的山泉；饿了，啃一口随身带的硬馍；累了，伸伸胳膊，扭扭腰，始终不敢有一刻的停留，大约走了20多里路，快要到延安机场附近时，突然电闪雷鸣，瓢泼大雨劈头盖脸倾泻下来，淋得他睁不开眼，透不过气。

天已黑了，雨还越下越大，张思德急切地想着：这是作战急件，不能耽搁。可是还有10多里山路，如果冒雨跑去，会淋湿文件。字迹模糊了，首长看不清，岂不误了大事！而身上的衣服已湿透，怎么办？他急中生智，忽然想起脚穿的鞋是纳绑布鞋，一时半会儿透不进水。他脱下鞋一摸，果然还没有湿透，便将信件装到里面。然后，两只鞋对口一扣，往腋下一夹，深一脚、浅一脚地向前跑去。当首长接到一封没被淋湿的信，看到张思德满身往下流的雨水时，由衷的赞语涌到嘴边。他紧紧握住张思德的手，只说了句："谢谢你了，通信员同志！"

1940年7月，张思德奉命带领一个班去延安南土黄沟的深山中烧木炭,以解决中央机关和警卫营的冬季取暖问题。这个班共12个人,都是临时从营部里各班抽调来的。除了张思德在"荣校"烧过炭外,其他战士都没有见过烧炭。

烧炭是很重的活儿,需经过选材、砍伐、打窑、烧窑、出炭、捆扎、背运等七八道工序。做每道工序前张思德都要耐心地向战士们讲解、示范。比如林子里树木种类多,哪些树木能烧炭,哪些树木不能烧成炭;还有窑的选址、打法、装窑、火候的掌握等,他都一边讲,一边做,让战友们弄个明白。做各项工作,他都走在前,干在前。别人一天砍10多棵树,他要砍20多棵;运树时,他选最重的扛;背炭时,别人一次背一包,他却一次背两包;出窑有火星,他不怕烫;干烟扑嗓子,他不怕呛;汗水迷住了眼睛,他也顾不上抹一把。他这种耐心

张思德(左)与战友在烧炭

细致、奋不顾身的精神，给了战友们很大的鼓舞和鞭策。两个多月时间，他不仅教会了全班战友烧炭的技术，也超额完成了3万斤的烧炭任务。

1941年秋天，张思德和通讯班到南泥湾执行开荒生产任务。在南泥湾的日日夜夜，张思德和战友们凭着一颗红心两只手，迎击了一个又一个困难，为开荒生产做出了贡献。

张思德每到一个地方，就自觉地和那里的群众打成一片。南泥湾有个军属王大娘，她自己的儿子上前线打鬼子去了，很久没有音信。张思德一有空就跑到王大娘家里，帮助她劈柴、担水、推磨、圈鸡、打扫院子，什么活都干。有时还带着班里的战友一同去，人们说大娘又多了一个儿子。大娘笑呵呵地说："哪只多一个，我现在有13个儿子啦！"原来，她把张思德班里的战士都当成了自己的儿子。

张思德要求自己非常严格，生活俭朴。1941年冬，部队发放棉衣。当时，张思德的棉衣已破烂不堪，几乎没法拆补了。领导和战友们都劝他领件新的，可他却说："不用领，我拆补一下还能穿两年，发给其他战友吧。"后来，他费尽千针万线，补丁重补丁，还是把那件破棉衣拆补成了，并且果真又穿了两年。他这种舍己让人、艰苦奋斗的精神，使战友们深受感动。

七、忠诚的卫士

1942年深秋，军委警卫营从南泥湾执行生产和警卫任务回到了延安，驻在枣园对面的侯家沟。为了加强党中央的警卫工作，便于统一指挥和集中管理，根据上级指示，将军委警卫营和中央教导大队合并，组成中央警备团。11月7日，中央警备团召开了成立大会。

会后，警备团的新任党总支书记淳杰找到张思德说："合编后，由于工作需要，干部、班长的编制减少了，你要到班里当战士，没问题吧？"张思德十分诚恳地回答说："当班长是革命的需要，当战士也是革命的需要，作为党中央的警卫战士，责任重大，无比光荣，请书记放心，我保证当好一名战士。"张思德愉快地服从组织分配，被编到一连二排四班当了战士。

张思德来到四班后，不论干什么，依然像当班长那样，处处带头，事事争先，把满门的心思都扑到警卫工作上。他的班长，论年龄，比他小；论资历，没他深；论战功，没他多。但张思德对他很尊重，处处谦虚谨慎。有时，班里工作遇到困难，张思德就给他讲自己当班长的经验，帮助他出主意，做思想工作。对个别后进的战士，他主动和他谈心，维护班长的威信，使得全班同志步调一致，同心协力，工作做得有声有色。班长对张思德说："我这个班长，还不如你来当呢。"张思德连忙摆了摆手："可不能这么说，你当班长，我当战士都是革命工作的需要，虽然分工不同，但只要对革命有利的，我们就要千方百计把工作做好。"班长听了张思德的一番话，对张思德也更加敬重。

1943年4月，组织决定调张思德到枣园，到毛泽东主席的内卫班当警卫员。张思德听到这个消息格外激动，一股幸福的暖流涌遍了全身，他做梦也没想到能到毛主席身边站岗，与毛主席朝夕不离。这是多么光荣,多么自豪的事啊!报到那天,张思德穿上一身洗得干干净净的半新军衣,背着简单的行装,乐滋滋地向枣园走去。

张思德视站岗执勤为神圣的事业。他暗暗勉励自己,一定要当个忠诚卫士。站岗时,他总是百倍警惕地守卫在保卫毛主席的岗位上。雨天换哨,少不了他;雪天上岗,他总要多站一个时辰;碰上同志外出或生病,他就主动提出:"我去顶!"每天一起床,他就轻手轻脚地把毛主席窑洞前的院子打扫得干干净净。主席经常走的土路上,有了一点坑洼,他就铲来黄土,把它垫平、踏实;主席外出开会,张思德总是把冲锋枪和马灯擦得锃亮,提上水壶,早早地等在车子旁边。

一天,张思德下岗回住地,已是后半夜了。他走进房门,放好枪,顾不上洗脚就上炕睡下了。原来,他身体发烧,唯恐班长让他休息,所以默默地坚持站岗。待下了岗,全身烧得更加厉害。他躺下休息不久,户外天色突然暗了下来,一阵闷雷,几道闪光后大雨骤然而至。张思德"腾"地一下坐了起来:"雨下得这么大,水会不会渗进主席住的窑洞?"他急忙披衣起床,拿起铁锹冲进雨夜,跑到主席的窑洞前,同执勤哨兵打个招呼,急忙爬上窑顶检查排水沟。大雨中,他把排水沟刨通,让雨水畅通地顺沟往下流。大雨浇着他本来正在发烧的身体,他感到一阵阵发冷,但却顾不上这些,心中只有一个念头:只要雨水不渗到毛主席的窑洞里,不使窑洞潮湿就好。很快,窑顶上的几十米排水沟畅通了,张思德才放心地回到住地。

张思德常说："毛主席是我们革命的带路人，热爱毛主席就是热爱革命。"为了使毛主席愉快地工作和生活，他把全部心血都用到照料毛主席的生活和警卫工作上。毛主席有个习惯，写文章时彻夜不睡，天亮后才躺一会儿。为了让毛主席多休息一会儿，每逢主席熬夜时，他就早早起床，到主席窑洞附近看看，如果发现早起觅食的鸡和狗，就悄悄地把它们赶走；听到鸟儿唧喳，他就用泥块向树上掷去，把鸟儿撵走，以防吵醒了主席；如果遇到有人求见主席，只要情况不紧急，他就说明情况，说服他们等一会儿再来。

枣园位于延安城西北，距城有10多里。那时候，正值抗日战争最艰难的岁月，毛主席工作十分繁忙，常常要去延安城里开会。毛主席每次外出，内卫班便跟着前往。毛主席乘坐的轿车是爱国华侨陈嘉庚先生赠送的，车身宽大，可以乘坐10个人。车后有一个专供警卫人员站立的踏板。为了主席的安全，每次出车时，都有一个同志站在车后踏板上担任警戒，以防万一。

站在车后担任警戒，要比坐在车里辛苦得多。夏天，车后尘土飞扬，呛得人喘不过气来；冬天，车后寒风凛冽，冻得人手脚麻木。但大家都把站在车后值勤看成是一种光荣，争着担任警戒。张思德到内卫班后，每逢毛主席外出，汽车刚一发动，他就站在车后"抢占"了警戒位置。大家要换换他，可无论怎么说，他都不肯让。他总说："我喜欢站这里。"1943年冬天，几场大雪之后，延安的天气非常寒冷。在车后担任警戒的同志本来可以放下帽耳。可是，张思德嫌放下帽耳影响视线，就把帽耳翻起来。结果,他的脸被冻得青一块紫一块的,他一点不在乎。内卫班的同志过意不去,一再要替换他,他仍执意不肯,还是那句话:"我喜欢站这里。"

在内卫班,张思德常听到毛主席讲:当一个革命战士,除了练武艺、搞生产,还要学文化、学政治,要把部队办成一个大学校。他牢牢记住毛主席的教导,更加注重学习。只要有空,他就学文化、学知识、学时事政治,学毛主席著作。每天清晨,起床号还没响,张思德就来到"幸福渠"边,借着晨曦,捧着毛主席著作一字一句地默读起来;每天傍晚,他又习惯地来到一棵银杏树下,坐在一条青石板凳上读头一天的《解放日报》;夜里,他怕打扰上哨战友的休息,就自制了一盏灯,把灯光罩在自己的床头,利用临睡前或下岗后的时间,孜孜不倦地学习毛主席的《中国革命和中国共产党》《反对自由主义》《纪念白求恩》等著作。通过学习,他的文化水平进一步提高,思想觉悟进一步升华,像延河边的青松一样茁壮成长。

八、光荣献身

1944年,抗日战争进入第七个年头。为了打破国民党的封锁,彻底打败日本侵略者,延安边区军民的大生产运动搞得热火朝天。这年夏天,上级决定警卫团内卫班部分战士到延安北边的安塞烧制木炭,以解决枣园机关的冬季取暖问题。听到这个消息,大家都争着要去。领导知道张思德烧过木炭,就指派他带领4名战士到安塞县石峡峪村去烧炭。

7月的一天晚上,张思德经过争取,站完了"最后一班岗",又找了一些战友谈心后,才回到住地整理行装。第二天,东方刚刚发亮,张思德和他的战友们身背行装,带着锯子、斧头,越延河,穿梢林,翻山谷,意气风发地到了石峡峪。不久,他们住进了自己打在山沟里的窑洞。

　　接着,张思德带领大家在山里选择烧窑地点,做烧窑的准备工作。山中林区的景色非常美丽,初升的太阳光洒在苍翠的青冈林上,泛起绿色的光晕;一簇簇山丹丹花红得像火一样。他们顾不上欣赏美丽的风光,扛着工具跑上跑下,根据山势和青冈林的大小选择了烧炭地点。

　　为加快烧炭进度,张思德把战士们分成两组,一组负责挖炭窑,一组负责砍伐青冈树备料。张思德对战友们说:"我们进山后,家里的战友可就更忙了。我们要加油干,争取多烧木炭,早日完成任务,向毛主席报喜。"荒无人烟的山林里,响起了"乒乒乓乓"的伐木声和战士们欢乐的歌唱声。张思德领着两个战士起早贪黑,很快打出了两眼炭窑。大家把青冈树柴块背到窑前,张思德就开始装窑。其他同志继续开挖新窑、砍伐青冈树。张思德把两眼窑装满后,同时点火。等到木炭烧成压火后,战友们也把新窑挖好了,料备足了。张思德又去装窑、点火,从早到晚,一刻也不休息。

　　烧炭是个技术活路,火要烧得均匀,压火要恰到好处。压火早了,柴未烧过火,劳而无功;压火迟了,木炭会变成灰烬,前功尽弃。为了掌握火候,张思德吃住都在窑边,晚上也要起来几次,爬上窑顶观察烟色,判断火候。当时,没有照明工具，他就在山林里采来一种有点油性的灌木，放在窑边烘干，晚上用它来照明。为了抢时间多烧几窑，张思德和战友们就在压火后木炭尚未完全冷却时出窑，把烧炭周期缩短一些。出窑时，窑内温度很高，有时木炭上还有火星儿，烤得人脸皮发痛，大汗淋漓。每次出窑，张思德就把双手包上破布，钻进炭窑的最里边拣木炭。在他的带动下，大家废寝忘食，日夜苦战，一个多月就烧出了5万多斤木炭，超额完成了任务。

1944年9月5日，张思德和战友们决定再挖几个新窑，并进行了分工。张思德和战士小白一组，开挖新窑。两个人干得特别起劲，窑越挖越深了，但是里面还是不能直起腰来。张思德一个人钻在里面，猫着腰，累得满头大汗。留在外面清土的小白蹲在洞口不停朝里面喊："班长，出来歇歇，让我进来干一会儿吧！"等到窑内能容纳下两个人时，他才同意小白进去。张思德说："我不累，得赶紧把炭窑挖成，好多出几窑炭。革命需要炭，领导和战友们需要炭。能多出一窑炭就是为抗战做一份贡献！"张思德说着，擦一把头上的汗珠，又操起镢头继续干了起来。快到中午时分，窑洞将要挖成的时候，突然窑顶上"啪啪"掉下几块碎土，"快出去，有危险！"张思德发现有情况，大喊一声，他眼快手疾，没等小白回过神来，一把将他推出窑口。就在这时，"轰隆"一声，厚厚的窑顶坍塌了，小白在窑口被压住半截身子，张思德被埋在里边。小白焦急地大声呼喊，同志们从四面八方赶来，拼命地刨啊！扒啊！几分钟后，张思德静静地躺在了战友们的怀抱里，不幸牺牲，时年29岁。

张思德纪念馆

张思德光荣殉职的消息，惊动了石峡峪村，乡亲们都为张思德的死深深惋惜。村长以最快的速度赶到安塞县城给延安打电话，报告这一悲痛的消息。噩耗传来，内卫班的战士们个个失声痛哭。

毛主席对张思德牺牲的事十分重视和关心，专门把警卫队队长古远兴找去，详细了解前后经过。毛主席说："张思德是个好同志，他是为人民利益而牺牲的。"在张思德遗体的处理上，原来，警备团准备把他埋在安塞山中，毛主席不同意，指示要把张思德的遗体从安塞抬回延安好好安葬，并要古远兴把此事报告给中央社会部负责人李克农。后来，李克农专门向毛主席写了报告，提出要给张思德同志做一口好棺材埋葬，然后开追悼会纪念他。毛主席很快同意了这个报告，并讲要亲自参加追悼会，要去讲话。

1944年9月8日，在延安枣园西山广场上举行张思德同志追悼大会。大会会场庄严肃穆。会场上的土台搭起了棚布，台前挂着"追悼张思德同志"的横幅，周围放满了花圈和战友们送来的一束束山花。在一面鲜红的党旗下，悬挂着张思德同志画的遗像，在遗像的旁边，挂着毛主席题写的挽词："向为人民利益而牺牲的张思德同志致敬。"

下午1点多钟，参加追悼会的中央国家机关和中央警备团1000多人刚刚到齐，毛主席就从枣园的住所里缓缓走了出来。这天，主席的脚步沉重而缓慢，面容严肃而庄重，他默默地走进了会场。会场被一片沉痛的气氛笼罩着。大会宣布向烈士默哀后，毛主席亲自抬着他题写的花圈放到了张思德同志遗像前，默哀了很久。此刻，很多同志也忍不住哭出了声。随后，警备团政治处主任张廷祯致悼词，对张思德同志的生平及主要事迹进行了比较详细的介绍。致完悼词后，毛主席缓步登台，他手里没有讲话稿，一开口就说："我们的共产党和共产党领导的八路军、新四军，是革命的队伍。我们这个队伍完全是为着解放人民的，是彻底地为人民利益工作的。张思德同志就是我们这个队伍中的一个同志。"毛主席的话语有力而深沉。他深深地呼吸了一下，接着又说："人总是要死的，但死的意义有不同……"说到这里，毛主席的手臂向空中一挥，语气磅礴地讲："为人民利益而死，就比泰山还重；替法西斯卖力，替剥削人民和压迫人民的人去死，就比鸿毛还轻。张思德同志是为人民利益而死的，他的死比泰山还要重的……"毛主席的讲演声音洪亮，激情奔放，字字千钧。大家被这时代的最强音激励着、鼓舞着，浑身热血奔涌，无不充满了力量和信心。

　　1944年9月21日，延安《解放日报》报道了张思德追悼大会的消息，毛主席的演讲及张思德的先进事迹，在延安各界、在各解放军战场，在全国、全世界迅速传开，引起了强烈反响。一个全心全意为人民服务的光辉典范——张思德的崇高形象，随同毛主席的光辉著作《为人民服务》一起像一座光彩夺目的丰碑，耸立在人民心中。

　　张思德29年的生命历程，是短暂的，但他的思想火花、朴实无华的人生和为人民服务的精神，却永远给后人以深深的启迪，成为中华民族的宝贵精神财富。

范长江

◎ 黄剑庆

范长江（1909—1970），原名范希天，范睦，我国现代著名的新闻工作者。1935年初夏，他以《大公报》旅行记者的身份，由京津回川。7月中旬，从成都出发，进入西北地区，作考察旅

范长江

行，写出了大量脍炙人口的通讯。他首次向国统区广大读者报道了有关红军长征的消息，震动全国。1936年12月西安事变发生后，他冒险进入西安，进而去延安，成为第一个到延安采访的中国新闻记者，受到毛泽东等中共中央领导同志的亲切接见。随即他根据毛泽东的指示，飞抵上海，抢在国民党五届三中全会召开时，发表了《动荡中之西北大局》一文，"第一

次向全国公开地报道了西安事变的真相和我党的正确政策",为促进中国共产党提出的抗日民族统一战线政策在全国的实现起了积极的作用。1939年5月,经周恩来介绍,他加入了中国共产党。从此,在党的领导下,无论环境多么恶劣,条件多么艰苦,他都充满着革命的激情,为中国人民的解放事业努力工作。新中国诞生后,他先后在国家新闻、科技部门担负领导工作,为我国新闻和科学技术的建设、发展做出了重要贡献。他不幸在"文化大革命"中受迫害,于1970年10月23日含恨离世,终年61岁。

从学生到流浪青年　他在困苦中思索

1909年10月,范长江出身在四川省(今内江市)内江县赵家坝村一个没落地主家庭。父亲范云庵靠耕种家里仅有的一点田土维持全家生活。母亲郭玉瑞出身于农家,是一位贤惠的家庭妇女。

赵家坝地处沱江支流的小清流河上游,土地平旷、湿润,溪水纵横,盛产稻米和蔗糖,是川中南少有的肥美、富庶之地。范长江在这里度过了欢乐、梦幻般的童年。1923年秋,在家乡邻近的田家场小学堂毕业,以优秀的成绩考入内江县立中学。

这时的内江县立中学,是内江城中的最高学府。学生来自全县,其中不乏高才生。范长江是全班学生中年龄最小的,学习却领先,尤其是写文章,才思敏捷、洋洋洒洒、下笔千言、辞意并茂,誉为一班之冠。

1924年1月,国共合作正式建立,大革命运动逐渐高涨。内江的一批革命先行者,将广东、武汉、成都、重庆等地印发的进步刊物带回了内江,在部分进步知识分子和青年学生中传阅。范长江读到了这些刊物。那些宣传"反对帝国主义""反对封建军阀""反对贪官污吏""反对土豪劣绅"的战斗檄文,激发了他的爱国热忱。他开始走出校门,和同学们一道上街讲演,宣传反帝反封建军阀,并加入了学校的进步团体——"警觉青年谈话会",进而阅读了《向导》周报、《中国青年》《唯物史观》《社会进化史》等书刊,思想日益活跃,向往革命。1926年春,他进入了资中四川省立第六中学高中商科班。次年初,当他得知黄埔军校在重庆招生的消息后,毫不犹豫地退了学,赶往重庆报考黄埔军校。但迟了一步,黄埔军校招生期过了,未能如愿以偿。时逢中法大学重庆分校招生,他便考入了这所学校。

中法大学分校是中共四川地下组织创办的,以宣传马克思主义、培养革命干部为主要任务,吴玉章任校长。学校除开设一般的课程外,还专门设有政治、经济、阶级斗争、唯物史观、社会发展史等专题讲座。范长江在这所学校里较为集中地学习了革命理论和社会科学知识,同时积极投身革命实践。一次,他在菜园坝讲演时,军阀王陵基坐着轿子前呼后拥而来。王陵基看见是一位小青年在作打倒军阀的讲演,便气势汹汹地问道:"谁是军阀?"范长江毫无惧色地回答:"你这架势就是军阀!"在场的群众无不拍手称快。王陵基恼羞成怒,但因正是大革命时期,慑于群众的威力,只好灰溜溜地走了。

不久,一场震惊中外的流血惨案使他中断了学习。

1927年3月31日,在中共四川地方组织和国民党左派莲花池省党部的组织领导下,重庆数万名工人、学生、市民,汇聚打枪坝举行声势浩大的示威集会,抗议英美帝国主义炮击南京的事件。范长江和中法大学的同学参加了集会。但在大会即将开始时,反动军警突然向群众射击,死伤千人以上。范长江和同学们与暴徒展开了英勇的搏斗,因受伤而倒在血泊之中。醒来时,才发现自己躺在难友的躯体下,幸免一死。他从难友的遗体下爬起来,拖着受伤的身子回到学校。不料,学校也因平日宣传革命思想被暴徒捣毁,被反动政府查封了。

重庆处于白色恐怖之中,范长江躲到姑父伍心言家避难。家中知道他在重庆的情况后,万分焦急,写信催他立即返回内江,以免父母担忧。但是,他不想回内江。武汉是当时革命的中心,他决定到武汉去。

1927年夏,范长江怀着一颗赤诚的心奔赴武汉。在火轮上,碰到两位比他年纪大的中法学校的同学。由他们带领,在汉口湖北省立二中找到了专门接收重庆流亡学生的立足点。这时,武汉城里天天都有各种大会和游行示威,使范长江感到兴奋激动,他立即投身到群众斗争的洪流中。一次,他在汉口租界散发传单,被法国巡捕抓了去;因他年纪小,审问不出什么来,拘留几个小时后便被释放了。

没多久,武汉的政治形势发生了急剧变化。流言四起,和范长江住在一起的同学一天天减少。最后,只剩下他和一位姓徐的同学了。范长江不知发生了什么事,问姓徐的同学,才知道很多同学听说许克祥的部队快要打到武汉来了,有的回四川去了,有的当兵去了。范长江不想回四川,觉得回四川没出路。于是,找到在国民革命军二十军学兵营当营长的内江同学谢独开,入伍当了学生兵。不久,随部队顺长江而下,向江西南昌开拔,参加了举世闻名的"八一"南昌起义。

南昌起义后,起义部队在面临反动军阀包围的紧急情况下,主动撤出了南昌。范长江随部队南移,经抚州、瑞金、会昌、长汀、上杭等地,抵达广东潮汕地区。沿途,部队经受了种种严峻考验,打破了敌人一次又一次的堵截和进攻。

1927年9月底10月初,范长江所在的学兵营奉命驻守潮州,遭到敌军数倍兵力的进攻,经过顽强的奋战,终因寡不敌众,潮汕失守了。撤退中,由于夜雨蒙蒙,一片黑暗,使他与部队失去了联系。当时,部队的总指挥部设在汕头,他只身赶到汕头,哪知道大部队已撤走了。这时,他流落街头,生活无着,继又染上疾病,在贫病交加的情况下,险些丢掉了性命。

曲折的经历,严峻的现实,引起了范长江深思。从重庆到武汉,进入南昌,辗转潮汕,几番风云,几经波折,革命为什么这样艰难?他感到十分茫然,不辨方向。就反帝来说,他是清楚的,问题是国内的情况就太复杂,太难辨别是与非了。他不想这样盲目地干下去了,他要弄个明白。于是,产生了要好好读书,从读书上找出路的思想。

另寻出路

1928年下半年,范长江在南京考入了国民党中央党务学校。这是一所由蒋介石兼任校长,培养国民党党务工作人员的学校。

范长江入校后,便一头扎进书堆里,如饥似渴地阅读东西方各国有关社会、政治、经济以及历史、地理等方面的书籍。随后,他又对著名进步教育家陶行知在南京市办的晓庄师范学校产生了浓厚的兴趣,时常去那里流连忘返。1929年下半年,中央党务学校改为中央政治学校,性质变为培养国民党行政干部的大学,分行政、财经、乡村行政、外交等系,他选学了乡村行政系,就是想像陶先生那样,将来在穷乡僻壤中建立一个理想的世界。

然而,国家处于危机之中。一方面是日本帝国主义对中国的侵略野心日益暴露;另一方面是国民党内部争权夺利的派系斗争越演越烈,战争四起,民不聊生。范长江心中"理想的世界"不可能变为现实。尤其是,他最初进中央政治学校的目的是读书,以探求中国的前程和个人的出路。而这所学校并不是他理想中的学校,讲的都是西方那一套,死板、教条,完全脱离了中国的实际。这一切使他开始想到,国民党是没有希望的,中央政治学校的教育绝不能回答他所关心的问题,他进校"探求中国的前程和个人的出路"的目的根本无法实现。他处于矛盾和苦闷之中。

1931年9月18日,日本帝国主义侵占沈阳。蒋介石采取"不抵抗"政策,致使日军轻而易举地占领了辽宁、吉林、黑龙江三省,并向热河进攻,激起了全国人民的愤怒,掀起了轰轰烈烈的抗日救亡运动。抗日救亡的烈火燃遍了中华大地,然而处在国民党南京政府鼻子底下的国民党中央政治学校却无动于衷,犹如死水一潭。范长江抑制不住满腔的怒火,一天晚上,学校点名之后,他挺身而出,向全校同学发表了慷慨激昂的演说,愤怒斥责国民党的不抵抗主义,要求开展抗日救亡运动。许多同学为他的演说所感动,失声痛哭,非常赞同和支持开展抗日救亡运动。

次日,在范长江与其他同学的积极倡导下,学生们组织起了抗日救亡宣传队。学校当局迫于形势,不得不表示同意学生们的行动,但在背地里都施加压力,限制学生活动。教育长罗家伦亲自找范长江个别谈话,阻止他参加活动。当局的阻挠,使宣传队中断了活动。范长江对此极为痛心,不愿再在这样的学校里待下去了,决定脱离中央政治学校,寻找别的出路。

范长江还是希望从读书中找到一条出路。他打算到北平去,北平是中国文化中心,有驰名中外的高等学府,有藏书丰富的大图书馆,在那里想必可以弄清"中国将往何处去?我个人应往何处去?"的问题。在几位同学帮助下,范长江凑了点钱和衣物,利用一个星期天,换掉学校发的制服,悄悄离开了还有一个学期就可获得的毕业文凭,轻而易举就能在国民党政府内捞个一官半职的中央政治学校,奔向北平。离校时,范长江给学校写了一封信,公开阐明自己的教育观点,说:"合理的教育应当是启发青年的思想，使他们能对宇宙和人生的法则有正确的把握，然后配合着各时代的环境，和个人的兴趣与修养，培养他们服务于人民、国家的能力。""把学习离开了现实，就是等于科举时代'诗词歌赋'等，完全为无用之学！"

1932年1月初，22岁的范长江到了北平。最初，他经过一位同学的哥哥帮助，到黎锦熙主持下的国语大辞典编纂处谋得一份剪贴工作维持生活。可是，剪贴工费时费事，一天忙忙碌碌的却挣不了几个钱。因此，他给北平图书馆馆长写信，要求进馆做一名工人，不要工资，只管食、住和让借书看就行了。然而，未得到准许。于是，他干脆做起卖面包、豆浆的生意来。每天早上，他到一个店里去，用自行车将面包、豆浆送到一所大学门口去卖。可是，这门生意也不好干，只得作罢。实在没办法时，只有靠同乡的资助度日子。

艰苦的生活，没动摇范长江在学习上的进取心。随着阅读面的不断扩大和知识的增长，他开始从理论上、哲学上寻根觅源，觉得思想上搞不清许多社会现实问题，来自对理论的不清楚，他要从哲学上打开缺口。不过，这样零乱不系统的学习效果不大，于是他想进北京大学哲学系学习。经过一番努力，1932年秋，他考进了北京大学哲学系。

范长江进北京大学后，认真听课，对古希腊的苏格拉底、柏拉图、亚里士多德的作品，以及近代德国的康德、黑格尔的哲学著作逐一加以攻读，进而攻读了大量有关政治经济、历史地理方面的书籍。为能读懂外文原著，他拼命学习外语。然而，这样置身于知识的海洋里，似乎还是解决不了所面临的严峻的现实社会问题,甚至离现实越走越远。一次,他向教授提出两个问题:一是全国人民要求抗日,政府不抗日,怎么办?二是一个人肚子饿了,没有钱,铺子里却有食物,能不能拿来吃?回答是:这不是哲学的事,学哲学主要是弄明白各学派的情况。这些,使他感到困惑。如果说哲学仅仅是如此而已,不能为社会服务,学它干什么呢?如今是国难当头,应该正视现实,走出书斋,做一点于国于民有益的实际工作。

在火热的现实生活中锤炼

范长江终于走出书斋。1933年1月,日军侵占山海关,平津危急。他参加了"辽吉黑热抗日义勇军后援会"的工作,这是他人生旅程中的一个转折点,也是他记者生涯的开端。这年2月,他随"辽吉黑热抗日义勇军后援会"组织的一支运输物资的队伍去东北。在离开北平之前,受人委托,挂了一个"热河战地记者"的头衔,给南京《新中国报》和《民生报》写战地通讯。遗憾的是出师不利,运输队才开到热河凌原即与敌人遭遇,车辆、物资全丢失了。他幸被一蒙古族老乡收留,吃了不少苦头,才绕道回到北平。

热河之行,事虽半途夭折,但对范长江却是一次锻炼。回北平不久,他即和学校的一些热血青年,发起组织了"北大学生长城各界抗日将士慰问团",先后到了长城喜峰口、古北口、冷口、独石口等地,慰问抗日军队。在慰问中,当他从一些下级军官口中得知"日军正积极准备西进察哈尔和绥远"的消息时,一种强烈的民族自尊感和悲痛促使着他,要去看看祖国的那片大好河山。1933年6月,他只身到了包头。返回北平时路过张家口,适逢冯玉祥将军所部成立抗日同盟军,召开民众大会。他兴奋极了,兴致勃勃地跑去参会,哪知被士兵误认为是"蓝衣社特务"抓起来,关进警察局的监狱里,真是祸从天降。他脱下身上的汗衫,咬破手指头,在汗衫上愤然写道:"以抗日见知于前线者,竟蒙蓝衣社之诬,请钦审。此上冯先生。"这件呈冯玉祥将军的血衣,终于使他获得了自由。

从张家口出狱回到北平,时局急剧变化,范长江转向了对抗日军事问题的研究。他认为:中日全面战争迟早要爆发,第二次世界大战迟早也会发生,要提前做些研究和准备工作,将来必有用处。于是他收集、整理了许多中外报刊上有关军事方面的文章和资料,进行分析研究。随着资料的增多,研究面的扩大,他与一部分同学商议,成立了"1936研究会"。其意为世界局势风云日紧,第二次世界大战不可避免,估计在1936年爆发,"1936研究会"就是从政治、经济、外交、军事等方面来研究1936年世界大战的形势。范长江为研究会拟定出了《研究总纲(草案)》,并在北平《晨报》上公开发表,引起了社会各界的关注。

"1936研究会"的成立,带动了一批同学加入研究行列。可是,大家一开会讨论问题,就各持己见,争论不休,弄得会议开不下去,毫无结果。范长江看不惯这样的局面,便退出了研究会,独立搞一些研究课题。

日本帝国主义对华侵略在不断扩张,国民党却还在江西搞反革命的"围剿",范长江的研究工作没脱离这个现实问题。他看了天津《国闻周刊》上连载的《赤区土地问题》等文章后,发现江西苏区有一套独特的社会制度,不是国民党宣传的什么"土匪""流寇"之类的词句所能抹杀,认为应该到江西去做些调查研究。这期间,他又根据自己研究得出以下结论:抗日战争爆发后,沿海一带不可能久守,大后方将在中国的西北和西南地区的结论。于是他拟定了两个计划,即一是去江西,二是组织一个考察团到西部地区去。为此,他先到了江西南昌。

在南昌,范长江通过一位四川同乡的关系,秘密阅读了大量中央苏区油印的小册子和文件资料,对于苏区和红军有了比较清楚的认识,为他后来报道红军长征等情况,奠定了一定的基础。他还想进一步深入中央苏区,却因蒋介石正在德、意、美等国军事顾问的参与下,纠集数以百万计的兵力进行"围剿"红军,严密的封锁使他进入苏区的计划不可能实现。

接着,为实现去西北考察的计划,他联络了一些青年,于1933年底在南京《新京日报》上发表了"中国青年西部考察团"发起宣言,宣言称:"兹有范希天等鉴于国际风云日紧,第二次世界大战迫在目前,我中华民族今后之命运,以此大战之结果为决定之枢机。我中国青年若不于此千钧一发存亡旦夕之际各尽其心力,以各个方面致力于未来国际之准备,以应付未来之大战,则人为刀俎我为鱼肉,非但我中华民族,而且东亚各被压迫民族亦将益陷于不可思议之悲境。""范君等深信,中华民族解放战争之国际计划,因新战术之进展,沿海及中原各地皆失其军事政治中心区域之价值,不足以为解放战争之根据地,而交通不便,文化落后之西部各省,始为我民族复兴之昂哥拉。"故特约集青年同志发起组织'中国青年西部考察团',前往中国西部作国防性质之考察。"由于经费等问题,这一计划未能实现。

这时,范长江还住在北京大学,但已没去上课了。他除搞研究工作外,陆续为北平《晨报》和天津《益世报》撰写有关文化教育方面的新闻和通讯,靠微薄的稿费收入维持生活。一篇又一篇的稿件,将他多年所学得的渊博知识和出色的才干逐渐显示了出来,一个默默无闻的青年逐渐引起了社会的注意。早在1934年下半年,天津大公报社驻北平办事处的杨士焯就找到他,约他专门为《大公报》写稿,每月固定稿酬15元,条件是不再给《益世报》写稿。他答应了下来,从此与《大公报》发生关系。这年底,他制订了一个很大的写作计划,打算以通俗的方式将北京大学的各个学术部门向读者进行系统介绍。而且在短时间内写出了《佛学在北大》《陶希圣与"食货"》《顾颉刚与"禹贡"》《北大研究所藏的清档案及其整理》《北京大学地质系沿革及其成绩》等通讯,发表在《大公报》和北平《晨报》上。然而,这些只能是一时兴起之作,他关心着国家前途命运的大事,无心蹲在北大查资料、写文章,渴望着早日实现西北之行。

1934年10月,中国工农红军第五次反"围剿"失败,被迫长征。范长江再也沉不住气了,他感到急需完成两大课题:红军北上后中国革命的动向,以及抗战爆发后日军将占领我国沿海大城市，那么作为后方的西北、西南情况又会怎样呢？他想要从各方面来表现现实的中国。因此，范长江决定做一名大公报社的旅行记者，到西北作旅行考察。经与报社商量，终于得到允许，但条件是：大公报社可以给记者的名义，不过只付稿酬，不给薪金和旅差费。此外，稿件必须由记者署名，"文责自负"。范长江不在乎这些，决定了要做的事，一定要做。

1935年5月初，范长江从天津塘沽码头登上海轮，经烟台到上海，旋去浙江杭州、兰溪等地采访。5月18日，从上海乘民生公司的民主轮，溯长江而上，进入四川。他在烟台即开始写稿发往报社，先后发表了《塘沽码头》《安东的中国人》《烟台警察枪杀女学生》《浙江政治新动向》《兰溪实验县》《千里江陵一日还》《成渝道上》等一系列通讯，客观地报道沿途所见所闻，吸引了大批读者。

范长江入川后，曾打算先作一次环川旅行，然后再往西北。但因得到一个经松潘去兰州的机会，便改变了原来的计划。7月14日，他离开成都西进，正式开始了著名的西北地区考察旅行。

这是惊人的壮举。范长江沿着崎岖的古道，跋山涉水，风餐露宿，经四川的江油、平武、松潘，甘肃的西固、岷县等地，行程3000余里，于9月3日到达兰州。接着，又继续西进至敦煌、玉门、西宁，转而北达临河、五原、包头，后又往返于西安、兰州等地，此次西北地区考察旅行历时8个多月，足涉川、陕、青、甘、内蒙古广大地区。

艰苦的工作换来了丰硕的果实，这期间，范长江以其卓越的见识，博学和出众的才华，将耳闻目睹的社会现实，融合于笔端，写出了《毛泽东过甘入陕之经过》《从瑞金到陕边》《松潘战争之前后》《红军之分裂》等一系列旅行通讯。首次客观地向全国读者报道了有关红军长征的消息，使人们知道了中国共产党和红军的真实情况，在广大读者产生了强烈的反响，震动了全国。尤其是他后来将这次西行的通讯汇编为《中国的西北角》一书，各界争购，未及一月初版千部已售罄，而续购者仍极踊跃，特赶印再版数千部，出书未及，复又售罄，而函订购者尚多，当赶印三版，出售未及登广告，又经售罄……在短短的几个月内，即出了数版，其销行盛况之空前，影响之大，是我国新闻史上不多见的。

　　西北之行，范长江名声大震，成为闻名全国的青年记者。他回到天津后，成为《大公报》正式记者。但是，他没有满足于现状和所得的成绩。在北平，他以自己丰富的知识和独特的见地，写了《从嘉峪关说到山海关——北戴河海滨夜话》等脍炙人口的通讯报告。绥远部分地方抗战爆发后，他立即奔赴前线采访，报道战地实况，并在条件十分艰苦的情况下，骑着骆驼穿越塞上千里戈壁滩，到了内蒙古西部边陲采访，先后写出了《百灵庙战后行》《忆西蒙》等长篇通讯报告，翔实地记录了战地实况和当地民情。此时，他所思考的问题，越加广阔深刻，思想逐步趋于成熟，从他所写的大量文章中可以反映出来。

进入延安,首次向全国公开
报道"西安事变"真相

1936年12月,从古城西安传出了震惊中外的消息——双十二事变。

消息传到绥远前线,正在那里采访的范长江大为震动。他十分关心事件的发展,可是,远在绥远战地,无法得到这方面的真实情况。而事变发生之后,各种政治言论、观点的传播,又把情况搅得浑浊不清。日本帝国主义者及国内亲日派在乘机活动,英、美及国内亲英、美派也在活动;他所在的《大公报》这时也接连发表了《西安事变之善后》《望张杨觉悟》《讨伐令下之后》《给西安军界的公开信》《中国不做西班牙》一系列反对张学良和杨虎城的社评,公开称"蒋先生不是全智全能,自然也有招致不平反对的事,但是他热诚为国家的精神与其领导全军的能力,实际上成了中国领袖,全世界的国家都以他为中华外交的重心。这样的人才与资望,决再找不出来,也没有机会再培植"。指责张学良、杨虎城"要从心坎里悲悔认错……赶紧去见蒋先生谢罪罢!你们快把蒋先生抱住,大家同哭一场!"这正是"突然的双十二西安事件,打昏了人们的头脑,以为张学良发了疯,于是哭的哭,哀的哀,以为只要张学良幡然醒悟,一切皆可迎刃而解"。

范长江感到这是涉及国家命运、前途的重要问题,应该加以了解报道。正在这时,傅作义告诉他,中共代表到了西安,促使事变和平解决的消息。他预感到：中国政治要发生大变化。他决心去西安，弄清政治大方向，采访这一全国的，也是世界性的重要新闻。

但是，去西安谈何容易。当时，通往西安的交通要道早已被国民党军队封锁，同时涉及《大公报》的政治立场问题。《大公报》在1936年12月27日社评《迎蒋委员长入京》中，还如此这般地说道："中国军事政治的统一本来已成功了，但是尚需要检讨，有没有不和与不平，陕变之起，我们曾说过西安笼罩着乖戾之气。乖戾就是不和平，这当然是受恶意的勾煽而来……"不言而喻，这"受恶意的勾煽"所指的是什么事。范长江绝不会迎合某些宣传，这一点报社自然是了解的，能派他去西安吗？范长江不管这些，他采取了个人行动。决定先到接近西安的宁夏，然后利用各种社会关系，去兰州，入西安。

经过重重艰难险阻，他终于到达西安。尤为可喜的是，1937年2月4日下午，他通过杨虎城的关系，在杨公馆见到了周恩来。周恩来热情地握住他的手说："我们红军里面的人，对你的名字都很熟悉。你和我们党和红军没有关系，我们很惊讶你对我们行动的研究和分析。"这是范长江第一次见到公开的共产党人，心情十分激动。随即，他们约定次日长谈。

2月5日，周恩来向范长江详细介绍了西安事变的经过及事变后的一系列情况，使范长江弄清了事变的真相。周恩来的谈话，解决了他曾经在脑海里缠绕多年也未解决的关于国家的统一、民族的团结、各阶级之间的矛盾，以及国家前途、命运等问题。毫无疑问，中国共产党的主张是唯一正确的。它意味着中国的政治生活将进入一个历史的新阶段。于是，范长江向周恩来提出了去延安采访和拜见毛泽东的请求。这个请求很快得到了中共中央的同意。2月6日，在博古、罗瑞卿的陪同下他前往延安。

2月9日下午，范长江到了延安。他是中国新闻界第一个以正式记者身份进入延安采访的人，在抗日军政大学受到了热烈欢迎，并会见了校长林彪。随后，他受到毛泽东、朱德、廖承志、刘伯承、林祖涵、张闻天、徐特立，以及丁玲等的热情接待，并共进晚餐。

当晚10时，毛泽东又在自己工作、生活的那孔"除了一条大炕外，还有一张木椅、一张桌、一条木凳、一盆火炭"的窑洞里，亲切接见了范长江，向范长江讲述了红军长征北上的详细经过。同时，就中国革命的性质任务和中国共产党的抗日民族统一战线政策等重大问题，毛泽东作了精辟的讲解，并明确指出："共产党的要求，希望中国走上宪政民主之路，以民主求统一和平。和平统一之后，始可以言抗日。故为实现民主政治，共产党当可放弃土地革命，苏维埃和红军的名义。"共产党宽阔莫大的胸怀和大无畏的气概，深深地打动了范长江的心。他想留在陕北，一面学习，一面收集材料，写几本宣传中国共产党与红军的主张和事迹的书，但时局不允许他这样做。此时此刻，中国共产党的抗日民族统一战线的主张，需要他通过《大公报》向全国宣传，以促进抗日民族统一战线的迅速形成。毛泽东希望他尽快到上海（当时《大公报》在上海设立了报馆），开展这项工作。

范长江在毛泽东的窑洞里度过了终生难忘的一夜。次日凌晨，便冒着风雪离开延安，日夜兼程，于2月14日抵达上海。2月15日是国民党五届三中全会开幕日，这次会议的内容之一，就是讨论由西安事变所引起的重大政治问题，这正是宣传中国共产党正确主张的重要时机。范长江一到上海，便直奔大公报社编辑部，找到总经理胡政之，争取胡能顶着国民党新闻检查机关的压力，发表他从西北采访归来的报道。胡政之经过"反复动摇"，终于从《大公报》独占关于西北情况的特号新闻这一考虑出发，决定发表范长江的文章。

2月15日，范长江题为《动荡之中西北大局》一文，醒目显要地刊登在《大公报》上。此文犹如一枚重型炸弹，顿时轰动了上海，人们争相传阅。文章以求实精神，客观地记述了中国共产党的正确主张，深切地告诉人们，"中国此时不需要国内对立，中国此时需要和平统一，以统一的力量防卫国家之生存。""照中国实际政治情形需要，国家的政治机构应当起到统一的民族阵线，即是统一国力，集中力量，以求对外图存"的作用。文章希望国民党五届三中全会有一个好的结果。

同时，文章还告诉人们"'双十二事件'之突发，共军并未参加预谋，其关系人员之入西安，乃在事变四日之后……"西安事变的和平解决，正是中国共产党努力的结果，使人们了解西安事变的前因后果，澄清了事实真相。

《大公报》当天下午传到南京，正在主持召开国民党三中全会的蒋介石看了，大怒，他做梦也没想到这些消息会被范长江报道出来，气急败坏地把报社总编辑张季鸾叫去大骂了一通。但是，不论蒋介石怎么顽固，也阻挡不住历史前进的车轮和全国人民积极拥护、支持中国共产党的正确主张。

报纸到了延安,毛泽东看了,非常高兴,欣然提笔致书范长江,写道:"那次很简慢你,对不住得很!你的文章我们都看了,深致谢意!"

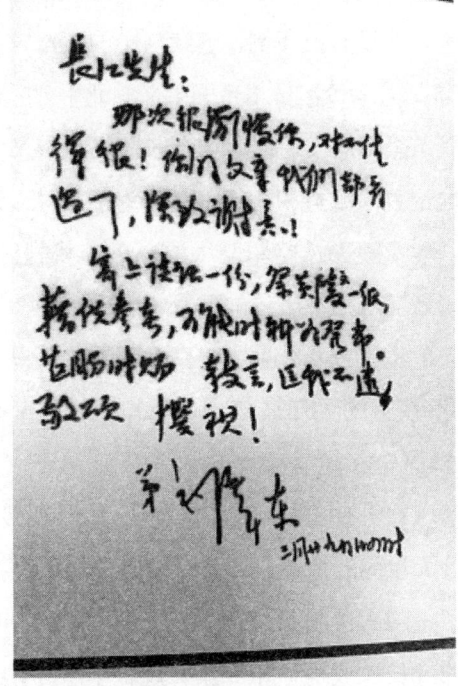

毛泽东给范长江的信(1937年3月29日)

继《动荡中之西北大局》之后,范长江又写了《陕北之行》《西北近影》等著名长篇通讯,客观地记述了他在西北地区的亲身经历。这些文章,和他在内蒙采访后写的一系列文章汇集成《塞上行》一书后,和《中国的西北角》一样,畅销全国,为20世纪30年代著名的新闻通讯集。

脱离《大公报》，坚定不移地拥护中国共产党的正确主张

延安之行后，范长江引起了反动派的注意，连他的私人信件也受到检查。他没有被吓倒，继续与中国共产党保持密切的联系。1937年7月7日，日本帝国主义向北平郊区卢沟桥发动进攻，抗日战争全面爆发。当时，范长江在上海《大公报》编辑部负责战地记者的派遣和联络工作，为了及时采访报道八路军抗战实况，他专程去八路军驻太原办事处找到彭雪枫主任，提出报社派记者随八路军采访的要求。毛泽东得知后，亲自电示彭雪枫转告范长江："欢迎《大公报》派随军记者，尤欢迎范长江先生。"在党的关怀鼓舞下，范长江精神振奋，穿梭般地来往于各战区，在枪林弹雨中，先后采写了《卢沟桥畔》《淮上血战记》《台儿庄血战》《察南退出记》《西战场》《察哈尔的陷落》等大量的战地通讯，及时地向全国人民报道了前线实况，激励了全国人民抗日斗志。这正如1938年重庆开明书店编辑出版的《长江战地通讯专集》题词中所写，"谁说笔锋不能横扫千里！听！这字里行间，犹响着金戈铁马！"

上海沦陷后，武汉一时成了抗日宣传中心。党中央为了在国统区宣传党的抗日方针和政策，决定在武汉创办《新华日报》。为使报纸早日出版，范长江积极为《新华日报》推荐办报人才，介绍进步记者到新华日报社工作。他对当时《大公报》的记者陆诒说："从国内的大局看，只有中国共产党和它

所领导的八路军才是中华民族抗战最坚决的力量。"并介绍陆诒与博古、潘梓年、华西园（华岗）等认识，推荐陆诒到新华日报社工作。

抗战全面爆发后，国内政治形势的迅速发展变化，使范长江感到新闻界跟不上形势；特别是一些青年记者，经常感到自己知识与经验的缺乏，不能圆满地完成新闻工作的需要；而战争的爆发，又激起了民众对于新闻的普遍关心，要求提高新闻工作质量。他认为，最主要的方法，是我们有事业心的记者应该团结，用团结的集体的力量，以解决我们自身和当前新闻事业一部分的困难。这就是把青年记者组织起来，相互学习和交流经验，不断提高业务水平，适应形势发展的需要。1937年11月8日，范长江和20余名青年记者在上海发起成立了"中国青年新闻记者协会"，因上海沦陷停止了活动。到武汉，他又积极联络同行，与徐迈进、恽逸群等发起，于1938年3月30日正式成立了"中国青年新闻记者学会"，团结了大批有志于新闻事业的青年记者，投入战地采访，出色地完成了战地报道任务。该学会先后在成都、长沙、重庆、西安、南昌、兰州、广州、桂林、昆明、贵阳、延安，以及香港、南洋等地建立了分会，创办了《新闻记者》《青年记者》《新闻战线》《记者通讯》等刊物，对促进抗战时期新闻事业的发展起了积极的推动作用，在我国新闻史上写下了光辉的篇章。

1938年，是范长江新闻活动中较为重要的一年。他除了负责中国青年新闻记者学会的工作和来回于津浦等各抗日战场外，还主编或与人合著出版了大量的战地通讯集。由他主编出版的有胡兰畦等著《淞沪火线上》、徐盈著《抗战中的西北》等书,他与人合写出版的有《西线风云》《徐州突围》《川军与抗战》《川军在前线》等书。此外,还有梅英编辑的《长江战地通讯专集》。5月,他在徐州突围途中负伤回到武汉,组织了从前线回来的几十名记者,聚会畅谈抗战形势,周恩来知道后,亲笔致函:"长江先生:听到你饱载着前线上英勇的战息,并带着光辉的伤痕归来,不仅使人兴奋,而且使人感念。闻前线上归来的记者正在聚会,特驰函致慰问于你,并请代致敬意于风尘仆仆的诸位记者。"周恩来的问候,使范长江受到鼓舞,更加努力地工作。

然而,正当范长江充满革命激情,全力投入抗战前线工作时,《大公报》的老板却忧心忡忡心情黯淡。日军占领上海后,他们悲观失望,对抗战发生动摇。当武汉处于日军威胁时,国民党顽固势力提出了"一个党,一个主义,一个领袖"的反动主张。大公报社为了迎合这种主张,要范长江写一篇政治观点与之相应的社论。范长江认为,中国共产党愿为三民主义之实现而努力,红军亦已改编国民革命军,在统一指挥之下对外抗战,这实在是中国历史的新章,这是不可忽视的重大进步。怎么又要搞什么"一个党,一个主义,一个领袖"呢?应坚持抗日民族统一战线,只有这样,中国抗日战争才能取得最后的胜利。因此,他写了一篇《抗战中的党派问题》的文章,主张民主团结,坚持抗战。《大公报》总编辑张季鸾看了,认为《大公报》不能发表这种社论,必须以蒋先生的意见为意见。范长江没有改变自己的政治立场,把稿子送到邹韬奋主编的《抗战三日刊》上发表了。大公报社对范长江的行动十分不满,却又因他在新闻界和社会上的地位和影响,只得拉拢他。总经理胡政之专门找范长江商谈,要他放弃拥护共产党的主张。武汉撤退时,让他带一部电台,随蒋介石的大本营行动,报社的战地记者,全由他指挥,并给他一辆专用汽车。范长江未被优裕的条件诱惑,宁愿与大公报社脱离关系,坚定不移地拥护、支持中国共产党的正确主张。

范长江脱离大公报社后,积极向党靠拢,在周恩来的领导下,为团结更多的新闻记者投入抗战报道工作,及时地向国内外发布新闻,与陈同生、孟秋江、金仲华等发起,于1938年10月20日在长沙正式建立了"国际新闻社"。

"国际新闻社"的建立,是中国共产党统战工作的一个胜利,它打破了在国民党统治区内,新闻发布只有中央通讯社发稿的局面,扩大了新闻消息来源。国际新闻社在长沙成立不到一个月,11月12日,国民党搞所谓"焦土抗战",放火烧城,造成长沙空前大火灾。范长江接到周恩来的指示,并在周恩来的直接关怀、安排下,率领部分同志撤出长沙,到广西建立了国际新闻社桂林总社。这时,范长江还肩负着中国青年新闻记者学会的组织领导工作,十分繁忙,穿梭式地奔忙于重庆、桂林、昆明等地。但他仍坚持战地采访工作,先后带领记者深入广东战区和苏南、皖南敌后采访,写了大量的战地通讯和新闻稿。

1939年5月,在国民党特务机关严密监视下的重庆曾家岩五十号"周公馆"里,由周恩来作为介绍人,范长江秘密地加入了中国共产党,并指定与周恩来、李克农单线联系。自此,范长江从一个民主主义的爱国主义者,进入了无产阶级先锋战士的行列。1940年12月10日,经邹韬奋介绍,范长江与沈钧儒之女沈谱建立了友谊。他们结婚时,沈老十分欢喜,在结婚纪念上题诗道:

人生旅途长,伴侣良难得。视吾婿与女,共勉同心结。

人生有真爱,快乐忠贞一。愿吾婿与女,善保金石质。

挽手赴前路,艰巨如山积。鸡鸣怀古训,毋念衾枕热。

河山共举目,战鼓犹如雷。行俟胜利日,共饮合欢杯。

邓颖超为他们写了庆贺信,祝他们"今后共同生活,在恋爱与事业交织中,更加活跃与丰富,善外益巩固!坦白真诚,互助、互勉、互信、互谅、互慰、相爱始终!"

范长江深深地记住了这些教诲,一心扑在革命事业上,婚后不久即赴桂林,组织召开国际新闻社年会。由于范长江和国际新闻社诸同志的共同努力,国际新闻社在短时期内确实起了对内对外宣传抗战、打击敌人的巨大作用。

这时期,范长江不仅继续写下了大量战地通讯,还发表了《新阶段新闻工作与新闻从业人员之团结运动》等一些重要文章。

1941年春，国民党顽固派制造了皖南事变。随即，蒋介石下令逮捕范长江等著名人士。在党组织的关怀和安排下，范长江转移到香港，在廖承志直接领导下，主办我党在海外的机关报《华商报》，并兼顾国际新闻社香港分社工作。同年底，日本帝国主义发动太平洋战争，香港沦陷，范长江转回桂林。不久，蒋介石又下令逮捕他。在党组织关怀下，由沈谱掩护，在一个雨夜他离开桂林，经武汉、上海等地，于1942年初进入苏北解放区。

范长江到解放区后，仍从事新闻工作和新闻教育工作，先后任新华社华中分社、华中总分社和《新华日报》（华中版）社长，华中新闻学校校长等职，为解放区新闻事业的发展，做出了积极的贡献。特别是他将苏北根据地的观感写成了两篇通讯，发表在延安《解放日报》上，受到毛泽东的热情赞扬。

经过八年的艰苦奋战，中国人民终于打败了日本帝国主义，取得了抗日战争的伟大胜利。为了国家的和平民主，范长江受党的重托，参加了以周恩来为首的中共代表团，并作为代表团发言人之一，赴南京与国民党进行谈判；嗣后，赴延安。解放战争爆发后，他作为新华社主要负责人之一，跟随毛泽东、周恩来率领的中央领导机关，转战陕北，为中国人民的解放事业做出了积极的贡献。

服从组织调动，党叫干啥就干啥

新中国建立后，范长江响应党的号召，南下到上海，任上海市文管会副主任,解放日报社社长兼总编辑等职,后调北京,任新华社总编辑,人民日报社社长,新闻总署副署长等职,为新中国新闻事业的建立和发展做出了重要贡献。

1952年,范长江服从组织调动,离开了自己所熟悉的新闻工作岗位,到政务院工作,任文化教育委员会副秘书长。1954年,任国务院第二办公室副主任。1956年,在全国向科学技术进军的新形势下,范长江到了科学技术部门工作,任国务院科学规划委员会秘书长,国家科委副主任,全国政协副主席、党组书记等职,参与了制订十二年科学规划的组织工作;他还组织和参加了1964年、1966年在北京召开的国际性科学讨论会和物理学讨论会,以及我国科学家历次重要会议,为我国科学技术事业的进步发展,特别是对全国科协的创建和发展做出了重要的贡献。

范长江不论走到哪里,无论党交给的什么任务,都一心一意扑在工作上,不分白天黑夜地忘我工作。他常说,"我们应该每天问问自己,二十四小时内有多少时间考虑革命事业,多少时间考虑个人问题?""党和人民给了我们一切,而我们为党的事业又做了几件事情?"但"文革"开始后,他竟被林彪、"四人帮"一伙,诬为"三十年代反共老手",遭到残酷打击迫害,甚至将他家中珍藏的毛泽东和周恩来等写给他的信件,查去作为批判他的材料。此后,又强行将他送往河南监督劳动。

范长江受尽了折磨和摧残,仍对党抱着坚定不移的信念,坚信"党和群众最后一定能作出合乎历史真实的结论",不幸于1970年10月23日,在河南确山含恨离世,终年61岁。

范长江纪念馆

毛泽东得知范长江被迫害致死的消息后,十分沉痛,亲自作了批示,使范长江的政治生命得到了保护。1975年,邓小平主持中央工作期间,范长江的骨灰移入八宝山革命烈士公墓。粉碎"四人帮"后,党中央为范长江彻底平反昭雪,1978年12月,为他举行了隆重的追悼会。党和国家领导人胡耀邦、邓颖超、聂荣臻、廖承志、方毅、周建人、粟裕、沈雁冰、宋任穷、史良、季方等分别送了花圈和参加了追悼会。周培源致悼词,总结了范长江光辉战斗的一生,号召大家"要学习他不畏艰难险阻、不屈不挠、坚贞不渝地追求真理的革命精神,学习他刻苦钻研马列主义、毛泽东思想、坚持实事求是,理论和实践相联系，善于研究新的情况和问题的革命学风科学态度；学习他光明磊落，言行一致，克己奉公，对工作高度负责，对同志满腔热忱的高贵品德；学习他认真执行党的政策，善于团结科技工作者，密切联系群众，平易近人，关心群众疾苦的优良作风。"

彭咏梧

◎史红军 陈汉书 杜之祥

彭咏梧（1915—1948），1938年10月加入中国共产党，长期在重庆和下川东地区领导学生运动。解放战争时期，为迎接解放开辟第二战场，他领导中共重庆市委机关报《挺进报》，在国民党统治区开展解放战争的形势宣传；后又到川东，组织领导了川东游击纵队。在战斗中，为保护战友英勇牺牲。

彭咏梧

一

彭咏梧，原名彭庆邦，1915年2月出生在云阳县红狮坝彭家湾一个农民家庭里。5岁时，父亲因病去世。母亲把一切希望都寄托在独生儿子身上，省吃俭用，把彭咏梧送进学校读书。

少年彭咏梧，学习十分刻苦，成绩优秀，博得了老师和乡邻们的称赞。1931年秋，他到云阳县城上初中。

在中学读书期间，一些在上海读书的地下党员返回云阳建立了地下党组织和各种合法团体，开办图书馆，销售和传阅马列著作和革命进步书刊。彭咏梧在学校地下党员（老师）的影响下，受到马列主义熏陶，思想逐步起了变化，积极参加反日救亡宣传、抵制日货等活动。1935年1月19日，云阳地下党领导人民群众，在云阳城举行了有名的武装暴动，使他从同情、拥护共产党进一步转变为要走共产党指引的道路。这以后不久，他离开学校，到地下党活动影响较大的农坝乡去寻找共产党。但是，这次他没有找到党。当时军阀郭汝栋打着"抗日救国"的旗号在云阳招收军官学员，彭咏梧报考上了军官学校，搭船到了武汉。当彭咏梧得悉在该校训练后即去江西剿共的情况后，就偷偷地逃跑了，经过一番流浪才回到家乡。1937年秋，他报考了四川省立万县师范学校。当时省万师在地下党领导下，成立了读书会、抗日后援会、同乡会和各种团体，还组织了篮球队、歌咏队、宣传队，利用这些组织形式，开展抗日宣传活动。彭咏梧参加了读书会等组织，阅读了不少革命书籍，还积极地参加抗日救亡活动。1938年春，彭咏梧在省万师加入了中华民族解放先锋队（简称"民先"），并和其他"民先"队员一起，领导了省万师学生反对训育主任尹觉先的活动，赶走尹觉先，还迫使校长离校，取得了斗争的胜利。

1938年春天开学不久，国民党万县行政专员公署为了软化省万师的进步势力，特请共产党的叛徒叶青到该校"讲学"。叶青一登台，就大肆污蔑共产党"破坏统一，危害国家"。"民先"负责人王庸和彭咏梧越听越气愤，便向讲台上递条子，提出质问。在他们的影响下，一张张的条子便往上递，弄得叶青下不了台，未讲完就想溜，结果却被一群学生包围起来。彭咏梧首先发话：

"请问叶先生，我们中华民族的敌人，到底是谁呀？"

"是……是日本……"叶青嗫嗫嚅嚅地答道。

"那你为什么口口声声说共产党的坏话，不谈抵抗日本帝国主义的侵略？"

"……"

"日本强盗最恨共产党，你也恨共产党。我们不明白，叶先生到底是吃哪家的饭？"彭咏梧穷追不舍。

"你们，中……中……中共产党的毒太深了！"叶青气得脸刷白。

"你这是污蔑！谁是真抗日，谁是假抗日，谁进步，谁反动，我们都心中有数。你说建立抗日根据地是共产党的什么'封建割据'，那依你的主张，应该双手把国土献给日本强盗……你说共产党'游而不击'，那去年9月25日的平型关大捷，打得日本抱头鼠窜，不就是共产党领导的吗？"

叶青瞠目结舌，无言以对。围观的同学们哄笑不止，最后把他撵出了省万师的校门。

革命的锻炼、斗争的考验，使彭咏梧成长起来了。1938年

10月，他由省万师党总支书记王庸介绍，加入了中国共产党。入党后不久，他担任了省万师的党支部书记，积极领导同学们同三青团骨干分子做斗争，反对学校当局开除进步同学，使省万师的学潮不断高涨。

1939年秋，彭咏梧担任了省万师党总支书记，并由万县中心县委推荐到中共中央南方局党训班学习。在南方局学习期间，董必武和其他领导同志多次给他们讲课，使他受到了深刻教育。学习结束后，他仍返回省万师，继续领导省万师的学生运动。

二

1940年上半年，国民党大肆逮捕省万师的地下党员和进步同学，并把彭咏梧列为逮捕首要对象。他根据万县中心县委的通知，立即转移，到云阳县任县委书记，负责云阳、巫溪等县的党组织工作。他日夜奔波在农家，和贫苦群众一起劳动，向他们讲农民为什么穷，地主是怎样压迫和剥削的，启发农民觉悟。帮助云阳盐厂组建工会，领导盐厂工会开展斗争；他同煤炭工人一起挖煤；帮助船夫拉纤。他还组织地下党员学习《联共（布）历史》《论持久战》等革命书籍和《新华日报》《全民抗战》等报刊上的有关文章，鼓励同志们坚持斗争，增强胜利信心。

彭咏梧的活动引起了国民党的注意，于是他和全家搬到小江木古坝一个农民家里，伪装成卖丝线的小商贩。他有时化装成教书的先生；有时化装成大商人；有时化装成流浪者；有时又化装成补皮鞋的，卖枕头花的小贩……以各种身份在云阳等地进行活动。由于他的机智勇敢，在长期的地下工作中没有出什么漏子，很好地完成了党交给的任务。

1942年秋，彭咏梧按照川东特委指示到重庆市，由川东特委领导人孙敬文、王致中将他交给当时在国民党中央信托局工作的地下党员何文奎，由何负责把他掩护下来，并以自己弟弟同学的关系将他安置在信托局产物保险处当职员，在党内则担任重庆市委委员的职务，负责领导重庆市沙磁区、新市区一带的工作。

1943年以后，党在国统区的中心任务是领导各界人士和广大民众开展民主运动，反对国民党一党专政，要求建立民主联合政府，团结全国人民共同抗日。彭咏梧认真贯彻执行党中央和南方局有关指示和方针，在国民党中央信托局、金融界、工商界做工商业者的工作，揭露官僚资本侵吞民族资本、破坏民族工商业发展的事实，教育和团结广大工商业者共同反对四大家族。他按照南方局"在商言商"的方针，教育和帮助《商务日报》记者何乃迪站稳职业岗位，并为其提供有关官僚资本侵吞民族资本的材料，帮助修改有关文件。1945年冬至1946年春，《商务日报》发表的揭露官僚资本侵吞民族资本的《重庆的保险业》专论就是彭咏梧提供的材料，并经他修改发出的。这篇专论对团结广大工商业者反对四大家族起了积极作用。

1946年3月，在四川省委的领导下，建立了中共重庆市委，王朴任市委书记，彭咏梧任市委委员，主要负责领导重庆市的学运。有名的"抗暴运动",就是他领导的。彭咏梧根据党的指示,领导重庆地区的学生开展了抗议美军暴行的运动,要求美国大使馆及驻华美军当局向中国人民道歉,迅速严办凶手,撤退驻华美军;并发出函电,号召全国青年学生一致奋起,并肩战斗,驱逐美军出中国。

1947年1月3日,女师学院、重庆大学、川东师范学院等31校的代表116人在重庆青年会举行了会议,省委有关同志和市委彭咏梧等党组织的领导参加了会议。成立"重庆市学生抗议美军暴行联合会"(简称"抗联"),抗联决定从4日起罢课三天,6日举行示威游行。5日正午12时,彭咏梧以"抗联主席团"的名义,在重庆大学理学院举行了记者招待会,向各报记者宣布1月6日举行全市大游行,说明了罢课游行的目的和宣传活动的内容,报告了参加游行的单位、组织指挥、游行路线及有关要求和注意事项,最后回答了记者们的问题。6日上午10时许,由63个大、中学校学生组成的15000多人的队伍,从上清寺开始了爱国大游行,正义呼声震撼了整个山城。之后,彭咏梧按照党中央的指示,把"抗暴运动"从学生扩大到工商界、文化界。由重大、女师学院等16个单位的150多人组成了宣传总队,分别在重庆各街区进行宣传演出,揭露美军暴行,宣传党的有关方针。"抗暴运动"一直到2月7日才宣布复课。吴玉章代表四川省委对"抗暴运动"在党内进行了表扬,南方局对这次"抗暴运动"进行了总结,并向中共中央写了报告。

1947年5月4日,上海学生举行游行示威提出"反饥饿,反内战，反迫害""要吃饭，要和平，要自由"的口号，同时发生8000名工人和学生包围警察局事件，这一事件迅速扩大到全国各大中城市。在彭咏梧的领导下，重庆也掀起了声势浩大的"反饥饿，反内战，反迫害"运动。5月下旬，北平学联号召全国学生6月2日举行总罢课和大游行。彭咏梧每天晚上四处奔波，召开会议，研究和部署"六二大游行"。为了掩护自己的行动，他白天照常上班。紧张的工作使他的身体越来越坏，肺病一天比一天严重了。

国民党反动派为了镇压"六二大游行"，决定6月1日在全国大中城市对进步学生和民主人士进行一次大逮捕。大逮捕前夕，重庆市委和彭咏梧从内线得到情报，立即通知有关人员连夜转移。西南学院和南岸区学校的地下党员和进步学生的转移都是彭咏梧派江竹筠的表妹（地下党员）去通知的。红岩村的饶国模先生，为八路军驻渝办事处提供了地皮，积极支持民主运动；国民党反动派对她极端仇恨，"六一大逮捕"要抓她，彭咏梧得到情报后，立即派人连夜赶去通知了她。由于彭咏梧事先做了工作，党组织在敌人的大逮捕中保存了实力。

"六一"事件后，彭咏梧一方面安排需要转移的同志进行转移，一方面领导各学校恢复建立党的组织，还成立了"六一社"，把运动中的积极分子团结起来，开展新的斗争。

这阶段，南方局要求地下党员之间割断横的关系，积蓄力量，迎接新的斗争。彭咏梧贯彻执行南方局的这些指示，认真做好转移、审查、安置工作。1946年，有十几个从外地转移到重庆的地下党员，彭咏梧仔细交代石船中心小学的李老师安置,将其隐蔽下来。同年底,又有几个同志转移来重庆,彭咏梧一个一个地认真审查,发现问题、反复调查,直到他认为确实无误了,才接上关系。对个别不服从组织分配、不遵守组织纪律、群众反映不好的党员,进行严肃的批评教育,直到改了才接上关系。如有个同志转移来重庆,思想有些消极,工作也没什么表现,彭咏梧决定暂不接其关系。后来,通过彭咏梧耐心教育帮助,这个同志提高了思想觉悟,改正了缺点,工作表现好了,1946年底,彭咏梧才同意接上他的组织关系。

1947年2月底,中共中央代表团和公开的四川省委以及新华日报社被迫撤走后,重庆市委暂时与上级失掉了联系,重庆人民暂时听不到党中央和解放军作战的消息,感到十分苦闷。彭咏梧便同齐亮(南方局青委留下的人)、地下党员陈予人、陈为贤、陈为通等商量,决定在"银耳大王"药号四楼建立收听站,由陈为通负责收记党在延安、邯郸的广播电台消息。他们凑了两条黄金买了一台好收音机,将收记的消息刻印成传单。彭咏梧买来油印机的部件,进行组装。由陈为贤负责刻印成传单,除在党内秘密传阅外,还向有关进步报刊投寄。这就是《挺进报》的前身。不久,编《彷徨》杂志的刘镕铸、蒋一苇、陈然、吴子见等油印出了秘密小报《挺进报》,这引起了彭咏梧的重视。他经过吴子见与刘镕铸等接上关系,并经市委研究决定:将《挺进报》正式作为重庆市委的机关报,由彭咏梧负责领导。

为了加强党的领导,彭咏梧决定将《挺进报》编辑刻印的4人组成特支。他指派江竹筠负责拿取、校对、整理和传递电讯稿，同时担任发行工作。

《挺进报》登载了党中央的文件和毛泽东的文章，报道了很多鼓舞人心的战绩和学生运动消息。还根据市委指示，发表过一些阐明斗争任务的政论。彭咏梧不仅认真修改和审阅这些稿件，还亲自写过《开辟第二战场，迎接全国解放》等文章，帮助大家克服消极思想，放手发动群众和组织群众，迎接全国革命胜利的到来。

彭咏梧和江竹筠

三

1947年夏秋，刘邓大军渡过黄河，向大别山挺进，揭开了解放战争战略进攻的序幕。彭咏梧的工作更加紧张。这年5月，他一方面派李汝为（后被捕，英勇就义）、卢光特等到云阳、奉节、巫溪等县与当地地下党组织接上关系，了解当地党组织和武装斗争的情况；一方面在重庆积极筹集经费，购买枪支弹药，动员青年和学生下乡，为开展武装斗争做物质准备和组织准备。

10月，党组织建立了党的川东临时工作委员会（简称"川东临委"）。王璞任临委书记，彭咏梧、肖泽宽等为委员。彭咏梧还兼任下川东地委副书记，负责领导下川东的武装斗争。

11月中旬，彭咏梧和江竹筠抓紧时间做完了准备工作之后，离渝赴下川东。他们在万县、云阳进行了紧张的活动，召开了各种会议，传达上级党组织关于开展武装斗争的指示和方针。然后到云安镇，深入了解情况，恢复和建立党的组织，发动群众，进行武装斗争的准备。

不久，彭咏梧在云阳县农坝乡召开了麓塘坪会议。彭咏梧明确指出解放军已经开始了全面大反攻，当前我们的中心任务是放手发动群众，开展武装斗争，抗丁抗粮抗捐，打击敌人，钳制敌人。他具体分析了下川东的形势后说：下川东的广大人民处于水深火热之中，像堆干柴，一点即燃，民心可用，只要我们带头点火，武装斗争的烈火很快会燃遍整个下川东，在大巴山上开辟一个第二战场。最后他宣布成立"西南民族联军下川东纵队"（后来改为川东游击纵队），并提出了具体要求和部署，他亲自担任纵队政委兼奉、大、巫三县支队政委。

会议结束后，彭咏梧和江竹筠到奉节县的青连乡发动群众。他们以青连中学教师的身份从事群众工作、发展党员，把学校和当地工作积极、思想进步的同志发展入党，建立了党的奉、大、巫工作委员会。他们组织青连中学进步师生向农民群众宣传《土地法大纲》；针对国民党造谣共产党是"杀人放火""抢东西"的"土匪"，宣传解放军的"三大纪律八项注意"。彭咏梧还亲自到农民中去讲演，宣传党的政策。这样很快就把当地广大农民群众发动起来了，纷纷要求参加游击队。其次是做"匪运"工作。青连乡附近有几股"绿林武装"，他们有100

多条枪，除少数人出身不好、有坏习气外，大多数都是贫苦农民。他们时而聚集起来抢富人的东西，时而分散回家种地。彭咏梧分析了他们的本质，认为这是一些被国民党蒋介石反动政府逼上梁山的绿林好汉，绝大多数是愿意反蒋的，可以争取过来。于是他不顾个人安危，深入虎穴，亲自去同他们的头头谈判，争取他们走反蒋的道路。通过彭咏梧的工作，终于把两股绿林武装争取了过来，他们的武器全部交给了游击队，壮大了革命的力量。再次是做上层人物的统战工作。青连乡有个姓肖的地主，比较开明。彭咏梧到青连乡后，住在他家里，给他讲解放战争的形势，讲党的政策，指明出路，动员他为共产党办事，特别是用实际行动来感动他。有这样一个故事：开始彭咏梧和江竹筠到他们家住时，肖家知道他俩是夫妻，安排到客房住。彭咏梧了解到当地农村有个旧风俗，夫妻俩到别人家做客，不能同住一间房，就提出另外安排。这件事情虽小，却使肖家很感动。他们说，共产党人真是修养好啊！从他们的言谈行动就知道共产党是好人。经过彭咏梧和江竹筠耐心的工作和实际行动影响，肖家父子思想进步很快，愿意跟共产党走，并把100多支枪和弹药交给了游击队。

为了加强党的领导，彭咏梧派江竹筠回重庆向川东临委汇报起义的准备情况，并要求调派干部来基层工作，同时筹备些经费、医药。江竹筠接受任务后，就告别了丈夫，起程返渝。没想到，这次竟是他们夫妻的诀别。

经过一个多月的准备，游击队伍扩大了，武器增多了，起义条件基本成熟了。1947年12月，彭咏梧在青连乡召开了川东游击纵队奉大巫支队负责人会议，决定冬月二十八日（即1948年1月8日），在云阳南溪镇和巫溪西宁桥发动武装起义。由于准备充分，指挥得当，起义获得了成功，并实现了两支武装队伍的胜利会师。

四

彭咏梧领导的起义胜利，使敌人十分震怒。万县"剿共"指挥部的司令孙元良，伙同专员李鸿涛等制订了"剿共"方案。他们将准备派往陕西前线作战的七十九军的一个师调到下川东，和各县保安队配合迅速包围青连乡。霎时间，下川东各县城镇乡村，到处贴满了悬赏布告，通缉彭咏梧等领导人。国民党匪兵在渡口岔道、山坡树林，三步一岗、五步一哨，盘查过往行人。为了不暴露目标，彭咏梧领导的游击队撤出了青连乡，转移到30里外的老梁寨子山上，立即召集游击队领导干部研究讨论部队如何转移。会上，在起义前有不同意见的个别同志，看到形势紧张，埋怨起义搞早了，甚至还有极个别的人想离开部队。他严肃地指出了这些问题的错误，说服了个别要离开部队的同志。在讨论部队是走还是打的问题时，有些同志主张冲下山去，同敌人硬拼；另一种意见认为，敌众我寡，不能死拼硬打，应该突围转移。大家议论纷纷，争论不休。彭咏梧根据这种情况说：我们一定要沉住气，尽量做到不过早地暴露实力，要保存力量，以便长期地同敌人做斗争。如果我们同敌人拼消耗，正中了敌人的诡计。他指出：根据毛主席的作战方针和我们的实际情况,应该立即避开敌人的注意,分散突围转移。彭咏梧的意见统一了大家的认识。最后还研究了转移的路线和转移地点,决定由他率领一支基本力量,走鞍子山向巫溪县的红池坝大山里转移,在红池坝整训一段时间,再走城口出川到陕南去,当时那一带有李先念的部队和于江震领导的川干队在进行活动。另一路到云阳打游击,转移敌人的视线,钳制敌人,经云阳交接的四十八槽,也到城口集中。会议结束后,大家分头准备。

一切准备就绪后,彭咏梧即带领游击队向巫溪县红池坝方向转移。当时大雪纷飞,行军相当困难,为了迅速摆脱敌人,日夜赶路,他们没吃没喝没睡觉。大家实在太疲倦,走路也在打瞌睡,有的同志掉了队,甚至个别人把枪也丢了。彭咏梧发现这种情况后,便给大家讲战士爱枪的意义。他说:这枪是战友们用鲜血和生命换来的,我们不能随便丢,并亲自带头把丢掉的枪捡回来背在自己身上。他还动员那些身体强壮的同志帮助体弱的同志背枪。

彭咏梧本来就体弱病重,加上连续行军,身体更差了,他找了根木棒拄起,一步一步艰难地走着。有一次他突然身子一偏,不见了,在大家寻找中,只听见彭咏梧在两丈多深的大坑里回答:"我在这里!"这时同志们才用绳子把他从大坑里拉了出来。他们继续前进,并且加快了速度,尽量往前赶路,把敌人甩远些。到了奉节县竹园坪鞍子山附近的黑沟塘暗洞后,才在农民老杨家里住下来。他们从农民那里买了些苞谷面,忙着劈柴烧火做饭。

游击队离开青连乡以后,国民党驻云阳、奉节、巫溪的部队全部出动,向青连乡进发,他们根据情报跟踪游击队。当彭咏梧和游击队员们正在吃饭时,突然传来"砰!砰!"两声枪响,彭咏梧知道这是哨兵报告紧急情况,马上丢下饭碗,带着几个同志冲出了大门。这时敌人已经从暗洞后两侧的垭口,封锁了屋前的道路,包围了房子。

彭咏梧一方面指挥部队突围,一方面带领几个同志向敌人射击,吸引敌人火力,掩护突围。在突围的战斗中,新入伍的青年小刘摔下石坎,生命十分危险。彭咏梧为了帮助他爬上石坎,不幸自己中弹受伤。他知道自己已不能脱险,于是从身上摸出一张小纸条,那上面写着与云阳接头的组织关系,毅然放在自己嘴里,把它艰难地吞下,然后吸引着敌人的火力掩护同志们突围!同志们迅速突围出去了。1948年1月16日,突围时彭咏梧为掩护战友英勇牺牲在奉巫交界的鞍子山黑沟塘,年仅33岁。敌人砍下彭咏梧及另外几位游击队员的头颅,挑到五六十里外的奉节竹园坪场镇上,先悬挂在竹园小学球场边的洋槐树上,因学生害怕,移挂到现在下街的下辕门(又叫中拱桥,该门今立有石碑纪念)上示众,以发泄对共产党的刻骨仇恨。彭咏梧牺牲后,战友们曾多次冒死寻找烈士遗骨,无奈在白色恐怖下,知情人不敢说出真相。1951年10月27日,中华人民共和国政府颁发了主席毛泽东亲自签署的彭咏梧烈士证书。

江竹筠

◎ 史一处

江竹筠（1920—1949），原名江竹君，在四川大学读书时曾用江志伟这一别名，被捕后化名江竹筠。因江竹筠这名字已为世人所熟知，本文仍沿用这名字。

一

1920年8月20日，江竹筠出生于四川省自流井大山铺朱家沟（今属自贡市）。她的祖父是世居朱家沟的农民，父亲江上林到重庆谋生，没有固定职业，过着流浪生活，他很少关心家庭，三两年才回家一次。母亲李舜华原是城镇贫民姑娘，只读过两年旧学，念完了《女儿经》。民国初年，李舜华嫁入了江家，先后生下了江竹筠和儿子江正榜。她对子女管教很严格，从小就要求他们做事勤快，不准调皮。江竹筠是女儿，又要大两岁，要求就更加严厉。江竹筠很听妈妈的话，五六岁就跟妈妈下地除草、摘菜、打猪

江姐雕像

草、养兔子,还在收割后的地里拣胡豆、豌豆,稍大一些后就帮助煮饭。她不多言多语,更不与别的孩子打闹,很逗人喜爱。

朱家沟重峦叠嶂,森林茂密,有一条小溪蜿蜒其间,溪畔翠竹丛生,溪水清澈见底,是孩子们最好的游乐场所。有一天,江竹筠跟较大的儿童们一起下水捞虾捉螃蟹。妈妈知道了很生气,又打又骂,随后母女俩都哭了。这是江竹筠仅有的一次挨打,印象特别深刻,长大以后她还常谈起捞虾挨打的事。妈妈严厉的要求使江竹筠自小就知道约束自己。

江竹筠小时候差不多有一半时间是在外婆家度过的。外婆和幺姨都很喜欢她。幺姨李泽华读过旧学和教会办的小学,阅历较广,会讲故事。她向江竹筠摆谈过不少清代末年和民国初年的一些社会见闻,很能引起江竹筠的兴趣。

幺姨经常带江竹筠到街上玩。街上沿途都是叫花子,隔丈把远就有一个赌博摊摊,鸦片烟馆比饭馆、酒馆还多;推车的盐工,身体要匍匐在地上,而有钱人则坐滑竿、轿子穿街而过;挑盐的农民因为买不起馆饭在路边煮饭;离卖猪的市场不远就有卖人的市场。对这些社会现象，江竹筠总爱问为什么，幺姨也解释不清楚。

江竹筠的童年，受到农村和城市两种环境的交替影响，使她兼有农村儿童的淳朴和城市小孩的开通，求知欲很强。

1928年，家乡发生了大旱灾，农村没有吃的，到处饿死人。饥民们邀约李舜华带着孩子们与他们一起去吃大户，她没去。这时江竹筠的外婆已搬到重庆与三舅李义铭住在一起，外婆来信叫他们去重庆。于是李舜华就带了江竹筠姐弟离别了朱家沟，从此再也没有回去。

二

江竹筠8岁时随母亲到重庆就住了下来。她家生活环境的变化，与李义铭的发迹很有关系。

10多年前，曾经在自流井手提竹篮，沿街叫卖"麻杆糖"的李义铭，靠基督教和善于结交上层起家。他是华西大学第一届毕业生，1919年结婚后，在重庆教会办的宽仁医院当医生，每月收入约60个银圆。在取得了自由经营权以后，李义铭又在军阀的支持下，在重庆打铁街办了医疗训练班，又在小什字开设了义林医院。李义铭发财后，慢慢地就很少行医了。江竹筠和母亲、弟弟三人来到三舅的家。这两家骨肉至亲的人，现在已分属贫富悬殊的两个阶级了。

离开家乡时，李舜华曾经幻想到重庆后就能让江竹筠姐弟上学念书，天真的江竹筠也存了很大的希望。结果给他们带来了失望的痛苦。李舜华很有骨气,常说:"穷要穷得有志气"。他们放弃了长久依靠三舅的打算,开始着手寻找独立生活的门路。这样过了一两年,外婆去世,李舜华他们便搬出了李义铭的家,在东水门外租了一间房子,独立生活。这时父亲江上林在蜀通轮船公司的一条船上办伙食,多少给了家里一点帮助。母亲找点针线活做,勉强让10岁的竹筠和8岁的弟弟去道门口一所教会小学读书。可惜只读了半年左右,蜀通轮船公司破产,父亲失业。本来就不大顾家的江上林,这时就抛开她们,独自回家乡去了。几年后,便病死在家乡。

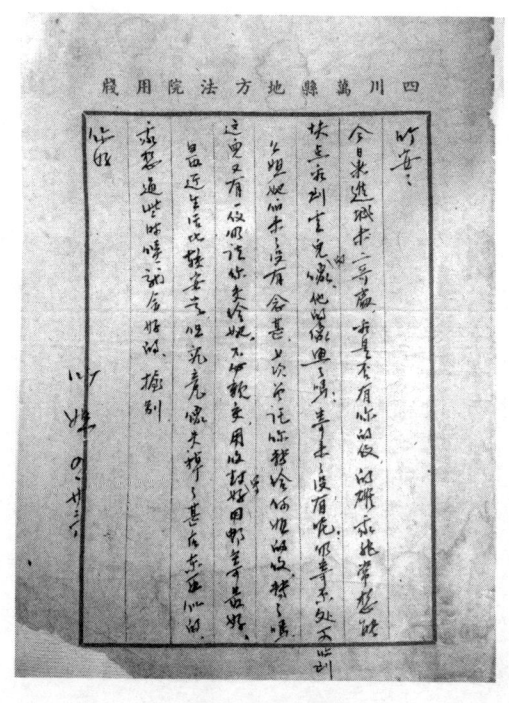

江竹筠给竹安的信

江上林离开她们后,李舜华进了一家袜厂做工,江竹筠只好去当童工。1932年,江竹筠的母亲患病离开袜厂,帮三舅李义铭照顾小孩。靠三舅与教会的关系,这年秋天,姐弟俩终于能够进入孤儿院小学免费入学。上学念书,这个念头曾经多么强烈而长久地吸引着江竹筠啊!每当她看见别的孩子背着书包上学,她都几乎要掉眼泪。现在她已12岁了,得到读书的机会,兴奋极了,立即接受了三舅的安排,进了孤儿院,做了一个不是孤儿的孤儿院小学生。一入学,江竹筠就读初小四册。该校实行灵活的升降级办法,一学期举行三次考试,特优者升级,过劣者降级。江竹筠参加考试,成绩特优,曾连升三级,到五六年级还能稳得班上第一名。按照成绩总分来评,也是全校第一名,曾获学校银质奖牌。她用三年半的时间,以优异的成绩,完成了小学课程。还读了大量课外书籍,为各门学科特别是语文打下坚实的基础。

江竹筠特别珍惜时间,课余时间,因为教室吵闹,她和几位好友相约找安静的地方看书。几经迁移,最后找到一棵大树,她们爬上去看书,别人看不见。她高兴极了,有空便去。一次,被校长发现,误以为她们调皮,加以指责。幸得年级老师的解释,才免受处分。在家里,江竹筠帮助妈妈煮饭、洗衣,要花些时间。但她学习抓得很紧,放学回家进门就问母亲要做什么,赶紧做完又看书。看灶火是江竹筠的任务,她常边烧火边看书,有几次把饭烧焦了,惹得妈妈笑也不是,骂也不是。

1933年,共产党和红军的旗帜,飘扬在了大巴山上。四川地下党在各地连续发动武装暴动策应红军,国民党当局和四川各派军阀联合起来对红军作战,并在社会上制造"共产党共产

江竹筠故居

共妻""共产党员是红眉绿毛妖怪"的谣言。孤儿院小学的当局和部分教员也跟着宣传这些反共的荒谬谣言，欺骗年幼无知的学生。学校里，级任老师丁尧夫教历史课，为人正直、态度和蔼。他常常给同学们讲帝国主义侵华以及中国人民革命斗争的历史，还讲秋瑾、顾正红、林祥谦等烈士的故事。这都激发了孩子们的正义感和爱国心，他用潜移默化的方法锻炼着孩子们的意志和性格，引导他们去思索，去鉴别社会上的真与伪、美与丑，鼓励他们勇敢地追求真理。丁老师的指点，启发了江竹筠的思路，她开始去认识社会，开始把书本上谈的和社会现实相对照。在江竹筠年轻的思想上，受到了革命的启蒙教育。

1935年，她最敬爱的丁老师被国民党政府逮捕了。这个晴天霹雳，对江竹筠和同学们的震动很大。学校宣布丁老师因共产党嫌疑被中央军别动队逮捕。这些现实，立即使那些长时期进行的反共宣传破产。江竹筠和她的朋友们开始思考：丁老师是最好的人，最好的人不怕杀头也要当共产党，共产党必定是好人，杀共产党的人才是真正的坏人。在认识、了解丁老师以后，思想有了提高的江竹筠，立志要做一个像丁老师那样有学问、目光远大、思想进步、受人尊敬的人。丁老师被捕后，她心中又萌发了一个新的念头——要改造社会，要找共产党。

三

1936年秋，江竹筠小学毕业后，考入南岸中学读书。因为成绩优异，不但免缴学费，而且每期都获得奖学金，需要家庭承担的只有伙食费。要不是这样，她或许难以读上中学。

这时，她弟弟仍在孤儿院小学，家里的主要收入仍然是妈妈摆小摊的微薄收入。江竹筠的课外时间，要帮妈妈做些家务事，晚上还要和妈妈一起帮别人洗衣服以贴补家用。有时，她还要帮三舅抄写文书。尽管她很忙，还是坚持"今日事今日毕"，当天应复习的功课和应完成的作业，绝不拖延到第二天。

1937年，抗日战争爆发，全国掀起了抗日救亡的高潮。重庆和全国一样，抗日运动迅速高涨。同学们看到国民党军队节节败退的消息，大家心急如焚，在这民族存亡的紧要关头，都感到"国家兴亡、匹夫有责"，谁也不愿意天天坐下来读死书了。江竹筠和同学们组织了歌咏队、宣传队，上街宣传、演剧、唱救亡歌曲、办壁报。他们在唤起民众的同时，自己也一次一次地受到感染和教育。在给前方将士捐募寒衣的运动中，江竹筠一个人为前方将士做了5件棉衣，给该校领导这一活动的地下党员曾丝竹老师留下很深的印象。他说："江竹筠并不是个出风头的学生。她那扎实的态度，在当时的爱国青年中，也不多见……"

1938年5月，《新华日报》在重庆成立分馆并发行航空版。年底，八路军办事处和新华日报社从武汉迁渝，接着周恩来到重庆任中共中央南方局书记，重庆成为共产党在国统区的领导中心。这时，江竹筠能直接听到党的声音，不再是暗中摸索了。她家里订了《新华日报》，还经常从生活书店买回书刊。她对国内外政治时事发生浓厚兴趣，她在探索民族解放和社会进步的道路，她的心与国家民族紧密相连，家庭所占的地位相对地减小了。她买书报要多花费一些钱，对于贫穷的母亲来说算是不小的负担。江竹筠用亡国的危险和天下穷人必须共同寻求出路的道理来说服母亲。她的行动最终得到母亲的支持。

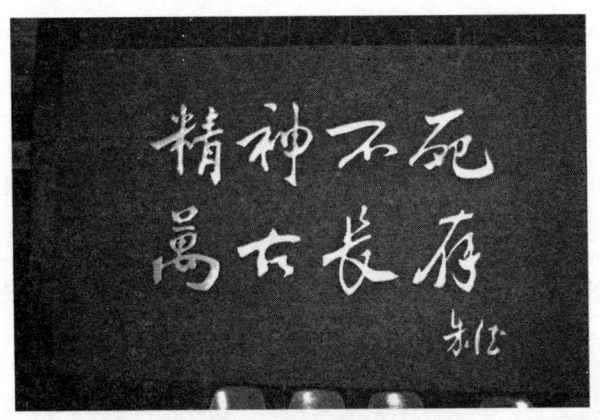

朱德为江竹筠烈士写的题词

1939年春，江竹筠考进中国公学附属中学读高中。这时的江竹筠已经十八九岁，她沉静好学、遇事冷静、平易近人，朋友们亲昵地称呼她"江竹"。她与同班的戴克宇等几位女同学很亲近，曾一起办壁报，一起到学校附近的场镇上作抗日宣传，一起议论时事和学习上的问题，彼此之间逐渐有了很深的了解。戴克宇是中共地下党员，她看到江竹筠爱看《新华日报》和《群众》等报刊，知道她要求进步，就把自己保管的党的书籍借给她看。她如饥似渴地阅读了哲学、政治经济学和毛泽东的著作，还读了一些苏联文学作品。戴克宇和另外一个女同学（也是地下党员）开始同她进行坦率的交谈，江竹筠从学习和交谈中懂得了只要有共产党的领导，有伟大的革命理想，就会有伟大的革命行动的道理。由于思想上的一致，她们更加亲密了。不久，经戴克宇介绍，江竹筠申请加入中国共产党，党组织已了解她在小学、初中时的情况，早就把她当作积极分子在培养，根据她的觉悟和一贯表现，很快被批准入党。1939年夏天，在一个晴朗的星期日，江竹筠和党支部的几个同志，走到幽静的小溪旁的竹林里，她举起右手，庄严地向党宣誓。从此，江竹筠感到增添了新的力量，精神更充实、更乐观，生活更有意义。

有了党的组织关系，江竹筠的革命活动更加有依靠了。1939年底，有几位党员因为暴露和工作需要，从中国公学附中撤走，江竹筠被留下来。她有一位挚友这时准备去延安，她对延安向往已久，便向组织提出要与那位挚友同去。但领导上认为她留在原校更为有利，她便留下来了。

四

1940年秋，中国公学停办，江竹筠考入中华职校会计班学习，同时担任该校和附近的中共党组织负责人，做青年学生的工作。

1941年皖南事变发生后，山城上空乌云密布、人心惶惶。南方局为了打破国民党的新闻封锁，让群众了解事变真相，秘密印发传单，内容是十八集团军的声明和宋庆龄、柳亚子、何香凝的声明。地下党组织把一大卷传单交给江竹筠去散发。她和同校的另一位共产党员何理立为了顺利分发传单，故意邀约同寝室的同学们在寝室跳舞，等同学们熟睡后，她俩再起来把一张张传单用石子压在走道上，第二天全校轰动了，不知传单从何而来。她俩做得干净利索，没有受到任何怀疑。许多中间分子和一些曾经对国民党抱有幻想的老师、同学，看了传单，明白了真相。

在反共高潮中，江北县的党组织有的暴露了，有的遭到破坏。暴露了的党员和干部都转移了地方，不久县委也撤离了。

江竹筠当时只有21岁，但工作踏实稳重。虽然她在班上也参加了一些进步活动，但她不突出个人，不大引人注意，所以她和她所领导的党组织没有暴露，而且工作还有进展。1941年秋，接替江北县委的李治平通知江竹筠，组织决定调她到别的地方与一位叫小李（化名）的男同志一道工作。

离开了中华职校，江竹筠的学生生活告一段落，开始以小知识分子身份踏入社会。

1941年秋天，党组织指派她担任重庆新市区区委委员，社会职业选在重庆妇女慰劳总会，早上步行到曾家岩办公，晚上回观音岩家里，在外活动的机会多，有利于做党的工作。

江竹筠的任务是单线联系沙坪坝一些高等学校的党员和新市区内的女党员。在川东特委宋林的帮助下，她掌握了一整套地下工作的方法，还经常向她所联系的同志传授这些方法并用恰当的方式进行革命气节教育。

由于国民党的法西斯统治日益强化，一些公开的活动不能再开展下去。要发展进步势力，必须个别进行深入细致的工作。南方局提出了"勤学、勤业、勤交友"的号召，要求党员和进步青年在自己接触的人群中选择可靠的人，尤其是青少年，长期培养教育。江竹筠积极做了这种培养工作，把自己的表妹杨蜀翘、二表妹李秀清（三舅的女儿）、表弟颜矗（幺姨的儿子）作为培养对象，并取得显著效果。这样，三舅家的子女侄甥分成了两派，有时对国家大事不免发生争论。三舅不无遗憾地慨叹道："我家也有共产党！"后来颜矗参加了地下党，李秀清参加了党的外围组织"民协"，都是学生运动中的活跃分子。

江竹筠任新市区区委委员大约有一年的时间，工作上比较困难。因为当时日本飞机经常来空袭，躲飞机的时候很多，要一个一个去找党员接头，很不容易。加上环境恶劣，军统局特务机关距离她的工作地点不远。她与区委书记魏兴学接头时间，都安排在拂晓，特务们还未起床的时候。但1942年下半年的一天，在与魏兴学接头时，两人发现有人监视，上级决定让她撤退。她离开了慰劳总会，考入綦江铁矿当会计，临时避险。几个月后，组织又安排她到赖家桥工作。1943年初，江竹筠等三个女同志到国民党政治部第三厅所属合作社工作，地点在重庆郊区赖家桥。因该社规定所有工作人员必须参加国民党，在请示组织不同意其加入国民党后，江竹筠离开该社。

五

1943年，重庆地下党组织，早已按十六字方针调整就绪，紧缩了党员数量，给许多党员暂停了组织生活，让他们以个人身份与党的公开机关——八路军办事处、新华日报社保持秘密的工作联系，只留少数骨干，建立单线联系网，隐蔽于群众之中。中共重庆市委委员彭咏梧是其中一个单线联系网的网绳，领导着几十个党员。彭则直接受南方局荣高棠的领导。

5月，南方局传达了《中共中央关于增强党性的决定》，在地下党组织中开展整风运动。当时彭的社会职业是中央信托局的中级职员，是个很好的护身符。但因没有家眷，只能住在单身集体宿舍，领导整风学习非常不便，而且容易暴露，亟须一个可以自由活动住处和一个可靠的亲密助手。党组织研究让江竹筠与彭扮作假夫妻。

对于一个23岁的未婚女青年来说，扮假夫妻有很多具体问题，但她还是坚决地服从了党的决定。他俩的"家"住在机房街，后来搬到中信大厦。最初，当邻居称呼她"彭太太"时，她很不习惯。但掩护组织的强烈责任感，立即使她警觉起来，便大方地和人们周旋，不露任何痕迹。

她既然扮作"太太"，穿着自然要讲究一些。但是老彭的薪水除了他俩的生活费用外，还得留一部分作为党的经费。为此江竹筠在计划"家庭"开支上很节省。她外出活动的时候多，常常不能按时回家吃饭。她就经常到熟人处，叫人帮她买来烧饼之类的便宜食品，躲在屋内随便吃了充饥。次数多了，成了习惯，她一去，熟人便主动买来招待。别人还以为她真的特别喜欢吃烧饼，其实她是为了节约和革命工作的需要。

这个"小家庭"是市委的秘密机关，它是国民党黑暗统治下的战时首都的一个红色据点，地下党员整风学习的指导中心。江竹筠在这里加强了党性锻炼，而彭咏梧在她的全力帮助下，工作也顺利多了。

1944年春，一天江竹筠同何理立一道去《新华日报》营业部买苏联小说《虹》，从报社出来，被特务跟踪。她们发现后，想了很多办法才甩掉了"尾巴"。党组织知道此事后，为了保障市委机关的安全，决定她俩先后转移到成都。于是，江竹筠离别了这一充满纯洁友谊而又富有戏剧性的"小家庭"。就在这次突然的转移中，江竹筠的妈妈高血压病加重，不幸离世。江竹筠9月考进四川大学后，才得到母亲病逝的消息，她忍住悲痛，继续坚持斗争。

六

1944年5月，转移到成都的江竹筠决定报考四川大学。她的想法得到了彭咏梧的肯定。但是江竹筠只读过一年半高中和一年会计学校，并已辍学三四年。投考大学，困难不小。她表示："拼命也要拿下这个阵地。"经过两个月的刻苦学习，江竹筠终于实现了她的愿望，考入了四川大学。因为没有高中毕业文凭，借了别人的文凭去报考。因此，她的名字、年龄、籍贯都因文凭而改变了。川大农学院植物病虫害系的学生注册簿上记着：江志伟，女，22岁，四川巴县人，学号331044（本应是江竹筠，24岁，四川自流井人）。

秋天，江竹筠满怀激情地来到四川大学的校园里。她对自己提出了严格的要求：既要做好党的工作，又要做一个好学生。她的举止言行、起居饮食都符合一般学生的常规：按时作息，上课专心听讲，认真做笔记，自修时间抓紧学习，不轻易缺课。她对各门学科都感兴趣，各科都全面发展。由于在学习上保持和发扬了以往的勤奋精神和扎实态度，尽管她中学未读满并且丢得太久，但仍然是班上学业成绩较好的学生之一。

江竹筠进川大以后，因为国际反法西斯战争日益胜利，时局在发生重大变化。她日夜盼望的革命高潮终于来临。在成都，生活在群众中的共产党和进步分子，无论有组织联系或暂时失去联系的，都在自觉地重新组织力量，筹划新的行动。公开的和秘密的进步团体迅速成立，如雨后春笋。10月，各大学建立了党的外围组织——中国青年民主救亡协会（"民协"），在南方局和川康特委领导下团结群众，开展学生运动。

10月4日，由5所大学7个学术团体联合，在华西坝体育馆举行国事座谈会，有各界人士2000人参加，喊出"结束一党专政，组织联合政府"的口号。

11月11日，各大学在华西坝广场举行近万人参加的群众大会，反对成都市市长和警察局长镇压市女中学生，会后举行示威游行。

1945年"五四"纪念日由108个团体发起，在华西坝草坪举行数千人参加的"篝火晚会"，号召发扬"五四"精神，反对一党专政，成立联合政府。

12月9日，成都大中学校在华西坝举行昆明"一二·一"死难烈士追悼大会后，进行了声势浩大的示威游行，并成立了"一二·一惨案后援会"。

身历这些轰轰烈烈的斗争，江竹筠格外精神振奋。但她不能随意行动，一切要听党的命令。川东地下党组织决定她不转组织关系，要她以普通学生的身份，只做好群众工作，不发展党员，但要主动配合当地党组织，壮大革命力量。按这个指示，她置身于进步同学和中间同学之间，更多地接近中间同学。这时川大有30多个进步的社团组织和学术团体。她同一部分社团负责人保持友谊，仅作为一般成员参加了"女声社"和"文学笔会"。她是"民协"成员，但没有参加"民协"的领导工作。她尽量避免在学生运动中占据显眼地位，实际上密切注视着运动的整个发展过程，观察领导成员的长处和不足，总结运动的经验教训；发现了问题，就以与进步同学互相商量的方式，谈出自己的见解。

江竹筠在川大的社交活动和群众工作，是从入学考试时开始的。在考场，江竹筠第一次认识了董绛云，就和她自然地攀谈起来。考入川大后，她们又成了同班同寝室的好友，她们在学习、生活上互相帮助，情同姐妹。虽然已有5年的党龄，但江竹筠没有某些革命青年易犯的优越感和小圈子倾向。她体谅别人的处境，学习别人的长处，言谈和习惯都不强人从己。董绛云虽不经常参加政治活动，但有正义感，她尊重江竹筠，不过问她的活动。江竹筠和何理立谈话也不怎么回避董绛云，董也不去注意她们的谈话。董绛云后来成为了人民教师，在追怀江竹筠时她噙着眼泪说："她信任我，爱护我，尊重我，从未引起过我的一点反感。我生平少遇这样好处的朋友。"

晚饭后散步，是同学们的爱好，也是江竹筠做工作的好时机。在锦江河畔的林荫路上，人们常见她跟同学们结伴闲谈，潜移默化地帮助别人进步。她认为革命的妇女，应该有人情味，应该和蔼可亲、爽直活泼、热爱生活。她自己在女同学中间从不装模作样，不摆革命架子，老老实实地与同学们打成一片。她的生活情趣很广泛，能歌善舞，有说有笑。

江竹筠能与周围群众合得拢，是因为她懂得尊重别人，经常发现别人的长处和自己的不足，不把自己看得过高，而是看作群众中的普通一员。党提出"勤学、勤业、勤交友"的号召后，她更加自觉地团结群众，即使别人的思想暂时还较落后，也要去团结，去做工作。她曾向进步同学说："只要不是特务，都要团结他，以便孤立敌人。"

　　江竹筠这时已经 25 岁，是解决婚姻问题的时候了。1945 年上半年，组织上批准她和彭咏梧结婚。1946 年 4 月，江竹筠在成都生了儿子彭云。生孩子时难产，要做剖宫产手术。她要求在剖宫取胎时一并做绝育手术，医生不同意。当时的社会风气是子女越多越有福，生第一个孩子就要绝育是没有先例的。江竹筠为了在危险复杂的地下斗争中轻装上阵，坚决要求绝育，好友董绛云去签了字，医生才同意。江竹筠在川大度过了两年很有意义的学习生活和战斗生活。在学生运动中，她是一位实干的战士。到了暑假，江竹筠该回重庆了，这次要带着云儿去见爸爸，心里特别高兴。临走时，她对在川大结识的同志，分别约定了不同的联系方式。这些进步的或中间的朋友，在她后来的斗争中，都从不同的角度给予了她帮助。

七

　　抗战后期，在国民党统治区兴起的群众运动，像地震一样震撼着蒋介石的法西斯暴政。为了适应新的革命形势，1946 年 3 月，南方局决定中共重庆市委，在公开的四川省委（辖川康云贵，内部称重庆分局）直接领导下，清理和恢复重庆及川东各地党的地下组织。同年 4 月，南方局迁往南京，但八路军办事处和新华日报社等公开机关仍留在重庆，属四川省委领导。重庆仍然是共产党在西南各省的领导中心。彭咏梧同志是地下市委委员，分管学运及川东一部分地区党组织，担负着占领阵地的重要任务，工作十分繁忙，经组织决定，江竹筠不再去川大，留重庆做彭的助手。

江竹筠和彭咏梧带着云儿在大梁子青年会租了一套住房，原来观音岩的老屋就做了过往同志的临时"招待所"。老彭作为中央信托局的中级职员，社会应酬多，照护机关的任务，主要落在江竹筠的身上。江竹筠为了便于活动，在舅父办的敬善中学做了兼职会计，既有一定收入，又有行动自由，随后就成了挂名职员。江竹筠的党内工作也随形势而迅速变化着。起先，她负责守护党的机关；接着，她又负责市外的通讯联络。

江竹筠对党的机关工作，十分负责。经她收转的信，总是迅速按规定送达同志手里。她很守纪律，凡是不该她接头的关系，不该她接谈的问题，她立即转给有关同志；每有需要她安排食宿的同志，她就尽心竭力，照顾得很周到。这些同志多半从农村来，穿着往往不合于城市环境，她便给换装；有生病的，便设法治疗。当时帮江竹筠带云儿的亲人"四婆"，不止一次向她的幺姨李泽华说："竹筠才怪气呵！在家里设铺招待客人，把新衣服给罹难的人穿。"

1946年6月，蒋介石集团大举进攻解放区。11月签订《中美商约》等一系列卖国条约以换取美国的军事援助，进一步暴露了蒋介石集团卖国、独裁、内战的真面目。在重庆，明有四川省委和《新华日报》的号召鼓动，暗有地下党组织的串联指导，工人运动和学生运动此起彼伏。彭咏梧、江竹筠等学运骨干，对革命运动的开展做出了重要贡献。当时，党的政治影响很大，而重庆党组织的力量却相对薄弱。彭咏梧、江竹筠在整风学习之后，体察到群众的革命情绪正在高涨，根据党的指示精神，开始注意纠正消极隐蔽的偏向。在抗暴运动中，江竹筠协助老彭奔走于各大、中学，按照省委"大胆、放手"的方针，放手发动群众，大胆依靠积极分子，使各校的运动迅猛开展起来，再协调各校的步调，组织抗暴联合会、示威游行等活动，对蒋介石集团的卖国、独裁、内战政策进行揭露和批判。

1947年2月27日，四川省委、新华日报被迫撤往延安，江竹筠受市委指派继续负责联系重庆育才学校、国立女子师范学院、西南学院等地党组织的发展工作和学生运动。

9月，重庆市委决定调整领导机构，改组市委，成立川东临时工作委员会。王朴任书记，彭咏梧为委员兼下川东临委副书记，直接领导武装暴动，江竹筠以临委联络员身份一同前往。他俩这次离开重庆，时间可能较长，而且是到农村打游击，不便带云儿去，就将只有1岁半的儿子交由在北碚天府煤矿白庙子小学教书的王珍如代养。

从1947年春就开始筹备的下川东农村暴动，主要由云阳北岸、两巫、奉节北岸、云奉南岸、开县5个区域组成，江竹筠担任联络。她沿途细心地设点布线，先在民生轮船公司某轮找了个姓何的同志，协助渝万之间的运输；又把万县和成银行李承林、云阳城内柳特因、云安盐场刘子俊作为她在云万两县的交通站。她还为过往的同志在各地选择了一些便于掩护的茶馆旅社，如云阳的长发栈、万县的滴成茶社，对他们的老板和服务人员的历史、思想情况、社会关系及敌人查号的规律，都通过当地同志做了详细调查。老彭善于统筹全局而待人粗疏却是一个缺点，而江竹筠长于精细周到地对待同志。无论是初识或久交，她都问寒问暖，体贴入微。所到之处，尊老爱幼，做些家务活路，在农村父老眼中她是一个贤良温厚的媳妇，没有知识分子的架子或负责人的派头，农民称她"彭大嫂"。

下川东地区虽有少数骨干，但知识分子干部很少，奉节县、大（宁）、巫（溪）工委特别缺乏。老彭和工委商量后，决定派江竹筠回重庆，向临委要干部，并尽快输送下来。

冬月28日（12月中旬），江竹筠携带几张青莲中学的聘书，扮作学校工作人员，独自回重庆去了。江竹筠走后，敌我情况发生变化。暴动计划提前到1948年1月8日实行。由于敌我力量悬殊，16日，彭部于鞍子山与敌正规军581团发生遭遇战，敌强我弱，突围时彭咏梧英勇牺牲。这时，江竹筠在重庆要到一些干部，随即乘轮南下。1月20日，她与杨建成、刘一德、罗曙南、周毅等在云阳董家坝聚齐，等待来接应的人。不料，奉（节）大（大宁，即巫溪）巫（巫山）工委卢光特和吴子见，带来了暴动失败的不幸消息。接着，彭咏梧牺牲的噩耗传来。江竹筠面临严峻形势，忍着巨大悲痛，决定暂不进入暴动中心区域，调来的干部分别隐蔽。她自己与卢光特回重庆向川东临委汇报。

1948年2月4日，江竹筠与卢特光回到重庆。向川东临委汇报后，临委同意她和奉大巫工委的临时处置，并针对实际情况研究了办法，同时要江竹筠留在重庆工作。江竹筠认为下川东这条线她比较熟悉，恳切要求重返下川东。得到临委同意后，她立即返回万县。由于暂时不能下乡，组织决定她先留在万县，参加县委的工作。通过一个同学介绍，她在法院当雇员作掩护。

这段时间，暴动地区及其附近农村风声很紧，一些同志还未撤出。4月，重庆地下党组织受到破坏，江竹筠得到一些信息，但还不清楚详情。针对当时情况，她采取了一些措施，亲自送周毅转移。然而，情况愈加恶化。6月上旬，叛徒冉益智与一伙特务从重庆到达万县。6月11日，由冉指认，特务在街上逮捕了下川东地工委书记涂孝文。当晚，在刑讯时，涂孝文叛变，出卖了地、县（工）委负责干部多人，江竹筠也被出卖了。6月13日，江竹筠见在法院工作的万县县委书记雷震未回家，料定出了问题，立即作离开万县的准备。14日早饭后外出时，不幸被冉益智领着特务逮捕，当天就遭到刑讯，一场历时17个月的严酷斗争开始了。

万县被捕的10多人被解往重庆。在轮船上，江竹筠已明白被冉益智、涂孝文出卖。她心里十分惦念尚未撤离的一些同志。6月17日抵达重庆后，他们被押送到重庆行辕二处。傍晚，又被解往渣滓洞。在转移停留时，江竹筠趁机低声与刘德彬谈话。刘告诉她已给杨建成去信通知出了问题，要杨转移。江竹筠听后，才如释重负。当时，杨建成在万县收到刘德彬的信。信中说，大哥生意不好，到汉口去了，可回重庆就业。杨领会出了问题，随即离开了万县。

重庆行辕二处处长、西南特务头子徐远举，知道江竹筠是彭咏梧的妻子和助手后，为了搞清下川东暴动的组织及活动，亲自审讯江竹筠。江竹筠对徐的提问一概答以"不认识""不知道",随后干脆不予回答。徐远举只好下令用刑。穷凶极恶的刽子手马上拿出一把四楞新筷子,用力夹她的手指。她痛晕了,又用凉水喷醒,继续施刑。徐远举见没有得到一点东西,又下令加刑。酷刑给江竹筠带来巨大的疼痛,也在她的心底滋长着更深的仇恨。徐远举审了半天,终于气急败坏,无可奈何。

过了几天,徐远举又令二处法官张界和二处侦讯组长陆坚如审讯江竹筠。他们施用更加残酷的刑法,从江竹筠的指尖上钉进了一根根竹签子,江竹筠痛昏过去,又醒过来……渣滓洞16间男牢房和2间女牢房的200多名难友,见江竹筠早晨被押往刑讯室,一直没有回来,都感到揪心地痛苦和挂念,他们轮流守望在窗口,等待着江姐的消息。江竹筠深知敌人急欲破坏暴动地区的党组织,绝不会放过她。她牢记入党时的誓言和党的教育,下定决心,誓死保护党的组织。她在老虎凳、辣椒水面前,视死如归。刑讯以失败告终。江竹筠以大无畏的牺牲精神保卫了党的地下组织和大批同志。

后来,刑伤渐渐好了。她与同室的女难友李青林、黄玉清、曾紫霞等和其他难友一起在狱中进行了多次斗争,还在帮助难友学习方面做了大量的工作。江竹筠与曾紫霞、黄玉清一起,筹划以学"国文"为掩护,暗中学习革命理论。她们三人根据回忆,默写了毛泽东的《新民主主义论》和刘少奇的《论共产党员的修养》,解决难友们学习的急需。江竹筠还凭记忆给难友们讲述《土地法大纲》和《政治经济学》的内容,然后大家漫谈讨论，交流心得体会。狱中没有建立党组织，女牢房中，她们三人实际上起着党组织的作用。后来，她们还成功地争取了一名看守，与狱外接通了关系。

南京解放后，国民党反动统治土崩瓦解。按照蒋介石旨意，特务头子毛人凤、徐远举等制订了杀害狱中革命者的秘密计划。1949年11月14日，特务们叫江竹筠出牢房，声称"准备转移"。江竹筠对敌人最后可能下毒手早有思想准备，她脱去囚衣，换上自己的旗袍，向难友们依依告别。傍晚，她与其他难友共31人被分批押赴电台岚垭①。途经荒凉小径时，江竹筠完全明白为革命献身的时刻到来，她高呼："共产党万岁！""打倒反动派！"同行难友一齐高呼口号。刽子手们惊慌失措，立即开枪，江竹筠与其他难友英勇就义。江竹筠被特务秘密枪杀，然后被用盐酸毁尸灭迹，时年29岁。

江竹筠遇难后，儿子彭云由谭竹安照应。在她牺牲前两个多月，曾紫霞出狱时，曾帮她带一封信给谭竹安。她在信中表达了迎接解放的热切期望，也作了牺牲的准备。她说："假如不幸的话，云儿就送你了，盼望云踏着父母之足迹，以建设新中国为志，为共产主义事业奋斗到底。"

2009年9月14日，江竹筠被评为"100位为新中国成立作出突出贡献的英雄模范"之一。

---

① 原为"中美合作所"内的军统电台，1946年电台迁移，剩下几幢土墙平房，大部分已经坍塌，仅余残壁，道路荒草众生。特务已先在那废墟上挖了大坑，以备毁尸灭迹。

丁佑君

◎ 曹柞沅

丁佑君烈士

丁佑君（1931—1950），女，优秀共青团员，后被追认为共产党员，四川省犍为县五通桥（今乐山市五通桥区）人。解放前夕在成都市立女子中学读高中。1949年12月27日成都解放后考入西康革命干部学校，1950年1月参加解放西康战斗，1950年9月19日，在西昌盐中区征粮工作中被土匪杀害，壮烈牺牲时年仅18岁。

懂得生活　关心群众

1931年9月27日，丁佑君出身在五通桥镇瓦窑沱街一个中等盐商家庭。父亲丁栋臣，以开办盐公仓为业，母亲是家庭妇女。丁佑君兄妹共3人，大哥是一位普通职员，因结婚早，子女多，留父母身边照料家庭；二哥丁好德是一位急求上进的青年学生（燕京大学学生，后参加革命在新华社工作）。二哥对丁佑君的成长进步起了较大的影响。丁佑君出生时，母亲已经40岁，请了一位姓邓的保姆来哺育她。丁佑君从小身体瘦弱，两岁时患了一场大病，几乎死去，3岁时才学会走路。6岁时在五通桥镇民彝小学幼稚园上学。她很聪明，读书一直很用功，第一学期便得了头名，并得了奖品；1942年在五通桥民彝小学初小毕业；1944年在五通桥私立高级小学毕业；1947年在当地通材中学毕业，随即考入成都市立女子中学高中部读书。她性格倔强，但待人极诚恳。她同情保姆邓妈的处境，幼小心灵里种下同情穷苦人民的种子。她怕邓妈离开她到别处去受苦，就向邓妈说："你不要走，你家很穷，回去没饭吃。我以后长大了一定记得起你，能做工的时候，我就供你。"她还要求父母亲随物价上涨给邓妈加点工钱和添身衣服。1949年丁佑君到成都读书时，亲切地对邓妈说："你在我家安心，好好地做，做不得重的做轻的，我与父母亲说过了，不会开销你的，我以后去工作的时候，一定要供养你，这是真话，决不哄你。"她省吃俭用，把钱积蓄起来，除了关心邓妈外，还救济周围的穷人。大约是1946年，五通桥洪水泛滥，街道被水淹没，东西被水冲掉，一些人无家可归。当时丁佑君正在五通桥通材中学十三班读书，有的同学走迟了，过不了河，回不了家，学校又无住吃之处，怎么办？丁佑君毫不犹豫地跑回家里，将家中的面、饭及日用品拿去给他（她）们，并接部分同学到家吃住（因她家地势稍高，未进洪水）。有的小孩啼哭，她还去教他们唱歌，做游戏。丁佑君这样关心乡亲们和同学，给大家留下深刻的印象。老师夸奖她做得好，邻居们夸奖她是好姑娘，亲切地称呼她"八妹"或"八孃"（按她家排行称呼）。

丁佑君的爱憎是非常分明的，她对人民群众同情，对骑在人民头上的恶霸地主及坏家伙，却是非常痛恨的。有一次，她父亲欠了大盐商的钱，被迫去向盐商经理和镇长赔礼。她对父亲的遭遇既同情又埋怨，怨他不该向那些作威作福的人去赔礼，气愤得哭了起来，连饭也不吃。

面对现实，走向进步

丁佑君在市女中读书时，她的二哥丁好德正在北平燕京大学念书。当时正处于第三次国内革命战争时期，爱国民主运动正在国统区轰轰烈烈展开，北平的学运影响到全国各地，进步刊物像鸿雁飞向各个地区，燕京大学进步学生主办的刊物《燕京新闻》一期一期地由她的二哥转送给她。国民党反动派的倒行逆施，爱国学生的英勇斗争，激励着她。她再也不能只是沉默地埋头读书了，读书为什么？许多问题在她脑海里旋转，一个个问号，得不到答案。这时，学校的进步学生牛耕等帮助她、启发她，她们一起研讨时事、找答案，共同走在追求进步的道路上。

她们开始懂得一些革命道理，懂得压迫者和被压迫者中间存在着不可调和的阶级矛盾，只有斗争才能求得生存。她们积极投身学校地下党领导的斗争，组织工友上夜校，参加校内外学生运动。

要组织工友，首先就得从关心他们的疾苦着手，和他们打成一片。于是她们利用课余时间去询问穷工友们的生活、学习、家庭情况。当时学校有个女工叫王子坤，家境

丁佑君塑像

很贫困，生活负担重，她们便经常关心王的生活，关心王的家庭。丁佑君利用星期日帮助王打扫学校环境卫生，王有空也帮助她洗洗衣服，甚是亲密。王向她倾诉苦难的身世，丁寄予无限同情，把自己的衣物赠予王，教王的小孩识字、看书、写字。假期工友留校做勤杂工，校方只发一个月一斗米，粮不够，只得做菜稀饭吃，丁佑君又给王家买些菜送去，王做好菜稀饭又给丁佑君等端去，这样与王建立了深厚情谊。为了关心、团结像王子坤一样的苦难工友们，她们利用课余参加夜校工作，教广大工友们（包括校外的）识字、掌握文化，又为工友小孩和家庭困难的同学缴学费而去演剧募捐，帮助她们渡过难关。工友中有的闹不团结，她们召开同乐晚会，让其和解，

并讲清工友要互相关心，互相爱护，共同反对压迫者；同时，也讲明工友争温饱搞罢工，学生反饥饿、反迫害、反内战、反对物价暴涨等的罢课活动，都是目的一致，利益一致，因而工友和学生应该团结起来对付共同的敌人——国民党反动政府。

丁佑君烈士陵园大门

后来的事实证明，市女中的学生运动能顺利地进行，与工友们的支持和帮助分不开，王子坤就是一位积极的支持者和帮助者。她当时管理学生宿舍门房的开关锁，丁佑君、牛耕等要在晚间出去参加活动（如刷标语等），王子坤就故意把门留下，等她们出去后才把门关上。回来时按预约的讯号，由她们先向河沟（校内纯溪河）丢进石头发出响声，王立即开门让她们安全回到各人寝室。在校内研讨问题，她们也常常借用工友的寝室开会。工友和学生亲密的配合，使得市女中的学生运动取得一个一个的胜利。如在"四九"事件后，省政府主席王陵基尝到市女中学生的厉害，气得发狂，杀气腾腾地要在市女中抓人。丁等获得消息，抢先行动把进步书刊转移到王子坤家，由王将书刊铺在床上的棉絮底下，丁佑君的箱子也同时放在王的床下，因而安全地避免了搜查。反动派在将军衙门（今祠堂街口附近）打伤学生，并抓走了部分学生，牛耕、丁佑君等当天下午便发动罢课。罢课后，丁佑君等到牛耕家去了。警察要来市女中抓人，王子坤得知此一情况，急忙去牛家报信。

反动派除了镇压学运，也不放过工友，校方无故扣发工友工资，三个月分文不发，教导主任还借口谩骂工友。工友们在她们的影响下，也开始了罢工行动，离开学校，最后迫使校方妥协，请工友们返校，并补发了工钱。丁佑君等同学又利用这一机会，教育工友还要团结教师，讲明工友是体力劳动者，教师是脑力劳动者，都是同样受压迫、受剥削的苦难同胞，要做好团结教师的工作，更好地把斗争进行下去。

革命熔炉，锻炼成长

盼星星，盼月亮，盼来救星共产党。1949年12月27日，成都解放了。全市人民欢呼雀跃，热烈欢迎解放军进驻成都市的口号声、欢呼声，响彻云霄，市女中也是一片欢腾。

西康革命干部学校（即解放军随营干部学校）招生的消息传到市女中，同学们互相转告，争先报名。丁佑君立即报名投考，到西康去，解放西康人民！她兴奋地与二哥去信："前些日子你的来信鼓舞了我，我下定决心有机会要参加工作，而不让家中人知道，否则一定会增加困难。"有的亲友对她说："西康是个艰苦的地方，你又是个女孩子，生活很困苦，不必去吧！"但她恳切地回答："女孩子就不能吃苦吗？既然要革命还怕吃苦不成！"工友们也舍不得她走，拉住行李不放行，她耐心劝说，最后毅然踏上了征途，奔赴西康参加解放西康的战斗。

1950年2月8日，西康革命干部学校（后简称"革大"）全体学生、职工共1300多人，由成都出发向西康进军。2月11日，大队由新津开向邛崃，中途遇土匪骚乱，队伍停止前进。这时天色已晚，即在离邛崃城40里的高桥镇宿营。

第二天拂晓，校队出高桥镇数里，突然枪声四起，受到大股土匪约三四千人的包围袭击。解放军武装警卫部队当即向两翼展开进行抗击，徒手的同学们在学校领导的指挥下，沿着公路两旁，冒着枪弹，匍匐着前进。丁佑君本来身体就不大好，但她看见别的同学轮流着去背负受伤的同学，她也抢着去背。同学们拒绝她，认为她力气太小，她很生气地说："女同志就不能做吗？"她和同志们一道将受伤的同学救护到了邛崃城。

到邛崃后，同学们带的衣物大部分丢失了。天上飘着雪，天气寒冷异常，又正值土匪攻城，睡觉也没被盖。这时，学校柳校长向全体同学讲话，他分析了当时的情况，振作了同学们的情绪和勇气。丁佑君首先脱下自己的衣服，为受伤的同学送去，经过她的提议，组织大家写慰问信，前往医院慰问受伤的同学。她对受伤的同学杨咏秋等讲："不要着急，好好休养，流血并不可怕，胜利是属于我们的。"血的教训，使她认识到阶级敌人的残酷,也深深地体会到什么是伟大的阶级友爱精神。

到雅安后,学校掀起了学习热潮。丁佑君在邛崃时看到文工团演出的《刘胡兰》一剧,又参加了新民主主义青年团在校第一次建团大会,感触很大。她在小组讨论会上讲:"我一定争取加入新民主主义青年团,学习刘胡兰的革命精神。"她写好了入团志愿书和自传,但团支部认为她的自传上对她家庭情况写得不够清楚,因此,当时没有批准。后来她自行检讨说:"我为什么没有坦白我家庭的历史情况呢?是什么道理?这个思想包袱非丢不可。"又说:"以前我怕批评,怕别人说我的缺点,'怕'就是我进步的绊脚石。"她又重新写起来,终于在1950年4月29日宣誓加入中国新民主主义青年团。

丁佑君很谦逊。她说:"我是初来的,我发觉自己一点也不懂。"领导决定要她担任第五班的学习干事。白天,她支持班内各组的讨论,帮助大家分析问题、解决问题;晚上要听各组的汇报,拟定第二天的讨论题目,连夜学习第二天新的教材。她说:"赶夜不要紧,我们不及早准备,充实自己,如何帮助同学呢?"学习委员会晚上工作结束后,开展工作检讨。在第一次的检讨中,丁佑君提出来:"同学们说我们几个学习委员成了只会说不会做的人了,别人都说我们太傲慢了,并说我们学习组的不爱劳动,只讲得来劳动观点。我看我们还是改变一下工作作风吧!"学委会的同志接受了她的意见,改进了工作作风。后来第五班的学习成绩是全校最好的,得到了校长的表扬,并作了典型报告。在学期总结时,丁佑君被评为学校模范，得到学校奖给的一枚奖章。在雅安去西昌的途中，有老乡见到她佩戴的奖章，便问："同志，你戴的啥子章？"她回答道："这是毛主席给的小学生证章。这告诉我们要好好学习，好好地当毛主席的好学生。"临走时，那位老乡还不断地念着："毛主席，小学生，小学生，毛主席。"

学习期满后，组织上号召到艰苦的地方去工作。她争先到班主任那里表示，愿意到艰苦的昌都去工作。但后来组织上分配她到西昌地区，她无条件地服从了组织的决定。出发前，她说："西昌虽然是个好地方，但路途远，艰险，爬大山，过小山，这也是给我的考验，我一定在路上不'喊黄'（喊黄即呼唤不干之意），不掉队。"

部队规定，为了照顾女同志行军困难，每两个女同志配一匹牲口。但丁佑君从来没骑过一次，始终坚持步行。女同志张子玉身体不很好，又怕骑牲口，丁佑君一直陪着她。上大杨岭时，丁佑君鼓励她说："大山虽高，但挡不住我们前进的决心，行军也就是给我们的考验，看谁经得住考验。"张子玉终于坚持下来，翻过大山，步行到了西昌。

6月13日，大队到了富林镇（汉源县城所在地）。由于土匪骚扰，并且要等西昌来的牲口，因此，大队就在富林住下。没有大米吃，只有苞谷。丁佑君和吕良才、罗照义、杨德芬、陈世英等每天到河坝里去磨苞谷面。她乐观地说："这才是真正的劳动锻炼。"这个地方磨面粉，是非常危险的，但他们毫不害怕，她说："不要怕，我们做到心中有数，如果土匪来了，我们没有枪，就死也要咬他几口。"在大队到达富林镇时，就听到一个不幸的消息,先到富林镇工作的张开泰、李祖槐两同志被土匪杀死抛在河中。丁佑君听到这个消息,也和其他同志一样感到极大地悲愤。她说:"我们的同志光荣地牺牲了,我感到悲愤。但这也是我们革命工作者的光荣,这样的死是死得光荣的,我们又看到了刘胡兰的精神了。我们一定要学习他们不怕死的精神,一定要踏着他们的血迹前进,一定要为他们复仇!"

到西昌后,她被派到西昌县立女子中学工作。刚去时,学校的教员认为这样一个女孩子能做什么工作?高中年龄较大的同学,认为丁佑君代表年龄不大,要来领导我们,没有资格!只有初中一批小同学,首先和丁佑君结成了好朋友。但这样的工作圈子太狭小了。她主动接近群众,深入群众,生活上仍然保持艰苦朴素,她住在办公室旁边图书馆内的小角落里,里面很黑,一块板子上铺着一床草席,有一床两斤重的被子。她穿着一身黄色干部服,脚上穿了一双苞谷壳打的草鞋,就开展了工作。

同学们同她逐渐地接近了,教员们对她的看法也改变了。都说:"共产党真伟大。这样一个女同志,能吃得这么大的苦。"在她离开女中以后,还经常和同学们通信,帮助她们,鼓励她们进步。如1950年9月7日,她就一次发出几封信给同学们。在给一名叫群辉的女同学的信中她写道:

群辉:

当我知道你成为新民主主义青年团员时,我简直高兴极了。真是应该向你庆贺,没有办法只好在四十五里外的河西城祝福你做一个模范团员。

　　青年团员在学校中的唯一任务，就是学习，除自己学习外，还要推动同学学习，帮助同学求进步，在一切活动中起带头作用。群辉，好好把握这一点吧，你平时学习还不错，入团后更要发扬这种精神，在团的教育下，切实改正自己的错误和一切的缺点，争取加入中国共产党，祝你努力学习。

大姐
9月7日（1950年）

　　她给万灵的信中写道：

万灵：

　　这个假期过得很有意思吧！做了些什么事情？来信告诉我。前次我回到西昌时间太短，来不及看你，实在抱歉得很！

　　快开学了，在这学期中你更应该好好努力弥补你没有参加青年团的损失！我希望在我第二次回到西昌时，你们都变成了青年团员或少年儿童队的队员。

　　致
　　敬礼

大姐　九·七

　　丁佑君用一颗火热的心在革命熔炉里努力锻炼自己，同时关心别人的成长！

坚贞不屈,壮烈牺牲

1950年8月,丁佑君被调到西昌县盐中区任青年干事。到盐中区后,她首先参加征借粮工作。当地农民和青年妇女亲热地称呼她:"丁代表""丁姐姐"。9月17日,丁佑君经高草乡到裕隆乡,召集农民代表开动员大会。当时裕隆匪首朱煊、王正中等正在暗中组织暴乱。而王正中在解放后伪装进步,骗取了区上负责人信任,曾参加区乡各界代表会议,参加征借粮等农村工作,其阴险毒辣的真面目尚未暴露,当晚丁佑君借住王家。次日中午,土匪开始暴动,王正中暗地指使土匪中队长宋树祥通知匪首高开祥,派匪徒严德才等4人前来王家捕捉丁佑君。4支枪对准了她。当发觉是怎么一回事后,她并没有慌张。从王家被押往裕隆镇公所的途中,匪徒们要缴她的枪,丁佑君坚决勇敢地回答说:"我没有枪,只有命!"这时又围上了一群匪徒,以下流的举动和无耻的言语来侮辱她。走到新街时,老乡们看到这一情景,有的悄悄哭起来。丁佑君却激昂地说:"老乡们,不要着急,你们把门关上,不要被匪徒糟蹋了你们,我没有关系,胜利是我们的!"当天下午,土匪把丁佑君押到新民乡张八街文昌宫内。在这里,她拒绝了土匪给她的食物,并且对之痛斥,指出当土匪只有死路一条,人民政府的政策是"首恶必办,胁从不问,主动受奖"。土匪企图要丁佑君说出情报,匪首卢本宗的母亲卢袁氏(恶霸地主)来诱说她,说:"你何必那样死心眼,一个十七八岁的小姑娘,何必受这样大的苦呢？只要你说出你们共产党来，我保险你，就住在我家里。"丁佑君坦然地回答道："我们的党不像你们那些狐群狗党，害人吃人的党。我还不够入党条件，我是一个青年团员！"匪徒们在外面听到了非常吃惊，涌进屋去，用百般的威胁恐吓企图使她屈服，但丁佑君坚决不吐一个字。匪首卢本宗说："你何必那样不怕死哩？你们的杨区长早已跑了！"丁佑君听了丝毫没有动摇。

土匪们焦急起来，在屋头团团转。见恐吓无效，假意用柔和的口吻问："你叫啥名字？哪里人？"丁佑君回答说："不用问，你们要怎样就怎样办！"卢本宗又问："我们附近有哪些是共产党？"丁佑君回答："我们共产党多得很，你不必再问了。"卢袁氏又问："你这个十七八岁的小姑娘，不要嘴硬，你不怕死吗？"丁佑君响亮地向她说："死！我见得多！怕死就不革命，要革命就不怕死！"当晚，她站了一夜。

19日一早，卢本宗将丁佑君交与土匪张邦和押送高草乡。女青年宋秀清在回忆当时情形时讲："我很想出来拉住她，但我当时认识不够，怕土匪，我只看了丁代表一眼，以后再也没有看见她了！"

在高草乡乡公所中，匪首聂烈、湛鸿翔等问她："你不要怕，只要你告诉我们，你们城里有好多军队，就可以放你。"丁佑君回答："我们的军队有千千万万！"聂匪又说："你不要嘴巴硬得很，告诉你，昨天晚上你们送信的人（按：系中共西昌县委会通讯员吴家沛，共产党员，年19岁，于高草乡遇匪不屈，光荣牺牲），已被我们整了。啥子信我们都搜光了，你们的信件已断了,还有啥子办法赶快说吧!"丁佑君听了这话,不但没有害怕,反而为吴家沛英勇不屈的斗争精神所感动,愈增强了对敌人强烈的仇恨。她毅然地说:"他都被你们整了,我更不用说了。他都不怕死,我还怕死吗?"

19日上午,湛鸿翔等把丁佑君由高草乡押赴河西交给匪首赵明安。这时,河西土匪正围攻区公所,攻打区公所的碉堡。他们把丁佑君押到碉堡前附近一间小屋下,威胁说:"快喊他们缴械投降,不喊就枪毙你!"这时,丁佑君是多么地激动啊!她想起了刘胡兰,想起了毛主席,想起了30年来领导为人民为革命而斗争的中国共产党。她的心由激动变为冷静,她坚决、英勇地向着碉堡的同志高声喊道:"同志们!不要怕,勇敢些,沉住气坚持到底,小毛毛土匪没有几个,你们就是饿死也不要下来!我们的援军马上就要到了,胜利是终属我们的!"湛匪问她:"你喊什么?"她说:"你们说喊什么就喊什么!"湛匪让她喊反动口号,丁佑君却大义凛然、坚贞不屈地高声喊道:"拥护毛主席!中国共产党万岁!"碉堡内的同志们即刻向土匪打了一排枪,丁佑君微笑了,又高呼起来:"同志们!放枪吧!对准我们的敌人,消灭个干干净净!"土匪气急了,湛匪对着她打了一枪,未打响,赵匪接着一枪,子弹从她的左面打过去穿过胸前,她昏倒在血泊之中。丁佑君在伤痛中醒了过来,又断断续续地喊道:"同志们!不要怕,革命是要流血的……我一个人死了不要紧,会有千千万万的人为我报仇的!"万恶的匪徒提起了丁佑君的脚在地上拖着走了半里多路,她一身被磨得稀烂。匪徒知道她不能再活了,就把她丢在北场口。

老乡们马上围过来，但是在土匪威胁下无法抢救。这时，她又醒过来了，她想用手撑起来，一面呻吟，一面断断续续地说："革命是要流血的，老乡们！不要忘记共产党和毛主席，记着……"她说不下去了。天渐渐黑了，夜幕笼罩着大地，雨不停地下起来。土匪威吓群众回到各自家里去，街上设下岗哨，不准人们出来。第二天早上，附近的一些老乡放心不下，跑去看时，丁佑君已经在当夜壮烈牺牲了。从头天晚上躺下的位置来看，她晚上还支持着爬了几步光景。老乡们在恐怖的情况下，只能草率地把她暂时就近掩埋了。22日夜，解放军剿匪部队抵河西，毙伤、俘虏土匪数百，将盐中区土匪基本剿清。

23日晨，部队寻找丁佑君烈士遗体。草率掩埋的墓穴已被狗掘开，最后在棉花地里，找着了只剩下头部的遗体。盐中区公所碉堡楼前洒着烈士鲜血的地方，做了丁佑君长眠之所。

丁佑君烈士纪念馆

1951年土地改革中，盐中区裕隆乡、新民乡、高草乡举行了沉痛的追悼会，妇女代表石大姐哭诉说："丁代表！你死得好惨啊！你是毛主席派来给我们穷苦农民办事的，你远从1000多里的地方来，就这样死了，我们太对不起你了，我们一定要坚决把反革命分子整光，为你报仇。丁代表，你的光荣牺牲，给我们农村妇女指出了一条革命的道路，我们要跟着你前进！"所有到会的人都悲愤、流泪。

根据丁佑君生前提出的加入中国共产党的要求，中国共产党西昌县委员会认为她已经完全具备了党员条件，1950年9月25日追认丁佑君为中国共产党正式党员。

1951年1月27日，西昌县各界组成了丁佑君烈士治丧委员会。在烈士墓园修建竣工后，于1952年5月4日在盐中举行了公祭及葬礼，烈士忠骨正式安葬在今天西昌烈士陵园内。

1958年3月27日，敬爱的朱德委员长亲自题词："丁佑君同志是党和人民的好女儿，是共青团员和青年的好榜样。中国青年，应该学习她把自己的一切都献

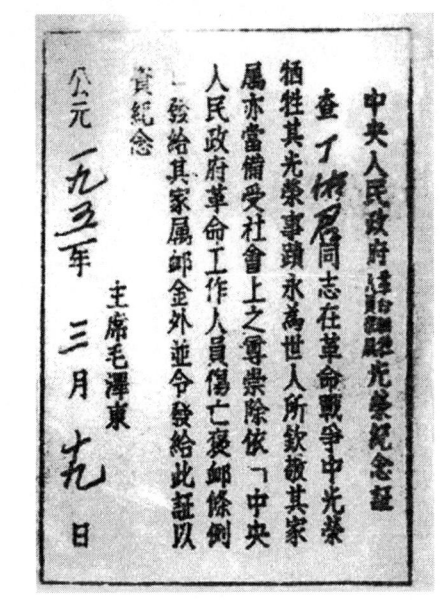

中央颁发的丁佑君烈士纪念证

给党和人民的高度阶级觉悟和革命精神。"烈士故乡五通桥区将题词全文刻在烈士塑像像座的中央,让烈士英雄精神永垂不朽!

后　记

《四川党史人物传》第三卷组稿于20世纪80年代初，传记作者走访了传主同时代健在的当事人和知情者，查阅了大量档案，取得了不少第一手资料，在此基础上写出了18位烈士的传记，送省委党史研究室人物传组进行初审。人物传组在对稿件提出修改补充意见后，又返回给作者，让作者再做补充。因多种原因的局限，部分传稿还是达不到出版要求。第三卷的出版因此被搁置下来。

2016年4月，中共四川省委党史研究室确定对《四川党史人物传》第三卷进行修改审定出版，并成立编辑组，具体工作由郭生春牵头，宋键、杨萍参加。30多年过去了，第三卷绝大部分作者都已人到古稀，当年他们倾注了大量的心血，付出了艰辛的劳动。经过时间的积淀，加之新的史料的出现，为重要史实的修订工作提供了依据。根据新的史料，本书增加了李传元同志撰写的《张思德传》。

本卷收入的传记，主要是新民主主义革命时期战斗在四川或在省外牺牲的川籍著名党史人物，由于当年的革命活动是在极端秘密的状态下进行的，不少重要的党史人物的材料非常难以查找。因此，本书收入的个别人物传记的史实显得十分单薄，为彰显他们为革命做出的重要贡献，仍然要将他们的点滴革命事迹记录下来，汇集起来，编入本书，目的是留存英雄的闪光点，供后人缅怀纪念。为尽可能准确把握人物的史实，我们聘请了熟悉四川新民主主义革命时期历史，并对党史人物传记深有研究的邓寿明同志，对整个书稿进行把关。尽管如此，仍不敢保证没有遗漏之处，如有不当之处，欢迎专家学者和热爱党史的朋友提出宝贵意见。

《四川党史人物传》编辑组
2017 年 11 月